U0448595

中华人民共和国
治安管理处罚法

实用问题版

法律出版社法律应用中心　编

本书编著者

王旭坤　北京德和衡律师事务所
邹　涛　广西海商海事法学研究会
王树理　北京市东城区司法局
王　硕　北京市海淀区人民检察院

法律出版社　LAW PRESS·CHINA
北京

图书在版编目（CIP）数据

中华人民共和国治安管理处罚法：实用问题版／法律出版社法律应用中心编. -- 北京：法律出版社，2025. -- ISBN 978-7-5244-0511-5

Ⅰ. D922.145

中国国家版本馆 CIP 数据核字第 2025AV6379 号

中华人民共和国治安管理处罚法：实用问题版
ZHONGHUA RENMIN GONGHEGUO ZHIAN
GUANLI CHUFAFA：SHIYONG WENTI BAN

法律出版社法律应用中心　编

策划编辑	朱海波　杨雨晴
责任编辑	朱海波　杨雨晴
装帧设计	汪奇峰　臧晓飞

出版发行	法律出版社	开本	A5
编辑统筹	法律应用出版分社	印张	12.125　字数 400 千
责任校对	蒋　橙	版本	2025 年 8 月第 1 版
责任印制	刘晓伟	印次	2025 年 8 月第 1 次印刷
经　　销	新华书店	印刷	三河市龙大印装有限公司

地址：北京市丰台区莲花池西里 7 号（100073）
网址：www.lawpress.com.cn
投稿邮箱：info@lawpress.com.cn
举报盗版邮箱：jbwq@lawpress.com.cn
版权所有·侵权必究

销售电话：010-83938349
客服电话：010-83938350
咨询电话：010-63939796

书号：ISBN 978-7-5244-0511-5　　　　定价：45.00 元

凡购买本社图书，如有印装错误，我社负责退换。电话：010-83938349

出 版 说 明

2025年6月27日,十四届全国人大常委会第十六次会议表决通过新修订的《治安管理处罚法》,自2026年1月1日起施行。《治安管理处罚法》涉及保障社会治安秩序,保障公共安全,对保护公民、法人和其他组织的合法权益具有重要的意义。为帮助执法人员和广大读者更好地理解《治安管理处罚法》中的法律概念、术语以及具体条文的适用,我们从实用、易懂、便捷的角度出发,编写了本书。

本书具有以下特点:

1. 实用的解读。对重点条文根据立法、司法、行政机关的释义、解读以及相关法律法规的规定等进行精炼、准确的注解,帮助读者更好地理解法律条文的具体规定和适用。

2. 实用的指引。结合生活、工作实践提炼法律适用问题,并依据《治安管理处罚法》及相关法律法规、司法解释、部门规章的进一步规定进行分析解答,为处理法律事务、解决法律问题提供实用的指引。

3. 实用的工具。收录了部分常用的法律文书范本,供读者参照使用,为处理治安管理处罚法律事务提供实用的工具。

带着问题学习法律,以法律解决实际问题!希望本书能够为广大读者带来切实的法律帮助。

2025年8月

目 录

中华人民共和国治安管理处罚法

第一章　总则 ··· 3
 第一条　【立法目的】 ································· 3
 第二条　【治安综合治理】 ························· 4
 第三条　【违反治安管理行为的性质和特征】 ················ 4
 第四条　【处罚程序应适用的法律规范】 ················ 5
 第五条　【适用范围】 ································· 6
 第六条　【基本原则】 ································· 7
 第七条　【主管和管辖】 ····························· 7
 第八条　【民事责任、刑事责任】 ················ 8
 第九条　【调解】 ······································· 9
第二章　处罚的种类和适用 ····························· 11
 第十条　【处罚种类】 ································ 11

第十一条　【查获违禁品、工具和违法所得财物的处理】……… 12

第十二条　【未成年人违法的处罚】……………………… 13

第十三条　【精神病人、智力残疾人违法的处罚】………… 14

第十四条　【盲人、又聋又哑人违法的处罚】……………… 15

第十五条　【醉酒的人违法的处罚】………………………… 16

第十六条　【有两种以上违法行为的处罚】………………… 17

第十七条　【共同违法行为的处罚】………………………… 18

第十八条　【单位违法行为的处罚】………………………… 19

第十九条　【制止行为】………………………………………… 20

第二十条　【减轻处罚或不予处罚的情形】………………… 21

第二十一条　【认错认罚从宽处理】………………………… 22

第二十二条　【从重处罚的情形】…………………………… 23

第二十三条　【应给予行政拘留处罚而不予执行的情形】…… 24

第二十四条　【未成年人违法的教育措施】………………… 26

第二十五条　【追究时效】……………………………………… 27

第三章　违反治安管理的行为和处罚……………………… 28

第一节　扰乱公共秩序的行为和处罚……………………… 28

第二十六条　【对扰乱单位、公共场所、公共交通和选举秩序行为的处罚】…………………………… 28

第二十七条　【对考试作弊行为的处罚】…………………… 30

第二十八条　【对扰乱体育、文化等大型群众性活动秩序行为的处罚】…………………………………… 31

第二十九条　【对虚构事实扰乱公共秩序行为的处罚】…… 33

第三十条　【对寻衅滋事行为的处罚】……………………… 35

第三十一条　【对利用封建迷信、会道门等进行非法活动行为的处罚】…………………………………… 36

目 录

第三十二条 【对干扰无线电业务及无线电台(站)行为的处罚】………………………………………………… 37
第三十三条 【对侵入、破坏计算机信息系统行为的处罚】……………………………………………………… 38
第三十四条 【对传销行为的处罚】…………………… 40
第三十五条 【对侮辱英烈行为的处罚】……………… 41

第二节 妨害公共安全的行为和处罚…………………… 42
第三十六条 【对违反危险物质管理行为的处罚】…… 42
第三十七条 【对危险物质被盗、被抢、丢失不报行为的处罚】……………………………………… 43
第三十八条 【对非法携带管制器具行为的处罚】…… 44
第三十九条 【对盗窃、损毁公共设施行为的处罚】…… 45
第四十条 【对妨害公共交通工具安全行驶行为的处罚】…… 47
第四十一条 【对妨害铁路运行安全行为的处罚】…… 48
第四十二条 【对妨害列车行车安全行为的处罚】…… 49
第四十三条 【对妨害公共安全行为的处罚】………… 50
第四十四条 【对违反规定举办大型活动行为的处罚】…… 52
第四十五条 【对违反公共场所安全规定行为的处罚】…… 52
第四十六条 【对违反无人驾驶航空器管理行为的处罚】…… 53

第三节 侵犯人身权利、财产权利的行为和处罚……… 54
第四十七条 【对恐怖表演、强迫劳动、限制人身自由的处罚】……………………………………… 54
第四十八条 【对组织、胁迫未成年人陪侍活动的处罚】…………………………………………… 56
第四十九条 【对胁迫利用他人乞讨和滋扰乞讨行为的处罚】……………………………………… 57
第五十条 【对侵犯人身权利七项行为的处罚】……… 58
第五十一条 【对殴打或故意伤害他人身体行为的处罚】…… 60

第五十二条 【对猥亵他人行为的处罚】 …………… 62

第五十三条 【对虐待、遗弃行为的处罚】 …………… 63

第五十四条 【对强迫交易行为的处罚】 …………… 64

第五十五条 【对煽动民族仇恨、民族歧视行为的处罚】 …… 65

第五十六条 【对侵犯公民个人信息的处罚】 …………… 66

第五十七条 【对侵犯通信自由行为的处罚】 …………… 67

第五十八条 【对盗窃、诈骗、哄抢、抢夺、敲诈勒索行为的处罚】 …………… 68

第五十九条 【对故意损毁公私财物行为的处罚】 …… 69

第六十条 【对校园欺凌行为的处罚】 …………… 70

第四节 妨害社会管理的行为和处罚 …………… 71

第六十一条 【对拒不执行紧急状态决定、命令和阻碍执行公务的处罚】 …………… 71

第六十二条 【对招摇撞骗行为的处罚】 …………… 73

第六十三条 【对伪造、变造、买卖、出租、出借公文、证件、票证的处罚】 …………… 74

第六十四条 【对船舶擅自进入禁、限入水域或岛屿的处罚】 …………… 76

第六十五条 【对违法设立社会团体的处罚】 …………… 76

第六十六条 【对非法集会、游行、示威行为的处罚】 …… 78

第六十七条 【对旅馆工作人员违反规定行为的处罚】 …… 79

第六十八条 【对违法出租房屋的处罚】 …………… 80

第六十九条 【对未报送登记信息的处罚】 …………… 81

第七十条 【对非法使用提供窃听窃照专用器材的处罚】 …… 82

第七十一条 【对违法典当、收购的处罚】 …………… 83

第七十二条 【对妨害执法秩序行为的处罚】 …………… 84

第七十三条 【对违反强制文书、强制措施的处罚】 …… 86

第七十四条 【对逃脱的处罚】 …………… 87

第七十五条　【对妨害文物管理的处罚】 ································ 88

　第七十六条　【对非法驾驶交通工具的处罚】 ···················· 89

　第七十七条　【对破坏他人坟墓、尸体和乱停放尸体的处罚】
　　　　　　　 ··· 90

　第七十八条　【对卖淫、嫖娼的处罚】 ································ 91

　第七十九条　【对引诱、容留、介绍卖淫行为的处罚】 ········ 92

　第八十条　【对传播淫秽信息行为的处罚】 ························· 93

　第八十一条　【对组织、参与淫秽活动的处罚】 ··················· 94

　第八十二条　【对赌博行为的处罚】 ···································· 96

　第八十三条　【对涉及毒品原植物行为的处罚】 ··················· 97

　第八十四条　【对毒品违法行为的处罚】 ····························· 98

　第八十五条　【对教唆、引诱、欺骗或强迫他人吸食、注射毒
　　　　　　　 品行为的处罚】 ·· 100

　第八十六条　【对非法制造、运输制毒物品行为的处罚】 ···· 101

　第八十七条　【对服务行业人员通风报信行为的处罚】 ······· 102

　第八十八条　【对制造噪声干扰他人生活的处罚】 ·············· 103

　第八十九条　【对饲养动物违法行为的处罚】 ····················· 104

第四章　处罚程序 ··· 105

　第一节　调查 ·· 105

　第九十条　【案件受理】 ··· 105

　第九十一条　【严禁非法取证】 ·· 106

　第九十二条　【收集、调取证据】 ··· 107

　第九十三条　【在其他司法程序中收集的证据】 ··················· 108

　第九十四条　【公安机关保密义务】 ····································· 109

　第九十五条　【关于回避的规定】 ··· 109

　第九十六条　【关于传唤的规定】 ··· 110

　第九十七条　【传唤后的询问期限与通知义务】 ··················· 112

第九十八条 【询问笔录、书面材料与询问不满十八周岁人的规定】 ·············· 113

第九十九条 【询问被侵害人和其他证人的规定】 ·············· 114

第一百条 【异地询问】 ·············· 115

第一百零一条 【询问中的语言帮助】 ·············· 116

第一百零二条 【信息采集】 ·············· 116

第一百零三条 【检查时应遵守的程序】 ·············· 117

第一百零四条 【检查笔录的制作】 ·············· 118

第一百零五条 【关于扣押物品的规定】 ·············· 119

第一百零六条 【关于鉴定的规定】 ·············· 120

第一百零七条 【关于辨认的规定】 ·············· 121

第一百零八条 【关于一人执法的规定】 ·············· 122

第二节 决定 ·············· 123

第一百零九条 【处罚的决定机关】 ·············· 123

第一百一十条 【行政拘留的折抵】 ·············· 123

第一百一十一条 【违反治安管理行为人的陈述与其他证据的关系】 ·············· 124

第一百一十二条 【陈述与申辩】 ·············· 124

第一百一十三条 【治安案件的处理】 ·············· 125

第一百一十四条 【治安管理处罚决定法制审核】 ·············· 126

第一百一十五条 【治安管理处罚决定书的内容】 ·············· 127

第一百一十六条 【宣告、交付、送达】 ·············· 128

第一百一十七条 【听证】 ·············· 129

第一百一十八条 【办案期限】 ·············· 131

第一百一十九条 【当场处罚】 ·············· 131

第一百二十条 【当场处罚决定程序】 ·············· 132

第一百二十一条 【不服处罚提起的复议或诉讼】 ·············· 133

第三节　执行 ·· 134

　　　　第一百二十二条　【行政拘留处罚的执行】 ················· 134

　　　　第一百二十三条　【当场收缴罚款范围】 ··················· 135

　　　　第一百二十四条　【罚款缴纳期限】 ······················· 136

　　　　第一百二十五条　【罚款收据】 ··························· 137

　　　　第一百二十六条　【暂缓执行行政拘留】 ··················· 137

　　　　第一百二十七条　【担保人的条件】 ······················· 139

　　　　第一百二十八条　【担保人的义务】 ······················· 140

　　　　第一百二十九条　【没收保证金】 ························· 140

　　　　第一百三十条　【退还保证金】 ··························· 141

第五章　执法监督 ·· 142

　　第一百三十一条　【执法原则】 ······························· 142

　　第一百三十二条　【禁止行为】 ······························· 142

　　第一百三十三条　【监督方式】 ······························· 143

　　第一百三十四条　【与监察机关的联动】 ······················· 144

　　第一百三十五条　【罚缴分离原则】 ··························· 144

　　第一百三十六条　【违法记录封存制度】 ······················· 145

　　第一百三十七条　【录音录像制度】 ··························· 146

　　第一百三十八条　【依法提取、采集、保管人体生物识别
　　　　　　　　　　信息】 ······································· 147

　　第一百三十九条　【行政处分、刑事处罚的规定】 ··············· 148

　　第一百四十条　【赔偿责任】 ································· 150

第六章　附则 ·· 151

　　第一百四十一条　【其他法律有关规定的适用】 ················· 151

　　第一百四十二条　【海警机构履责】 ··························· 152

　　第一百四十三条　【"以上"、"以下"、"以内"的含义】 ········· 152

　　第一百四十四条　【生效日期】 ······························· 152

中华人民共和国治安管理处罚法：
实用问题版

实用问题

第一章 《治安管理处罚法》的一般常识 ········· 155
 1. 治安管理处罚与刑事处罚有什么不同？ ········· 155
 2. 治安管理处罚法的空间效力范围如何？时间上怎么适用？ ····· 155
 3. 实施治安管理处罚和办理治安案件的基本原则是什么？ ···· 155
 4. 治安案件的管辖是如何设置的？ ········· 156
 5. 治安管理处罚的类型有哪几种？ ········· 157
 6. 遭他人殴打致伤，公安机关对侵害人实施治安处罚后，受害人还能向侵害人主张赔偿吗？ ········· 157
 7. 治安管理处罚案件可以调解吗？如果要调解，应怎样进行？ ····· 158
 8. 调解的次数和时间有限制吗？ ········· 159
 9. 治安管理案件中调解达成协议之后，当事人又反悔的，怎么办？ ········· 159
 10. 治安管理案件中有哪些行政强制措施？ ········· 159
 11. 公安机关办理治安案件查获的违禁品、违法行为人本人的工具应如何处理？ ········· 160
 12. 未成年人违反治安管理应承担责任吗？ ········· 161
 13. 醉酒的人违反治安管理应承担责任吗？ ········· 161
 14. 精神病人、智力残疾人违反治安管理应承担责任吗？ ········· 162
 15. 盲、聋、哑人违反治安管理的，是否应承担责任？ ········· 162
 16. 违法行为人如果有两种违法行为怎么处理？如果被处以拘留，应如何决定执行拘留的时间？ ········· 162
 17. 共同违反治安管理的如何处理？ ········· 162
 18. 单位违反治安管理的如何处理？ ········· 163

19. 哪些违反治安管理的情形可以从轻、减轻或者不予处罚？ …… 163
20. 哪些违反治安管理的情形会从重处罚？ …… 163
21. 哪些违反治安管理的情形，应当给予行政拘留处罚的，可以不执行行政拘留处罚？ …… 164
22. "初次违反治安管理"是什么意思？ …… 164
23. 关于未达目的违反治安管理行为，如何处理？ …… 165
24. 违反治安管理行为的追究时效是多久？如何计算？ …… 165
25. 公安机关能不能作出吊销营业执照的治安管理处罚？ …… 165
26. 什么是制止行为？制止行为明显超过必要限度需要承担什么责任？ …… 166
27. 什么是紧急避险？实施紧急避险必须符合哪些条件？ …… 167

第二章 违反治安管理处罚的行为和处罚 …… 168

28. 扰乱单位秩序、公共场所秩序如何处罚？ …… 168
29. 考试作弊会被治安管理处罚吗？ …… 169
30. 考生的哪些行为会被认定为属于考试作弊行为？ …… 170
31. 球迷在观看比赛时打出侮辱性的条幅，辱骂裁判和运动员的会被予以处罚吗？ …… 170
32. 如果实际上没有险情，而拨打110报警，搞恶作剧，谎报有险情的如何进行处罚？ …… 171
33. 对寻衅滋事的行为，如何处罚？ …… 171
34. 假装"大仙"或利用"跳大神"等各类封建迷信活动，骗取钱财的是违反《治安管理处罚法》的行为吗？ …… 172
35. 干扰无线电的行为如何处罚？ …… 172
36. 黑客侵入计算机信息系统，制造、传播计算机病毒的行为如何处罚？ …… 172
37. 涉及传销行为会被处以怎样的处罚？ …… 172
38. 侮辱英烈的行为会受到怎样的处罚？ …… 173
39. 以抢夺方向盘或者拉扯、殴打驾驶人等方式妨碍公共交通工具正常驾驶会受到怎样的处罚？ …… 174

40. 非法制卖、运输、邮寄危险物质的如何处理? 174
41. 危险物质如果被盗、被抢或丢失,不按规定上报的如何处理? 174
42. 非法携带枪支、弹药、管制刀具的如何处罚? 175
43. 对盗窃、损毁重要公共设施的行为应如何处罚? 175
44. 私拉电网违法吗? 会受到什么处罚? 175
45. 无人机能随便飞吗? 176
46. 强迫他人劳动的行为,应如何处罚? 177
47. 乞讨也要守规矩? 177
48. 在车辆、行人通行的地方施工不设警示标志也会构成违法吗? 177
49. 从建筑物中抛掷物品没有砸到人,是否会受到处罚? 177
50. 发送恐吓或黄色短信的,构成违法吗? 应如何处罚? 178
51. 对殴打、故意伤害他人的行为,该如何处罚? 178
52. 虐待家庭成员,遗弃老人的行为该如何处罚? 179
53. 在市场上横行霸道,强买强卖商品的,如何处罚? 179
54. 违反国家有关规定,向他人出售或者提供个人信息会受到什么处罚? 180
55. 父母私自开拆或藏匿孩子的信件会构成违法吗? 180
56. 阻碍执行紧急任务的消防车、救护车、工程抢险车、警车等车辆通行的,构成违法吗? 180
57. 冒充他人身份招摇撞骗的如何处罚? 181
58. 伪造、变造国家机关、人民团体公文、证件、证明文件的,如何处罚? 181
59. 倒卖票、证的"黄牛党"如何处罚? 182
60. 对未经许可,擅自经营按照国家规定需要由公安机关许可的行业的,如何处理? 182
61. 经营旅馆是否必须登记姓名、证件? 182
62. 房屋出租人将房屋出租给无身份证件的人居住的应当如

何处罚？ …………………………………………………………… 183
63. 周末在家开派对,音响开得很大,这种行为会受处罚吗？ ……… 183
64. 隐藏、转移、变卖、擅自使用或损毁被扣押、查封、冻结、扣留、先行登记的财物的有何后果？ ………………………… 184
65. 在名胜古迹上刻字留念会构成违法吗？ ………………………… 184
66. 偷开他人车辆、船舶出去兜风,违法吗？ ……………………… 184
67. 卖淫、嫖娼、拉客招嫖及引诱、容留、介绍卖淫的行为,应如何处罚？ ………………………………………………………… 185
68. 售卖淫秽物品、传播淫秽信息的应如何处罚？ ………………… 185
69. 为赌博提供赌具和场地,会构成违法吗？ ……………………… 185
70. 对涉及毒品的违法行为该如何处罚？ …………………………… 186
71. 宠物惹祸主人要受罚？ …………………………………………… 187

第三章　治安管理处罚程序 …………………………………………… 187

72. 公安机关接到报案后,一般如何处理？ ………………………… 187
73. 办理治安案件时哪些情形应当回避？ …………………………… 188
74. 传唤是什么程序？会被询问多长时间？ ………………………… 188
75. 询问证人在哪里进行？ …………………………………………… 189
76. 被询问人可以确认询问笔录内容吗？ …………………………… 189
77. 如果被询问人是聋哑人或听不懂方言怎么办？ ………………… 189
78. 询问未成年的违反治安管理行为人,有什么特殊规定？ ……… 189
79. 治安管理处罚法对公安机关检查程序如何规定的？ …………… 190
80. 扣押程序是如何规定的？如果扣押错了能退还吗？ …………… 190
81. 治安管理处罚由哪个机关决定？ ………………………………… 191
82. 对决定给予行政拘留处罚的人,处罚前被限制人身自由的如何处理？ ………………………………………………………… 191
83. 违反治安管理行为人有申辩的权利吗？ ………………………… 191
84. 公安机关办理行政案件的证据种类主要有哪些？ ……………… 192
85. 证人需要什么条件和资格？ ……………………………………… 192
86. 治安案件调查结束后会怎么处理？ ……………………………… 192

11

87. 治安管理处罚决定书应当载明哪些内容? ……………… 193
88. 治安管理处罚决定书如何送达? …………………………… 193
89. 在治安管理处罚前,什么情况下要依法举行听证? ……… 193
90. 什么情况下公安机关可以当场对违法行为作出行政处罚决定? …………………………………………………………… 194
91. 当场作出治安处罚决定的如何执行? ……………………… 194
92. 公安机关办理治安案件的期限有多长? …………………… 195
93. 违反治安管理行为人逃跑的治安案件,超过办案期限的如何处理? ………………………………………………………… 195
94. 对超过6个月仍未办结的治安案件是否受违反治安管理行为追究时效的限制? ……………………………………………… 196
95. 收到罚款处罚决定书的应如何缴纳罚款?如果逾期或拒不缴纳会有什么后果? …………………………………………… 196
96. 如何提出暂缓执行行政拘留的申请? ……………………… 197
97. 哪些人可以做担保人?如果担保人不履行担保义务,应当如何处理? ………………………………………………………… 197
98. 担保人交纳的保证金会被如何处理?还能退还吗? ……… 197
99. 涉外治安管理案件如何处理? ……………………………… 198
100. 什么情况下人民警察可以当场盘问、检查?什么情况下会继续盘问? …………………………………………………… 198
101. 人民警察执行公务时可以征用公民的交通工具、通信工具等私人财产吗? ………………………………………………… 199

第四章 执法监督 …………………………………………………… 199

102. 当事人不服公安机关的裁决,如何处理? ………………… 199
103. 如果发现公安机关办理治安案件时有违法违纪行为,怎么办? ……………………………………………………………… 200
104. 公安机关及其人民警察违法行使职权,侵犯公民、组织合法权益的应承担何种责任? ……………………………………… 200

关联法规

1. 公安机关执行《中华人民共和国治安管理处罚法》有关问题的解释 …………………………………………………………… 203
2. 公安机关执行《中华人民共和国治安管理处罚法》有关问题的解释(二) ………………………………………………………… 208
3. 中华人民共和国行政处罚法 …………………………………… 211
4. 公安机关办理行政案件程序规定 ……………………………… 225
5. 公安机关治安调解工作规范 …………………………………… 274
6. 违反公安行政管理行为的名称及其适用意见(节录) ………… 279
7. 公安机关对部分违反治安管理行为实施处罚的裁量指导意见 ……… 321

实用工具

1. 行政处罚告知笔录 ……………………………………………… 363
2. 治安调解协议书 ………………………………………………… 365
3. 当场处罚决定书 ………………………………………………… 367
4. 不予行政处罚决定书 …………………………………………… 369
5. 行政处罚决定书 ………………………………………………… 371

中华人民共和国治安管理处罚法

中华人民共和国主席令

第四十九号

《中华人民共和国治安管理处罚法》已由中华人民共和国第十四届全国人民代表大会常务委员会第十六次会议于 2025 年 6 月 27 日修订通过,现予公布,自 2026 年 1 月 1 日起施行。

中华人民共和国主席　习近平

2025 年 6 月 27 日

第一章 总　　则

> **第一条 【立法目的】***
> 为了维护社会治安秩序,保障公共安全,保护公民、法人和其他组织的合法权益,规范和保障公安机关及其人民警察依法履行治安管理职责,根据宪法,制定本法。

▌条文注解

治安管理与社会秩序、公共安全息息相关。社会秩序是指人们在道德、纪律和法律的规范下,进行生产、工作、教学、科研、生活的秩序。公共安全是指不特定多数人的生命、健康和重大公私财产的安全。社会治安秩序好,人民有安全感,才能安居乐业。社会秩序与公共安全构成我们日常生活、生产的基本环境与背景。

按照本条规定,制定《治安管理处罚法》的目的包括两个方面:一是维护社会治安秩序,保障公共安全,保护公民、法人和其他组织的合法权益;二是规范和保障公安机关及其人民警察依法履行治安管理职责。

《治安管理处罚法》的相关规定主要涉及的主体包括公民、法人、其他组织、公安机关及其人民警察。

▌关联法规

《中华人民共和国人民警察法》第2条、第6条、第7条

---

* 条文要旨为编辑所加,下同。

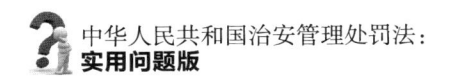

> 第二条 【治安综合治理】
> 治安管理工作坚持中国共产党的领导,坚持综合治理。
> 各级人民政府应当加强社会治安综合治理,采取有效措施,预防和化解社会矛盾纠纷,增进社会和谐,维护社会稳定。

■ 条文注解

本次修改强调了治安管理工作坚持中国共产党的领导。

2018年3月,根据中共中央印发的《深化党和国家机构改革方案》,不再设立中央社会治安综合治理委员会及其办公室,有关职责交由中央政法委员会承担。

治安管理工作是各级人民政府的重要职责,各级人民政府应做好社会治安的综合治理,积极预防和化解社会矛盾纠纷,增进社会和谐,维护社会稳定,为国家的建设和发展创造基本条件。

> 第三条 【违反治安管理行为的性质和特征】
> 扰乱公共秩序,妨害公共安全,侵犯人身权利、财产权利,妨害社会管理,具有社会危害性,依照《中华人民共和国刑法》的规定构成犯罪的,依法追究刑事责任;尚不够刑事处罚的,由公安机关依照本法给予治安管理处罚。

■ 条文注解

本条明确回答了治安管理处罚与刑事处罚之间的关系,两者有相似点,但也有本质的区别。

《治安管理处罚法》又被称为"小刑法",它与《刑法》一样都规范扰乱公共秩序,妨害公共安全,侵犯人身权利、财产权利,妨害社会管理,具有社会危害性的行为,但其区别也很大:

1.两者针对的行为性质不一样。刑事处罚针对的是刑事犯罪行为,而治安处罚针对的是治安违法行为。对依照《刑法》规定构成犯罪,并需要依法追究刑事责任的,适用《刑法》;对尚不够刑事处罚的,则由公安机关依照《治安管理处罚法》给予治安管理处罚。

2.两者采取的措施不一样。刑事处罚包括管制、拘役、徒刑、死刑等种类,对人身自由的限制和剥夺更为严重。治安处罚主要包括警告、罚款、行政拘留等较轻的限制种类。

3.两者的执法主体不一样。《刑法》的执法主体包括公安机关、检察机关和人民法院等。《治安管理处罚法》的执法主体则主要是公安机关,本质上属于行政法的范畴。

以实践中遇到比较多的"盗窃"为例,如果只是少量、偶发,不属于盗窃刑事犯罪,属于违反治安管理行为的,就按《治安管理处罚法》进行治安处罚。如果盗窃公私财物,数额较大的,或者多次盗窃、入户盗窃、携带凶器盗窃、扒窃的,则会涉及刑事犯罪,则须按照《刑法》追究刑事责任。

■ 关联法规 ●●●●●●

《中华人民共和国刑法》第1条、第2条、第3条、第5条

> **第四条 【处罚程序应适用的法律规范】**
> 治安管理处罚的程序,适用本法的规定;本法没有规定的,适用《中华人民共和国行政处罚法》、《中华人民共和国行政强制法》的有关规定。

■ 条文注解 ●●●●●●

本条明确了《治安管理处罚法》与《行政处罚法》《行政强制法》之

间属于特别法与普通法之间的关系,具有密切的联系。

《治安管理处罚法》是公安机关对于危害社会治安管理的行为实施行政处罚的法律依据;《行政处罚法》《行政强制法》是行政机关对于违反行政管理秩序的行为是进行处罚的依据。治安管理处罚的程序优先适用《治安管理处罚法》,如果该法没有规定的,则适用《行政处罚法》《行政强制法》的有关规定。

关联法规

《中华人民共和国行政处罚法》《中华人民共和国行政强制法》

第五条 【适用范围】

在中华人民共和国领域内发生的违反治安管理行为,除法律有特别规定的外,适用本法。

在中华人民共和国船舶和航空器内发生的违反治安管理行为,除法律有特别规定的外,适用本法。

在外国船舶和航空器内发生的违反治安管理行为,依照中华人民共和国缔结或者参加的国际条约,中华人民共和国行使管辖权的,适用本法。

条文注解

本条明确《治安管理处罚法》的适用原则为属地原则,空间上包括中华人民共和国领域(含领土、领空及领海)以及中华人民共和国船舶和航空器内,除非有法律特别规定的情况,对如上这些领域内发生的违反治安管理的行为,均应适用本法。第3款为新增条款,外国船舶和航空器内发生的违反治安管理行为,依照中华人民共和国缔结或者参加的国际条约由我国行使管辖权的亦适用本法。

第六条 【基本原则】
治安管理处罚必须以事实为依据,与违反治安管理的事实、性质、情节以及社会危害程度相当。
实施治安管理处罚,应当公开、公正,尊重和保障人权,保护公民的人格尊严。
办理治安案件应当坚持教育与处罚相结合的原则,充分释法说理,教育公民、法人或者其他组织自觉守法。

条文注解

本条规定了治安管理处罚的基本原则,包括"以事实为依据,与违反治安管理的事实、性质、情节以及社会危害程度相当",即"责罚相当"原则。

基本原则中还强调了对人权及公民人格尊严的保护。违反治安管理的行为属于违法行为,但对其处罚与惩治也必须按照法律程序,依照法律相关规定进行。此外,尊重人权、保护公民人格尊严在某种程度上也是对执法者的一种保护。

该条第3款尾部增加了"充分释法说理,教育公民、法人或者其他组织自觉守法"的规定,强化了办理治安案件应当坚持教育与处罚相结合的原则,因为处罚不是目的,处罚极少数违法的人,最重要的是教育大多数人,让法律得到自觉遵守。

第七条 【主管和管辖】
国务院公安部门负责全国的治安管理工作。县级以上地方各级人民政府公安机关负责本行政区域内的治安管理工作。
治安案件的管辖由国务院公安部门规定。

▌条文注解 ●●●●●●

本条明确由国务院公安部门负责全国的治安管理工作,县级及以上地方各级人民政府的公安机关负责本行政区域内的治安管理工作。

实践中,对各地发生的具体违反治安管理行为一般实行属地管辖,比如外地人来故宫旅行,发生打架斗殴事件,应由北京市公安局天安门地区分局故宫派出所具体处理。

▌关联法规 ●●●●●●

《公安机关办理行政案件程序规定》第 10~16 条

第八条 【民事责任、刑事责任】
违反治安管理行为对他人造成损害的,除依照本法给予治安管理处罚外,行为人或者其监护人还应当依法承担民事责任。
违反治安管理行为构成犯罪,应当依法追究刑事责任的,不得以治安管理处罚代替刑事处罚。

▌条文注解 ●●●●●●

违法者承担治安管理处罚属于行政法上的责任,但这并不免除其对受害者造成人身或者财产损害所应承担的民事责任。

本条明确规定"行为人或者其监护人还应当依法承担民事责任"。因为有的行为人为未成年人、精神病人,这些人在法律上属于限制行为能力人或者无民事行为能力人,他/她们闯下的祸要由其监护人来承担,监护人负有照顾看管的法定义务。对未成年人及精神病人造成的损害,双方可以协商解决,或者在公安机关的主持下调解解决,或者通过到法院提起民事诉讼来解决。

本条还专门增加了"违反治安管理行为构成犯罪,应当依法追究刑事责任的,不得以治安管理处罚代替刑事处罚"的规定。

> **第九条 【调解】**
> 对于因民间纠纷引起的打架斗殴或者损毁他人财物等违反治安管理行为,情节较轻的,公安机关可以调解处理。
> 调解处理治安案件,应当查明事实,并遵循合法、公正、自愿、及时的原则,注重教育和疏导,促进化解矛盾纠纷。
> 经公安机关调解,当事人达成协议的,不予处罚。经调解未达成协议或者达成协议后不履行的,公安机关应当依照本法的规定对违反治安管理行为作出处理,并告知当事人可以就民事争议依法向人民法院提起民事诉讼。
> 对属于第一款规定的调解范围的治安案件,公安机关作出处理决定前,当事人自行和解或者经人民调解委员会调解达成协议并履行,书面申请经公安机关认可的,不予处罚。

条文注解

治安调解,又称公安行政调解,是政府部门调解的重要部分。具体是指对于因民间纠纷引起的打架斗殴或者故意损毁他人财物等违反治安管理、情节较轻的治安案件,在公安机关的主持下,以国家法律、法规和规章为依据,在查清事实、分清责任的基础上,经劝说、教育并促使双方交换意见,达成协议,对治安案件做出处理的活动。

治安调解必须具备以下条件:(1)当事人的行为必须是已经构成了违反治安管理而且应当受到治安处罚的行为;(2)当事人的行为是因民间纠纷引起的;(3)当事人违反治安管理的行为情节是较轻的;(4)当事人各方有自愿接受调解的意愿;(5)公安机关认为可以适用调解的。

治安调解的内容主要涉及违反治安管理行为所造成的被侵害人

的人身、财产等权益损害以及赔偿问题。如果经治安调解未达成协议或者达成协议后不履行的,公安机关则应当依照本法的规定对违反治安管理行为人给予处罚。如果行为人的行为给受害者造成人财物损失,当事人可以就相关民事争议依法向人民法院提起民事诉讼。

除公安机关主导调解外,当事人也可以自行和解或者经人民调解委员会进行调解。本条在2025年修订中明确加入了"人民调解"的内容。人民调解,即人民调解委员会的调解,是在人民调解委员会的主持下,以国家法律、法规、规章、政策和社会公德为依据,对民间纠纷当事人进行说服教育,规劝疏导,促使纠纷各方互谅互让,平等协商,自愿达成协议,消除纷争的一种群众性自治活动。在我国的《宪法》、《民事诉讼法》和《人民调解法》等法律法规中,对人民调解工作均有明确的规定。人民调解和治安调解都是"大调解"的重要组成部分。

关联法规

《中华人民共和国人民调解法》第2条、第4条、第18条、第21条、第25条、第26条、第31条,《公安机关办理行政案件程序规定》第十章治安调解、第178~186条,《公安机关治安调解工作规范》第1~17条

第二章 处罚的种类和适用

> 第十条 【处罚种类】
> 治安管理处罚的种类分为：
> (一) 警告；
> (二) 罚款；
> (三) 行政拘留；
> (四) 吊销公安机关发放的许可证件。
> 对违反治安管理的外国人，可以附加适用限期出境或者驱逐出境。

条文注解

警告是治安管理处罚中最轻微的一种，属于申诫罚，一般适用于违反治安管理情节轻微，且后果不严重的情形。县级以上人民政府公安机关和公安派出所都有权决定警告。警告与批评教育和训诫不同，警告是具有国家强制力的处罚，需要公安机关制作《处罚决定书》，批评教育和训诫不是法定处罚种类，不会引起有法律意义的后果。

罚款是公安机关依法责令违反治安管理行为人在一定期限内向国家缴纳一定数量金钱的治安管理处罚，属于财产罚。县级以上人民政府公安机关和公安派出所都有权决定罚款，但是1000元以上的罚款只能由县级以上公安机关决定。

行政拘留是治安管理处罚中最严重的一种，属于人身罚，主要适用于违反治安管理行为情节较严重的人，一般分为5日以下、5日以上10日以下、10日以上15日以下三个档次，合并后执行的拘留期限最长不得超过20天。行政拘留只能由县级以上人民政府公安机关决定,不能由派出所决定。

吊销公安机关发放的许可证件属于资格罚,对经营单位违反治安管理的经营行为最严厉的处罚,是取消该单位的经营资格。此种处罚只能吊销公安机关发放的许可证件,不能吊销其他机关颁发的许可证照。吊销许可证件只能由县级以上人民政府公安机关决定,不能由派出所决定。

限期出境和驱逐出境只适用于外国人和无国籍人,不适用于我国公民。

关联法规

《中华人民共和国行政处罚法》第9条,《中华人民共和国出境入境管理法》第81条,《公安机关执行〈中华人民共和国治安管理处罚法〉有关问题的解释》二

第十一条 【查获违禁品、工具和违法所得财物的处理】

办理治安案件所查获的毒品、淫秽物品等违禁品,赌具、赌资,吸食、注射毒品的用具以及直接用于实施违反治安管理行为的本人所有的工具,应当收缴,按照规定处理。

违反治安管理所得的财物,追缴退还被侵害人;没有被侵害人的,登记造册,公开拍卖或者按照国家有关规定处理,所得款项上缴国库。

条文注解

应当收缴的物品包括三类:一是违禁品,即国家规定限制或禁止生产、购买、运输、持有的物品,应当一律收缴,如毒品、枪支、弹药;二是赌具、赌资,吸食、注射毒品的用具,收缴后应按照规定销毁或上缴;

三是直接用于实施违反治安管理行为的本人所有的工具,此处规定的工具不是违禁品,而是直接用于实施违反治安管理行为的普通生产、生活工具。在实践中收缴工具时,要防止随意扩大收缴范围,如赌博所在房屋或者接送赌博人员的车辆都不属于本条的"工具"。收缴的工具必须直接用于实施违反治安管理行为,且必须属于违反治安管理行为人本人所有,但同时也要防止行为人借口工具不属于本人所有逃避收缴。收缴物品时,应当制作《收缴物品决定书》和《收缴物品清单》。

■ 关联法规 •••••••

《中华人民共和国禁毒法》第28条,《公安机关办理行政案件程序规定》第194~197条,《公安机关缴获毒品管理规定》第4条,《公安部关于办理赌博违法案件适用法律若干问题的通知》五、六、七

> **第十二条 【未成年人违法的处罚】**
> 已满十四周岁不满十八周岁的人违反治安管理的,从轻或者减轻处罚;不满十四周岁的人违反治安管理的,不予处罚,但是应当责令其监护人严加管教。

■ 条文注解 •••••••

已满14周岁不满18周岁的人,缺乏足够的社会生活经验,容易受到不良因素的影响,不能完全认识和控制自己的行为,因此,法律规定对于已满14周岁不满18周岁的人违反治安管理的,应当从轻或者减轻处罚。不满14周岁的人,在《治安管理处罚法》上属于无责任能力人,因此不予处罚,但是应当责令其监护人严加管教。责令管教是人民警察以口头方式做出的对监护人的批评教育,没有特定的程序要

求。对于不满14周岁的人的监护人,按照《民法典》第27条的规定,主要指未成年人的父母、祖父母、外祖父母、兄、姐和其他愿意担任监护人的个人或者组织。

▌关联法规 ●●●●●●

《中华人民共和国行政处罚法》第30条,《公安机关办理行政案件程序规定》第157条,《公安机关办理未成年人违法犯罪案件的规定》第27条,《公安机关执行〈中华人民共和国治安管理处罚法〉有关问题的解释(二)》三、四,《公安机关执行〈中华人民共和国治安管理处罚法〉有关问题的解释》三

> **第十三条 【精神病人、智力残疾人违法的处罚】**
> 精神病人、智力残疾人在不能辨认或者不能控制自己行为的时候违反治安管理的,不予处罚,但是应当责令其监护人加强看护管理和治疗。间歇性的精神病人在精神正常的时候违反治安管理的,应当给予处罚。尚未完全丧失辨认或者控制自己行为能力的精神病人、智力残疾人违反治安管理的,应当给予处罚,但是可以从轻或者减轻处罚。

▌条文注解 ●●●●●●

精神病人、智力残疾人的表现各不相同,有些精神病人、智力残疾人能够辨认和控制自己的行为,有些只在部分时间能够辨认和控制自己的行为,有些则完全不能辨认和控制自己的行为。责任能力是指一个人能够辨认和控制自己行为,并能对自己的行为负责的能力,因此本条规定以精神病人、智力残疾人能否辨认或控制自己的行为为标准来认定是否对其进行治安处罚。我国法律界普遍认为,确认精神病应

当同时具备两个标准:一是医学标准,又称生物学标准,即确认行为人在实施行为时处于精神病症状态,且正处于发病期而不是缓解期和间歇期;二是法学标准,又称心理学标准,即确认行为人是由于精神病症使其行为当时处于完全不能辨认或控制自己行为的状态,而非所谓"心神减弱"的状态。

公安机关应当对违反治安管理的精神病患者有无责任能力进行认定,由精神病鉴定机构进行司法鉴定或者由公安机关指定的精神病院进行鉴定。

关联法规

《中华人民共和国行政处罚法》第31条,《公安机关办理行政案件程序规定》第87条、第158条,《公安机关执行〈中华人民共和国治安管理处罚法〉有关问题的解释》三,《精神疾病司法鉴定暂行规定》第7条

第十四条 【盲人、又聋又哑人违法的处罚】
盲人或者又聋又哑的人违反治安管理的,可以从轻、减轻或者不予处罚。

条文注解

盲人或者又聋又哑人的生理缺陷会影响其辨认和控制行为的能力,因此,法律对盲人或者又聋又哑给予较轻的处罚。需要注意的是:(1)本条针对的对象是盲人或者又聋又哑的人,其他有生理缺陷的人,例如,肢体有残疾的人、只聋不哑或者只哑不聋的人都不适用本条规定。(2)本条规定"可以"从轻、减轻或者不予处罚,因此实践中公安机关可以根据行为方式、主观恶性、危害后果等因素综合确定是否从

轻、减轻或者不予处罚。

> **关联法规** ●●●●●●

《公安机关办理行政案件程序规定》第159条,《公安机关执行〈中华人民共和国治安管理处罚法〉有关问题的解释(二)》四,《公安机关执行〈中华人民共和国治安管理处罚法〉有关问题的解释》三

> 第十五条 【醉酒的人违法的处罚】
> 醉酒的人违反治安管理的,应当给予处罚。
> 醉酒的人在醉酒状态中,对本人有危险或者对他人的人身、财产或者公共安全有威胁的,应当对其采取保护性措施约束至酒醒。

> **条文注解** ●●●●●●

醉酒的人在酒精的作用下,会处于兴奋、神志不清的状态,其控制自己行为的能力会减弱。但醉酒的人并未完全失去辨别是非和控制自己行为的能力,而且其应当预见到自己酒后的行为和后果。因此,醉酒的人违反治安管理的行为是自身原因造成的,应当对此负责。

"约束至酒醒"是公安机关为保护醉酒公民和他人的人身、财产或者公共安全实施的保护性强制措施,而非处罚,实施对象仅限于"对本人有危险或者对他人的人身、财产或者公共安全有威胁的"醉酒的人,而非所有醉酒的人。如果醉酒的人处于比较安全的状态中,如有亲友的陪伴,则可以不对其进行约束,将其交由亲友看护或者护送至家中即可。

> **关联法规** ●●●●●●

《中华人民共和国道路交通安全法》第91条,《公安机关办理行政

案件程序规定》第 58 条

> **第十六条 【有两种以上违法行为的处罚】**
> 有两种以上违反治安管理行为的,分别决定,合并执行处罚。行政拘留处罚合并执行的,最长不超过二十日。

▍条文注解

本条规定的"两种以上违反治安管理行为"是指有两个或者超过两个相互独立的、不连续的违反治安管理的行为或者是连续发生的不同种类的违反治安管理的行为。如果行为人连续实施同种违反治安管理的行为,则不按本条处理,而是作为从重处罚的情节加以考虑。"两种以上违反治安管理行为"包括三种情形:一是处罚决定作出前,实施有两种以上违反治安管理行为;二是处罚决定后处罚执行前,又犯有新的违反治安管理行为的;三是处罚执行完毕前,发现还有其他违反治安管理行为没有受到处罚且在法律规定的责任期限内的。

只有同是罚款或者同是行政拘留的处罚才可以合并执行,不同种类的处罚或者两个以上的警告处罚都无法合并执行,两个以上警告应同时向行为人做出。处两个以上罚款的,将数额相加合并执行;处两个以上行政拘留的,将天数相加执行,但最长不得超过 20 日。

▍关联法规

《公安机关办理行政案件程序规定》第 161 条

第十七条 【共同违法行为的处罚】

共同违反治安管理的,根据行为人在违反治安管理行为中所起的作用,分别处罚。

教唆、胁迫、诱骗他人违反治安管理的,按照其教唆、胁迫、诱骗的行为处罚。

条文注解

"共同违反治安管理"是指两个以上的行为人,出于共同违反治安管理的故意,实施了共同防范治安管理的行为。两个以上行为人应当是达到法定治安责任年龄,具有责任能力,能够承担法定责任的自然人。两人以上因共同过失违反治安管理的行为,不以共同违反治安管理论处。"在违反治安管理行为中所起的作用"可以分为起组织、指挥、领导作用,起主要作用,起次要或者辅助作用等,对于起次要作用、辅助作用的行为人,可以从轻处罚。

"教唆"是指唆使、怂恿他人违反治安管理;"胁迫"是指对他人进行威胁、恐吓等方式逼迫他人违反治安管理;"诱骗"是指以隐瞒后果等手段,诱惑、欺骗他人违反治安管理。教唆、胁迫、诱骗他人违反治安管理的,即使其并未直接参与实施违反治安管理的行为,也要按照其教唆、胁迫、诱骗的行为处罚。依据本法第22条规定,教唆、胁迫、诱骗他人违反治安管理的,应当从重处罚。

关联法规

《中华人民共和国刑法》第25~29条

第十八条 【单位违法行为的处罚】
单位违反治安管理的,对其直接负责的主管人员和其他直接责任人员依照本法的规定处罚。其他法律、行政法规对同一行为规定给予单位处罚的,依照其规定处罚。

条文注解

虽然违反治安管理的主要是自然人,但在治安管理处罚法律规定的一些特别情形下,单位也会成为违反治安管理的主体,例如,未经公安机关许可从事相关经营业务。治安管理处罚法律没有规定的情形下,不能认定单位构成违反治安管理行为。本条规定的"单位",包括公司、企业、事业单位、机关、团体等。单位能够以自身名义对外从事活动,并独立享受权利和承担义务,单位的分支机构或部门不能成为违反治安管理的主体。

单位违反治安管理和自然人违反治安管理的区别在于,单位的违法行为是由单位领导集体决定或者单位的主管领导决定,并组织有关人员实施的,一般是出于单位的利益或目的,非法利益归单位所有;而自然人违法则是由个人决定实施的,一般是出于个人目,即使以单位名义实施的,仍属于自然人违法。

关联法规

《中华人民共和国刑法》第30条、第31条,《公安机关执行〈中华人民共和国治安管理处罚法〉有关问题的解释》四

第十九条 【制止行为】

为了免受正在进行的不法侵害而采取的制止行为，造成损害的，不属于违反治安管理行为，不受处罚；制止行为明显超过必要限度，造成较大损害的，依法给予处罚，但是应当减轻处罚；情节较轻的，不予处罚。

条文注解

本条为2025年修订新增条文，规定了治安管理中的"正当防卫"——制止行为。制止行为的起因必须是具有客观存在的不法侵害。"不法"一般指法令所不允许的犯罪行为以及侵害人身、财产，破坏社会秩序的违法行为。认定是否构成制止行为、制止行为是否明显超过必要的限度，要注重查明前因后果，分清是非曲直，确保案件处理于法有据、于理应当、于情相容，符合人民群众的公平正义观念，实现法律效果与社会效果的有机统一。

需要特别注意准确把握制止行为的时间条件。制止行为必须是针对正在进行的不法侵害。对于不法侵害已经形成现实、紧迫危险的，应当认定为不法侵害已经开始；对于不法侵害虽然暂时中断或者被暂时制止，但不法侵害人仍有继续实施侵害的现实可能性的，应当认定为不法侵害仍在进行；对于不法侵害人确已失去侵害能力或者确已放弃侵害的，应当认定为不法侵害已经结束。对于不法侵害是否已经开始或者结束，应当立足当时的情境，按照社会公众的一般认知，依法作出合乎情理的判断，不能苛求当事人。对于当事人因为恐慌、紧张等心理，对不法侵害是否已经开始或者结束产生错误认识的，应当根据主客观相统一原则，依法作出妥当处理。

关联法规

《中华人民共和国刑法》第 20 条,《最高人民法院、最高人民检察院、公安部关于依法适用正当防卫制度的指导意见》

> 第二十条 【减轻处罚或不予处罚的情形】
> 违反治安管理有下列情形之一的,从轻、减轻或者不予处罚:
> (一)情节轻微的;
> (二)主动消除或者减轻违法后果的;
> (三)取得被侵害人谅解的;
> (四)出于他人胁迫或者诱骗的;
> (五)主动投案,向公安机关如实陈述自己的违法行为的;
> (六)有立功表现的。

条文注解

情节轻微的,主要指违反治安管理的行为没有造成危害后果或者危害后果轻微的,或者行为人过失违反治安管理没有造成严重后果的。

主动消除或者减轻违法后果,是指行为人违反治安管理后,在公安机关尚未追究之前或者被侵害人尚未控告、检举之前,自己主动消除或者减轻违法后果。

取得被侵害人谅解,是指违反治安管理的行为有被侵害人时,行为人取得被侵害人谅解,如被侵害人出具谅解书。将取得被侵害人的谅解作为从轻、减轻或者不予处罚的情形,有利于消除矛盾,增进社会和谐。

出于他人胁迫或者诱骗的,行为人在精神上受到了强制或因欺骗产生了认识错误,主观恶性较小,因此从轻、减轻或者不予处罚。

主动投案,是指行为人违反治安管理行为后,主动向公安机关或者就近的有关机关、单位及有关人员投案,承认自己的违法行为,并自愿置于所投机关或者个人的控制下,等候交代违法事实的行为。因伤病或者其他原因暂不能由本人投案的,也可以委托他人代为投案。行为人主动投案以后,必须如实陈述其违法行为,包括具体的时间、地点、当事人以及作案手段等,如果隐瞒真相、避重就轻或者只供述部分违法事实,则不符合从轻、减轻或者不予处罚的要求。

立功表现,是指违法行为人在实施违法行为后,有揭发其他违法犯罪事实的,阻止他人的违法犯罪活动的,以及对国家和社会有其他突出贡献的等情况。

■ 关联法规 ●●●●●●

《中华人民共和国行政处罚法》第32条,《公安机关办理行政案件程序规定》第159条,《公安机关对部分违反治安管理行为实施处罚的裁量指导意见》五、七、八,《公安机关执行〈中华人民共和国治安管理处罚法〉有关问题的解释(二)》四,《公安机关执行〈中华人民共和国治安管理处罚法〉有关问题的解释》三

第二十一条 【认错认罚从宽处理】
违反治安管理行为人自愿向公安机关如实陈述自己的违法行为,承认违法事实,愿意接受处罚的,可以依法从宽处理。

■ 条文注解 ●●●●●●

行为人认错,应当是自愿、如实陈述,既包括如实陈述自己的违法行为,也包括对公安机关掌握的违法事实,明确主动表示承认。行为人认罚,是指对公安机关根据其违法情节所做出的处罚表示愿意接

受。行为人应当同时满足"认罪"和"认罚"两个条件,公安机关才能从宽处理。认错认罚既体现了行为人对违反治安管理行为的悔改,也节约了行政和司法资源。

▌关联法规 ●●●●●●

《中华人民共和国刑事诉讼法》第 15 条

第二十二条 【从重处罚的情形】
违反治安管理有下列情形之一的,从重处罚:
(一)有较严重后果的;
(二)教唆、胁迫、诱骗他人违反治安管理的;
(三)对报案人、控告人、举报人、证人打击报复的;
(四)一年以内曾受过治安管理处罚的。

▌条文注解 ●●●●●●

"较严重后果"是指违反治安管理的行为造成了比较严重的现实危害后果,如较严重扰乱了社会秩序、较严重妨害公共安全、对他人人身财产权利造成较严重危害、较严重妨害社会管理秩序等。

教唆、胁迫、诱骗他人违反治安管理的人,不但自己有违反治安管理的故意,而且还采取教唆、胁迫、诱骗等手段,使原本没有违反治安管理故意的人成为危害社会的违法行为人,其主观恶性更大,因此需要从重处罚。

"报案人"是指向司法机关报告发现的违法犯罪事实或者违法犯罪嫌疑人的人,也包括违法犯罪行为的被害人。"控告人"是指被害人及其近亲属或其诉讼代理人。"举报人"是指当事人以外的向司法机关检举、揭发、报告违法犯罪事实或者违法犯罪嫌疑人的其他知情人。

"证人"是指知道案件全部或者部分真实情况,以自己的证言作为证据揭露违法犯罪行为的人。"打击报复"包含多种形式,既包括一般的人身、财产损害,也包括侮辱、利用职权辞退等手段。

一年内曾受过治安管理处罚的,包括"一年内曾受过治安管理处罚"或者"一年内因同类违法行为受到两次以上治安管理处罚"。行为人前后违反治安管理的行为可以是同种违法行为,也可以是不同违法行为。但如果行为人之前的违法行为尚未受过治安管理处罚,则属于合并处罚,不涉及从重处罚的问题。

■ 关联法规 ●●●●●●

《公安机关对部分违反治安管理行为实施处罚的裁量指导意见》五、六、八、九,《公安机关办理行政案件程序规定》第160条

> 第二十三条 【应给予行政拘留处罚而不予执行的情形】
> 违反治安管理行为人有下列情形之一,依照本法应当给予行政拘留处罚的,不执行行政拘留处罚:
> (一)已满十四周岁不满十六周岁的;
> (二)已满十六周岁不满十八周岁,初次违反治安管理的;
> (三)七十周岁以上的;
> (四)怀孕或者哺乳自己不满一周岁婴儿的。
> 前款第一项、第二项、第三项规定的行为人违反治安管理情节严重、影响恶劣的,或者第一项、第三项规定的行为人在一年以内二次以上违反治安管理的,不受前款规定的限制。

■ 条文注解 ●●●●●●

"不执行行政拘留处罚"是指对本条规定的四种对象违反治安管

理的行为,公安机关根据本法规定应当给予行政拘留处罚的,仍然可以裁定予以行政拘留处罚,对行为人违反治安管理的行为给予否定性评价,只是该行政拘留不实际执行,其与"不适用行政拘留处罚"的法律后果是不一样的。"不适用行政拘留处罚"是指不能作出行政拘留的处罚决定,其并未从法律上对行为人违反治安管理的行为给予否定性评价。

本条体现了《治安管理处罚法》对四种对象的特殊保护。未成年人对行为性质及其后果的认识和控制能力有限,且行政拘留容易对未成年人的心理以及其未来发展产生不良影响,因此不执行行政拘留处罚。"已满十六周岁不满十八周岁,初次违反治安管理的"不包括曾经违反治安管理但公安机关决定不予处罚或不执行行政拘留处罚的情形。

70周岁以上的人一般身体较弱,社会危害性较小,若处以行政拘留,有可能对其身体健康产生不良影响,导致意外发生,使其承担超出责任限度之外的不利后果,因此不执行行政拘留处罚。

对怀孕或者哺乳期的妇女不处以人身罚是国际通行做法,我国《刑法》《刑事诉讼法》《监狱法》等都有相应规定。怀孕或者哺乳期的妇女在生活起居和饮食方面都有特殊的需求,拘留怀孕或者哺乳期的妇女可能对母亲和胎儿或婴儿的健康产生不良影响,因此不执行行政拘留处罚。

关联法规

《公安机关办理行政案件程序规定》第164条,《公安机关执行〈中华人民共和国治安管理处罚法〉有关问题的解释(二)》五,《公安机关执行〈中华人民共和国治安管理处罚法〉有关问题的解释》五

第二十四条 【未成年人违法的教育措施】

对依照本法第十二条规定不予处罚或者依照本法第二十三条规定不执行行政拘留处罚的未成年人,公安机关依照《中华人民共和国预防未成年人犯罪法》的规定采取相应矫治教育等措施。

▍条文注解 ••••••••

《预防未成年人犯罪法》中的矫治教育措施主要包括以下几种:(1)予以训诫;(2)责令赔礼道歉、赔偿损失;(3)责令具结悔过;(4)责令定期报告活动情况;(5)责令遵守特定的行为规范,不得实施特定行为、接触特定人员或者进入特定场所;(6)责令接受心理辅导、行为矫治;(7)责令参加社会服务活动;(8)责令接受社会观护,由社会组织、有关机构在适当场所对未成年人进行教育、监督和管束;(9)其他适当的矫治教育措施。公安机关在对未成年人进行矫治教育时,可以根据需要邀请学校、居民委员会、村民委员会以及社会工作服务机构等社会组织参与。

此外,《预防未成年人犯罪法》还规定了对有严重不良行为的未成年人,未成年人的父母或者其他监护人、所在学校无力管教或者管教无效的,可以向教育行政部门提出申请,经专门教育指导委员会评估同意后,由教育行政部门决定送入专门学校接受专门教育。未成年人有下列情形之一的,经专门教育指导委员会评估同意,教育行政部门会同公安机关可以决定将其送入专门学校接受专门教育:(1)实施严重危害社会的行为,情节恶劣或者造成严重后果;(2)多次实施严重危害社会的行为;(3)拒不接受或者配合《预防未成年人犯罪法》第41条规定的矫治教育措施;(4)法律、行政法规规定的其他情形。

关联法规

《中华人民共和国刑法》第37条,《中华人民共和国预防未成年人犯罪法》第38~49条

> **第二十五条　【追究时效】**
> 违反治安管理行为在六个月以内没有被公安机关发现的,不再处罚。
> 前款规定的期限,从违反治安管理行为发生之日起计算;违反治安管理行为有连续或者继续状态的,从行为终了之日起计算。

条文注解

"追究时效"是指追究违反治安管理行为人法律责任的有效期限。追究违反治安管理行为人的责任,必须在本条规定的期限内,超过了法定期限,就不能再对违反治安管理行为人追究责任,给予处罚。"公安机关发现"既包括公安机关直接发现,也包括受害人报告、单位或群众举报等间接发现,以公安机关立案为标准。

"行为发生之日"是指行为完成或者停止之日。连续状态是指行为人在一定时间内,基于同一或者概括的意图,连续多次实施同种违反治安管理行为,如短时间内多次殴打他人,此时的追究时效从最后一个行为完毕时起算。

关联法规

《中华人民共和国行政处罚法》第36条,《公安机关办理行政案件程序规定》第154条,《公安机关执行〈中华人民共和国治安管理处罚法〉有关问题的解释》三

第三章　违反治安管理的行为和处罚

第一节　扰乱公共秩序的行为和处罚

第二十六条　【对扰乱单位、公共场所、公共交通和选举秩序行为的处罚】

有下列行为之一的,处警告或者五百元以下罚款;情节较重的,处五日以上十日以下拘留,可以并处一千元以下罚款:

(一)扰乱机关、团体、企业、事业单位秩序,致使工作、生产、营业、医疗、教学、科研不能正常进行,尚未造成严重损失的;

(二)扰乱车站、港口、码头、机场、商场、公园、展览馆或者其他公共场所秩序的;

(三)扰乱公共汽车、电车、城市轨道交通车辆、火车、船舶、航空器或者其他公共交通工具上的秩序的;

(四)非法拦截或者强登、扒乘机动车、船舶、航空器以及其他交通工具,影响交通工具正常行驶的;

(五)破坏依法进行的选举秩序的。

聚众实施前款行为的,对首要分子处十日以上十五日以下拘留,可以并处二千元以下罚款。

条文注解

扰乱单位秩序,要求达到"致使工作、生产、营业、医疗、教学、科研不能正常进行,尚未造成严重损失"的程度。《刑法》中的"聚众扰乱社会秩序罪"则要求达到"致使工作、生产、营业和教学、科研、医疗无法进行,造成严重损失"的程度。聚众扰乱社会秩序罪的主体仅限于首要分子和积极参加者,对于一般的参加者,则视情节给予治安管理处罚。

公共场所是指对公众开放,供不特定多数人出入、停留、使用的场所。扰乱公共场所秩序的行为既包括打架斗殴、非法游行示威、损坏财物等违反公共场所秩序的行为,也包括干扰、阻碍、抗拒工作人员依法履行职务的行为。

扰乱公共交通工具上的秩序侵犯的是公共交通工具上的秩序,而不是其他交通工具上的秩序或交通管理的秩序。公共交通工具,是指从事旅客运输的各种公共汽车、大、中型出租车、火车、轨道交通、轮船、飞机等,不含小型出租车。对虽不具有营业执照,但实际从事旅客运输的大、中型交通工具,以及单位班车、校车等交通工具,可以认定为公共交通工具。本条中的公共交通工具是指正在运营的交通工具,不包括停放在库内或停留在车站、码头待用的公共交通工具。

非法拦截、扒乘交通工具的行为,侵犯对象包括机动车、船舶、航空器以及其他交通工具,不限于公共交通工具。

"破坏选举秩序"是指在选举各级人民代表大会代表和国家机关领导人员以及其他依照法律规定举行的选举时,以暴力、威胁、欺骗、贿赂、伪造选举文件、虚报选举票数等手段破坏选举或者妨害选民和代表自由行使选举权和被选举权的行为。本条的选举既包括各级人民代表大会代表或者国家机关领导人的选举,也包括村民委员会、居民委员会的选举等,《刑法》破坏选举罪中的选举则不包括村民委员会、居民委员会的选举。选举活动包括选民登记、提出候选人、投票选举、补选、罢免等整个选举过程。

关联法规

《中华人民共和国刑法》第256条、第290条、第291条,《中华人民共和国铁路法》第50条、第55条,《中华人民共和国军事设施保护法》第60条,《信访工作条例》第26条、第47条,《违反公安行政管理行为的名称及其适用意见》24~33,《公安机关对部分违反治安管理行为实施处罚的裁量指导意见》第二部分一、二、三,《关于公安机关处置信访活动中违法犯罪行为适用法律的指导意见》一、二、四,《公安机关执行〈中华人民共和国治安管理处罚法〉有关问题的解释(二)》六

第二十七条 【对考试作弊行为的处罚】

在法律、行政法规规定的国家考试中,有下列行为之一,扰乱考试秩序的,处违法所得一倍以上五倍以下罚款,没有违法所得或者违法所得不足一千元的,处一千元以上三千元以下罚款;情节较重的,处五日以上十五日以下拘留:

(一)组织作弊的;

(二)为他人组织作弊提供作弊器材或者其他帮助的;

(三)为实施考试作弊行为,向他人非法出售、提供考试试题、答案的;

(四)代替他人或者让他人代替自己参加考试的。

条文注解

"法律、行政法规规定的国家考试"限于全国人民代表大会及其常务委员会制定的法律所规定的考试,包括:(1)普通高等学校招生考试、研究生招生考试、高等教育自学考试、成人高等学校招生考试等国家教育考试;(2)中央和地方公务员录用考试;(3)国家统一法律职业资格考试、国家教师资格考试、注册会计师全国统一考试、会计专业技术资格考试、资产评估师资格考试、医师资格考试、执业药师职业资格考试、注册建筑师考试、建造师执业资格考试等专业技术资格考试;(4)其他依照法律由中央或者地方主管部门以及行业组织的国家考试。

"组织作弊"是指组织、指挥、策划进行考试作弊的行为,既包括组成层级明确的作弊组织,也包括组成松散的作弊团伙,即可以有比较严密的组织结构,也可以是为了进行一次考试作弊行为临时纠结在一起。

试题不完整或者答案与标准答案不完全一致的,不影响非法出售、提供试题、答案行为的认定。行为人提供试题、答案的对象不限于组织作弊的团伙或个人,也包括参加考试的人员及其亲友。

"代替他人参加考试"是指冒名顶替应当参加考试的人去参加考试,包括携带应考者的真实证件参加考试,携带伪造、变造的应考者的证件参加考试,替考者与应考者一同入场考试但互填对方的考试信息等。

关联法规

《中华人民共和国刑法》第284条之一,《国家教育考试违规处理办法》第5~7条

第二十八条 【对扰乱体育、文化等大型群众性活动秩序行为的处罚】

有下列行为之一,扰乱体育、文化等大型群众性活动秩序的,处警告或者五百元以下罚款;情节严重的,处五日以上十日以下拘留,可以并处一千元以下罚款:

(一)强行进入场内的;
(二)违反规定,在场内燃放烟花爆竹或者其他物品的;
(三)展示侮辱性标语、条幅等物品的;
(四)围攻裁判员、运动员或者其他工作人员的;
(五)向场内投掷杂物,不听制止的;
(六)扰乱大型群众性活动秩序的其他行为。

> 因扰乱体育比赛、文艺演出活动秩序被处以拘留处罚的,可以同时责令其六个月至一年以内不得进入体育场馆、演出场馆观看同类比赛、演出;违反规定进入体育场馆、演出场馆的,强行带离现场,可以处五日以下拘留或者一千元以下罚款。

条文注解

根据《大型群众性活动安全管理条例》,大型群众性活动是指法人或者其他组织面向社会公众举办的每场次预计参加人数达到1000人以上的体育比赛、演唱会、音乐会、展览、展销、游园、灯会、庙会、花会、焰火晚会、人才招聘会、彩票开奖等活动,不包含影剧院、音乐厅、公园、娱乐场所等在其日常业务范围内举办的活动。

强行进入场内主要针对有封闭活动场所的大型活动,是指不符合入场条件而强行进入场内的行为,既包括行为人不购买门票或者入场券,且不听工作人员制止,强行进入场内的情形,也包括行为人不服从安全检查,不按要求寄存包裹而强行进入场内以及其他强行进入场内的情形。

根据法律规定,在场内燃放烟花爆竹或者其他物品的,应当符合大型活动所在地的地方性法规以及赛事组织者关于燃放的具体规定。烟花爆竹之外的其他物品,主要是指燃放后可能造成环境污染,留下安全隐患,干扰大型群众性活动正常进行的物品,如燃烧报纸、标语、横幅等。

大型活动的组织者和参与者通常会在大型活动的现场悬挂各种标语、条幅等物品,但不得损害他人的合法权利和自由,在大型活动的举办场所不应当展示侮辱性的标语、条幅等物品,这既是对他人的尊重,也是赛场文明的重要内容。

"围攻"是指多人包围、攻击他人的行为。围攻裁判员、运动员或者其他工作人员,以及向场内投掷杂物等扰乱大型群众性活动秩序的行为导致他人受到轻微伤的,在扰乱大型群众性活动秩序和故意伤害中择一重处罚的行为处罚,如果伤害达到了刑事案件的立案标准,则应依法追究行为人的刑事责任。

往场内投掷杂物会威胁他人的人身安全,妨碍体育比赛、文艺演出等大型活动的秩序,干扰大型活动的正常进行。对于向场内投掷杂物的行为,赛事的组织者和在现场维持秩序的人员应当及时制止;对于不听制止的,应当根据本法的规定处理。

责令禁止观看比赛、演出限于同类比赛、演出,如果行为人因观看篮球比赛受到拘留处罚,则不可禁止其观看足球等其他类型比赛,但禁止观看比赛、演出的场馆则不限于行为人实施违法行为的场馆。强行带离现场是指将危害社会治安秩序或者威胁公共安全的人强行带离违法犯罪现场或者突发事件现场,或者再进行审查的行政强制措施,主要用于处置非法集会、游行、示威活动。对于拒不接受带离的,可以根据有关阻碍人民警察依法执行职务行为的规定,予以治安处罚或者追究刑事责任。

关联法规

《烟花爆竹安全管理条例》第42条,《大型群众性活动安全管理条例》第2条、第9条,《违反公安行政管理行为的名称及其适用意见》34~39,《公安机关对部分违反治安管理行为实施处罚的裁量指导意见》第二部分四~九

第二十九条 【对虚构事实扰乱公共秩序行为的处罚】
有下列行为之一的,处五日以上十日以下拘留,可以并处一千元以下罚款;情节较轻的,处五日以下拘留或者一千元以下罚款:

（一）故意散布谣言，谎报险情、疫情、灾情、警情或者以其他方法故意扰乱公共秩序的；

（二）投放虚假的爆炸性、毒害性、放射性、腐蚀性物质或者传染病病原体等危险物质扰乱公共秩序的；

（三）扬言实施放火、爆炸、投放危险物质等危害公共安全犯罪行为扰乱公共秩序的。

条文注解

"散布谣言"是指捏造并散布没有事实根据的谎言迷惑不明真相的群众，扰乱公共秩序的行为。谎报险情、疫情、灾情、警情是指编造火灾、水灾、地质灾害以及其他危险情况和传染病传播的情况以及有违法犯罪行为发生或者明知是虚假的险情、疫情、灾情、警情，向有关部门报告的行为。本条规定的行为在主观上应当出于扰乱公共秩序的故意，如果行为人只是出于对消息的判断失误过失向有关部门错报险情，则不构成违反治安管理的行为。无论行为人是否实现了扰乱公共秩序的目的，均不影响行为的认定。

"投放虚假的危险物质"是指明知是虚假的危险物质而以邮寄、放置等方式将虚假的危险物质置于他人、公众面前或者周围的行为。这种行为不会实际造成危害后果，不致危害公共安全，但是会引发群众恐慌，造成社会混乱，因此属于扰乱公共秩序行为。

扬言实施放火、爆炸、投放危险物质等行为，扰乱公共秩序的，构成散布恐怖信息行为。"扬言实施"是指以公开表达的方式使人相信其将实施上述行为。除"扬言实施"这一行为外，散布恐怖信息还要求行为后果应当达到扰乱正常公共秩序的程度。

关联法规

《中华人民共和国刑法》第291条之一,《违反公安行政管理行为的名称及其适用意见》40~42,《公安机关对部分违反治安管理行为实施处罚的裁量指导意见》第二部分十

> **第三十条 【对寻衅滋事行为的处罚】**
> 有下列行为之一的,处五日以上十日以下拘留或者一千元以下罚款;情节较重的,处十日以上十五日以下拘留,可以并处二千元以下罚款:
> (一)结伙斗殴或者随意殴打他人的;
> (二)追逐、拦截他人的;
> (三)强拿硬要或者任意损毁、占用公私财物的;
> (四)其他无故侵扰他人、扰乱社会秩序的寻衅滋事行为。

条文注解

"寻衅滋事"是指在公共场所无事生非,起哄闹事,肆意挑衅,横行霸道,打群架,破坏公共秩序的行为。寻衅滋事行为会损害公民的人身、财产安全,但寻衅滋事行为侵犯的对象并不是特定的公民的人身、财产,而是指向公共秩序。

结伙斗殴主要体现为打群架的行为,"结伙"是指聚集多人同时进行违法活动,参与者为三人以上;"斗殴"是指有两方或者多方人员以暴力互相攻击。结伙斗殴与刑法中的聚众斗殴不同,聚众斗殴的情节更严重,对公共秩序的危害更大,其处罚主体是聚众斗殴的首要分子和积极参加者,而结伙斗殴处罚的主体是结伙斗殴的参加者和聚众斗殴的除首要分子和积极参加者以外的参加者。

"追逐、拦截他人"是指在寻求精神刺激等动机的支配下,无故、无

理追赶、拦挡他人,是凭借自己在身体或工具上的优势或者对社会公德满不在乎的态度无事生非骚扰他人的一种表现。

"强拿硬要"是指在显示威风、寻求精神刺激等动机以及蔑视社会公德的心态的支配下,以蛮不讲理的手段强行索要市场、商店的商品或者他人的财物。"任意损毁、占用公私财物"是指随心所欲毁坏、占用公私财物,既包括机关、企业、事业单位、社会团体专用的物品,也包括社会公共设施。

其他寻衅滋事行为主要包括随意殴打他人,以及在公共场所起哄闹事,造成公共场所秩序混乱等扰乱公共秩序的行为。

关联法规

《中华人民共和国刑法》第292条、第293条,《公安机关对部分违反治安管理行为实施处罚的裁量指导意见》第二部分十一,《关于公安机关处置信访活动中违法犯罪行为适用法律的指导意见》四(10)

第三十一条 【对利用封建迷信、会道门等进行非法活动行为的处罚】

有下列行为之一的,处十日以上十五日以下拘留,可以并处二千元以下罚款;情节较轻的,处五日以上十日以下拘留,可以并处一千元以下罚款:

(一)组织、教唆、胁迫、诱骗、煽动他人从事邪教活动、会道门活动、非法的宗教活动或者利用邪教组织、会道门、迷信活动,扰乱社会秩序、损害他人身体健康的;

(二)冒用宗教、气功名义进行扰乱社会秩序、损害他人身体健康活动的;

(三)制作、传播宣扬邪教、会道门内容的物品、信息、资料的。

条文注解

"邪教"是指冒用宗教、气功或者以其他名义建立,神化、鼓吹首要分子,利用制造、散布迷信邪说等手段蛊惑、蒙骗他人,发展、控制成员,危害社会的非法组织。邪教扰乱社会秩序,危害人民群众生命财产安全和经济发展,必须依法取缔,坚决惩治。

《刑法》相关司法解释规定,制作、传播邪教宣传品达到一定数量可构成组织、利用会道门、邪教组织,利用迷信破坏法律实施罪。宣传品包括传单、喷图、图片、标语、报纸、书籍、刊物、音像制品、标识、标志物、存储介质、横幅、条幅等。对于未达到犯罪标准的行为,则可根据本法给予治安管理处罚。

关联法规

《中华人民共和国宪法》第36条,《中华人民共和国刑法》第300条,《宗教事务条例》第41条、第62条,《违反公安行政管理行为的名称及其适用意见》44、45、46,《公安机关对部分违反治安管理行为实施处罚的裁量指导意见》第二部分十二,《最高人民法院、最高人民检察院关于办理组织、利用邪教组织破坏法律实施等刑事案件适用法律若干问题的解释》第2条

第三十二条 【对干扰无线电业务及无线电台(站)行为的处罚】
违反国家规定,有下列行为之一的,处五日以上十日以下拘留;情节严重的,处十日以上十五日以下拘留:
(一)故意干扰无线电业务正常进行的;
(二)对正常运行的无线电台(站)产生有害干扰,经有关主管部门指出后,拒不采取有效措施消除的;
(三)未经批准设置无线电广播电台、通信基站等无线电台(站)的,或者非法使用、占用无线电频率,从事违法活动的。

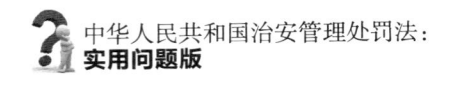

▌条文注解

"违反国家规定"是指违反国家有关无线电业务和无线电台（站）管理的有关法律、行政法规及相关规范性文件。如果行为人没有违反国家规定，虽然客观上其行为造成了对无线电业务的干扰，但也不属于违反治安管理的行为，可以通过技术手段予以解决。

▌关联法规

《中华人民共和国刑法》第288条，《中华人民共和国军事设施保护法》第61条，《中华人民共和国无线电管理条例》第6条、第70条，《违反公安行政管理行为的名称及其适用意见》47、48，《公安机关对部分违反治安管理行为实施处罚的裁量指导意见》第二部分十三

第三十三条　【对侵入、破坏计算机信息系统行为的处罚】

有下列行为之一，造成危害的，处五日以下拘留；情节较重的，处五日以上十五日以下拘留：

（一）违反国家规定，侵入计算机信息系统或者采用其他技术手段，获取计算机信息系统中存储、处理或者传输的数据，或者对计算机信息系统实施非法控制的；

（二）违反国家规定，对计算机信息系统功能进行删除、修改、增加、干扰的；

（三）违反国家规定，对计算机信息系统中存储、处理、传输的数据和应用程序进行删除、修改、增加的；

（四）故意制作、传播计算机病毒等破坏性程序的；

（五）提供专门用于侵入、非法控制计算机信息系统的程序、工具，或者明知他人实施侵入、非法控制计算机信息系统的违法犯罪行为而为其提供程序、工具的。

第三章 违反治安管理的行为和处罚

■ **条文注解** ●●●●●●

"计算机信息系统"是指具备自动处理数据功能的系统,包括计算机、网络设备、通信设备、自动化控制设备等。计算机信息系统中"存储"的数据是指在计算机信息系统的硬盘或其他存储介质中保存的信息;"处理"的数据是指计算机信息系统正在运算中的信息;"传输"的数据是指计算机信息系统各设备、设施之间,或者与其他计算机信息系统之间正在交换、输送中的信息。存储、处理和传输涵括了计算机信息系统中所有的数据形态。

"侵入"是指未经授权或者他人同意,通过技术手段进入计算机信息系统。"获取"既包括通过直接复制信息等方式窃取,也包括通过设立假冒网站等方式骗取。"非法控制"是指通过各种技术手段,使他人计算机信息系统处于其掌控之中,能够接受其发出的指令,完成相应的操作活动,既包括完全控制,也包括部分控制,只要能够使他人计算机信息系统执行其发出的指令即可。

"计算机信息系统功能"是指在计算机中,按照一定的应用目标和规则对信息进行采集、加工、存储、传输、检索的功用和能力。"计算机应用程序"是指用户使用数据库的一种方式,是用户按数据库授予的子模式的逻辑结构,书写对数据进行操作和运算的程序。"计算机破坏性程序"是指隐藏在执行程序中或数据文件中,在计算机内部运行的一种干扰程序,如计算机病毒。"计算机病毒"是指编制或者在计算机程序中插入的破坏计算机功能或者毁坏数据,影响计算机使用,并能自我复制的一组计算机指令或者程序代码。

■ **关联法规** ●●●●●●

《中华人民共和国刑法》第285条、第286条,《互联网上网服务营业场所管理条例》第15条,《中华人民共和国计算机信息系统安全保护条例》第20条、第23~24条,《计算机信息网络国际联网安全保护管理办法》第6条、第20条,《违反公安行政管理行为的名称及其适用意见》49~52,《公安机关对部分违反治安管理行为实施处罚的裁量指导意见》第二部分十四~十七

> **第三十四条 【对传销行为的处罚】**
> 组织、领导传销活动的,处十日以上十五日以下拘留;情节较轻的,处五日以上十日以下拘留。
> 胁迫、诱骗他人参加传销活动的,处五日以上十日以下拘留;情节较重的,处十日以上十五日以下拘留。

■ 条文注解

传销组织通常以推销商品、提供服务等经营活动为名,要求参加者以缴纳费用或者购买商品、服务等方式获得加入资格,并按照一定顺序组成层级,直接或者间接以发展人员的数量作为计酬或者返利依据,引诱、胁迫参加者继续发展他人参加,骗取财物,扰乱经济社会秩序。

实践中,传销活动的名目繁多,但传销的本质特征在于其诈骗性。传销组织通常没有实际经营活动,或者以虚假的经营活动作为幌子,其资金来源于参加者以各种方式缴纳的用于获取加入资格的费用,传销组织再以这些费用作为其"上层"的回报。

■ 关联法规

《中华人民共和国刑法》第224条之一,《禁止传销条例》第1~30条,《最高人民法院、最高人民检察院、公安部关于办理组织领导传销活动刑事案件适用法律若干问题的意见》

第三十五条 【对侮辱英烈行为的处罚】

有下列行为之一的,处五日以上十日以下拘留或者一千元以上三千元以下罚款;情节较重的,处十日以上十五日以下拘留,可以并处五千元以下罚款:

(一)在国家举行庆祝、纪念、缅怀、公祭等重要活动的场所及周边管控区域,故意从事与活动主题和氛围相违背的行为,不听劝阻,造成不良社会影响的;

(二)在英雄烈士纪念设施保护范围内从事有损纪念英雄烈士环境和氛围的活动,不听劝阻的,或者侵占、破坏、污损英雄烈士纪念设施的;

(三)以侮辱、诽谤或者其他方式侵害英雄烈士的姓名、肖像、名誉、荣誉,损害社会公共利益的;

(四)亵渎、否定英雄烈士事迹和精神,或者制作、传播、散布宣扬、美化侵略战争、侵略行为的言论或者图片、音视频等物品,扰乱公共秩序的;

(五)在公共场所或者强制他人在公共场所穿着、佩戴宣扬、美化侵略战争、侵略行为的服饰、标志,不听劝阻,造成不良社会影响的。

条文注解

根据《英雄烈士保护法》规定,英雄烈士事迹和精神是中华民族的共同历史记忆和社会主义核心价值观的重要体现。国家保护英雄烈士,维护英雄烈士尊严和合法权益。

根据《刑法》及相关司法解释,英雄烈士主要是指近代以来,为了争取民族独立和人民解放,实现国家富强和人民幸福,促进世界和平和人类进步而毕生奋斗、英勇献身的英雄烈士,重点是中国共产党、人

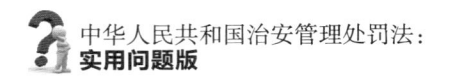

民军队和中华人民共和国历史上的英雄烈士。英雄烈士既包括个人，也包括群体；既包括有名英雄烈士，也包括无名英雄烈士。

关联法规

《中华人民共和国刑法》第299条之一，《中华人民共和国爱国主义教育法》第37~38条，《中华人民共和国英雄烈士保护法》第22条、第26~28条

第二节 妨害公共安全的行为和处罚

> **第三十六条 【对违反危险物质管理行为的处罚】**
> 违反国家规定，制造、买卖、储存、运输、邮寄、携带、使用、提供、处置爆炸性、毒害性、放射性、腐蚀性物质或者传染病病原体等危险物质的，处十日以上十五日以下拘留；情节较轻的，处五日以上十日以下拘留。

条文注解

本条针对的是违反国家有关危险物质管理规定的行为，有关管理规定包括《传染病防治法》《固体废物污染环境防治法》《烟花爆竹安全管理条例》《民用爆炸物品安全管理条例》《危险化学品安全管理条例》《放射性物品运输安全管理条例》等。

"非法制造"是指未经批准以各种方法生产危险物质的行为；"买卖"是指购买或销售危险物质的行为；"非法存储"是指明知是他人非法制造、买卖、运输、邮寄的危险物品而为其存放的行为；"运输"是指通过各种交通工具运送危险物质的行为；"邮寄"是指通过邮政系统把危险物质寄往目的地的行为；"携带"是指将少量危险物质从一处带往另一处或者进入公共场所、乘坐公共交通工具的行为；"非法使用"是

指违反国家有关规定擅自使用的行为;"非法提供"是指非法出借、进出口或者赠与危险物质的行为;"处置"是指将危险物质焚烧和用其他改变危险物质的物理、化学、生物特性的方法,达到减少已产生的危险物质数量、缩小危险物质体积、减少或者消除其危险成分的活动,或者将危险物质最终置于符合环境保护规定要求的填埋场的行为。

关联法规

《中华人民共和国消防法》第62条,《中华人民共和国固体废物污染环境防治法》第20条、第80条、第123条,《烟花爆竹安全管理条例》第36条、第41条、第42条,《民用爆炸物品安全管理条例》第44条、第49条、第51条,《危险化学品安全管理条例》第88条、第89条,《铁路安全管理条例》第99条,《放射性物品运输安全管理条例》第65条、第66条,《中华人民共和国核材料管制条例》第11~13条,《剧毒化学品购买和公路运输许可证件管理办法》第20条、第24条,《违反公安行政管理行为的名称及其适用意见》53,《公安机关对部分违反治安管理行为实施处罚的裁量指导意见》第二部分18

第三十七条　【对危险物质被盗、被抢、丢失不报行为的处罚】

爆炸性、毒害性、放射性、腐蚀性物质或者传染病病原体等危险物质被盗、被抢或者丢失,未按规定报告的,处五日以下拘留;故意隐瞒不报的,处五日以上十日以下拘留。

条文注解

危险物质具有爆炸性、毒害性、放射性、腐蚀性、传染性等特性,我国对危险物质实行严格的管理制度,如果危险物质被盗、被抢或者丢失,不按照规定报告并追回,流入社会,会成为严重的治安隐患,对公共安全产生威胁。

"故意隐瞒不报"是指发生危险物质被盗、被抢或者丢失后,责任人意图通过自身的努力将危险物质追回而不报告,或者隐瞒实际情况,意图逃避责任,不如实报告的行为,主要表现为统一口径、隐匿证据、破坏现场等,因此应当加重处罚。

▎关联法规 ●●●●●●

《烟花爆竹安全管理条例》第39条,《民用爆炸物品安全管理条例》第50条,《危险化学品安全管理条例》第81条,《中华人民共和国核材料管制条例》第15条,《违反公安行政管理行为的名称及其适用意见》54

第三十八条 【对非法携带管制器具行为的处罚】

非法携带枪支、弹药或者弩、匕首等国家规定的管制器具的,处五日以下拘留,可以并处一千元以下罚款;情节较轻的,处警告或者五百元以下罚款。

非法携带枪支、弹药或者弩、匕首等国家规定的管制器具进入公共场所或者公共交通工具的,处五日以上十日以下拘留,可以并处一千元以下罚款。

▎条文注解 ●●●●●●

"枪支"是指以火药或者压缩气体等为动力,利用管状器具发射金属弹丸或者其他物质,足以致人伤亡或者丧失知觉的各种枪支;"弹药"是指枪支使用的子弹、火药、金属弹丸等。"管制器具"是指弩、管制刀具、电击器以及使用火药为动力的射钉器、射网器等国家规定对社会治安秩序和公共安全构成危害,对公民合法权益和人身安全构成威胁,需要实施特别管理的物品,包括匕首、三棱刀、弹簧刀以及其他相类似的单刃、双刃、三棱尖刀等管制刀具,具有电击、强光、催泪、麻醉等功能的器械,以及弩等器具。

"携带"是指随身携带或者放入行李、包裹中托运,包括公开携带和秘密携带。公共场所是指供不特定多数人出入、停留、使用的场所,公共交通工具是指供社会公众乘坐、运输的各种民用交通工具。

▌关联法规 ●●●●●●

《中华人民共和国枪支管理法》第44条,《铁路安全管理条例》第99条,《公安部对部分刀具实行管制的暂行规定》第2条、第3条、第8条、第13条,《违反公安行政管理行为的名称及其适用意见》55,《公安机关对部分违反治安管理行为实施处罚的裁量指导意见》第二部分19

第三十九条 【对盗窃、损毁公共设施行为的处罚】

有下列行为之一的,处十日以上十五日以下拘留;情节较轻的,处五日以下拘留:

(一)盗窃、损毁油气管道设施、电力电信设施、广播电视设施、水利工程设施、公共供水设施、公路及附属设施或者水文监测、测量、气象测报、生态环境监测、地质监测、地震监测等公共设施,危及公共安全的;

(二)移动、损毁国家边境的界碑、界桩以及其他边境标志、边境设施或者领土、领海基点标志设施的;

(三)非法进行影响国(边)界线走向的活动或者修建有碍国(边)境管理的设施的。

▌条文注解 ●●●●●●

"油气管道设施"是指《石油天然气管道保护法》中规定的管道及

管道附属设施;电力设施包括发电设施、变电设施和电力线路设施及其有关辅助设施;电信设施是指公用电信网、专用电信网、广播电视传输网的设施,包括所有有线、无线、电信管道和卫星等设施;广播电视设施包括广播电视信号发射设施、广播电视信号专用传输设施和广播电视信号监测设施;公路及附属设施包括公路以及保护、养护公路和保障公路安全畅通所设置的公路防护、排水、养护、管理、服务、交通安全、渡运、监控、通信、收费等设施、设备以及专用建筑物、构筑物等;水文监测、测量设施是指水利、电力、气象、海洋、农林等部门用于测算水位、流量等数据的水文站、雨量站等设施;气象测报设施是指气象探测设施、气象信息专用传输设施、大型气象专用技术装备等;生态环境监测设施是指用于监控和测量生态环境资源的质量、污染程度等各项指标的设施、设备,如渗沥液监测井、尾气取样孔等;地震监测设施是指用于地震信息检测、传输和处理的设备、仪器和装置以及配套的监测场地。

"移动、损毁"是指将界碑、界桩以及其他边境标志、边境设施或者领土、领海基点标志设施移动、砸毁、拆除、挖掉、盗走或者改变其原样等,从而使其失去原有的意义和作用的行为。

影响国(边)界线走向的活动如在临近国(边)界线附近挖沙、采矿、耕种、采伐树木,影响国(边)界河流向;修建有碍国(边)境管理的设施如在靠近国(边)境位置修建房屋、挖鱼塘。

关联法规 ●●●●●●●

《中华人民共和国刑法》第323条,《中华人民共和国陆地国界法》第32条、第34条、第40条、第57条第1款,《中华人民共和国军事设施保护法》第62条,《中华人民共和国电力法》第52条,《中华人民共和国公路法》第7条、第52条,《中华人民共和国测绘法》第41条、第64条,《中华人民共和国气象法》第11条,《中华人民共和国水法》第72条,《中华人民共和国防洪法》第60条、第63条,《中华人民共和国石油天然气管道保护法》第51条,《中华人民共和国防震减灾法》第84条,《中华人民共和国河道管理条例》第45条,《电力设施保护条例》第30条,《地质灾害防治条例》第16条、第46条,《广播电视设施保护条例》第21条,《环境监测管理办法》第16条、第20条,《违反公安行政管理行为的名称及其适用意见》57~59

第四十条 【对妨害公共交通工具安全行驶行为的处罚】

盗窃、损坏、擅自移动使用中的航空设施,或者强行进入航空器驾驶舱的,处十日以上十五日以下拘留。

在使用中的航空器上使用可能影响导航系统正常功能的器具、工具,不听劝阻的,处五日以下拘留或者一千元以下罚款。

盗窃、损坏、擅自移动使用中的其他公共交通工具设施、设备,或者以抢控驾驶操纵装置、拉扯、殴打驾驶人员等方式,干扰公共交通工具正常行驶的,处五日以下拘留或者一千元以下罚款;情节较重的,处五日以上十日以下拘留。

条文注解

"使用中的公共交通工具"是指处于运营状态的公共交通工具,如果公共交通工具尚未投入使用,或者在维修保养中,则不在本条规定的范畴。盗窃、损坏、擅自移动使用中的公共交通工具设施、设备,或者强行进入公共交通工具驾驶舱,会干扰驾驶员对公共交通工具的操控,从而妨害公共交通工具安全行驶。

对于在使用中的航空器上使用可能影响导航系统正常功能的器具、工具,行为人主观上应当出于故意,即明知在使用中的航空器上使用可能影响导航系统正常功能的器具、工具会危及航空器飞行安全,仍实施该行为。

以抢夺方向盘或者拉扯、殴打驾驶人等方式妨碍公共交通工具驾驶的,行为主体主要是公共交通工具上的乘客等人员。"驾驶操纵装置"主要是指供驾驶人员控制车辆行驶的装置,包括方向盘、离合器踏板、加速踏板、制动踏板、变速杆、驻车制动手柄等。《刑法》及相关司法解释已经将抢夺方向盘、变速杆等操纵装置,殴打、拉拽驾驶人员等妨害安全驾驶行为纳入以危险方法危害公共安全罪范畴,对于尚不构成犯罪但构成违反治安管理行为的,依法给予治安管理处罚。

关联法规 ●●●●●●

《中华人民共和国刑法》第117条、第133条之二,《违反公安行政管理行为的名称及其适用意见》60～62

第四十一条 【对妨害铁路运行安全行为的处罚】

有下列行为之一的,处五日以上十日以下拘留,可以并处一千元以下罚款;情节较轻的,处五日以下拘留或者一千元以下罚款:

(一)盗窃、损毁、擅自移动铁路、城市轨道交通设施、设备、机车车辆配件或者安全标志的;

(二)在铁路、城市轨道交通线路上放置障碍物,或者故意向列车投掷物品的;

(三)在铁路、城市轨道交通线路、桥梁、隧道、涵洞处挖掘坑穴、采石取沙的;

(四)在铁路、城市轨道交通线路上私设道口或者平交过道的。

条文注解 ●●●●●●

本条列举的行为是没有造成现实危害或者不足以使列车发生倾覆、毁坏危险,尚不构成犯罪的行为。如果行为足以使列车发生倾覆、毁坏危险,则可能构成《刑法》中的破坏交通设施罪和过失损坏交通设施罪,造成列车机车损毁或者人员伤亡的,则可能构成故意毁坏财物罪或者故意伤害罪。

关联法规

《中华人民共和国刑法》第 117 条、第 119 条,《中华人民共和国铁路法》第 47 条、第 49 条、第 61 条、第 62 条、第 67 条、第 68 条,《铁路安全管理条例》第 7 条、第 30 条、第 77 条,《城市轨道交通运营管理规定》第 33 条、第 53 条,《违反公安行政管理行为的名称及其适用意见》63~67,《公安机关对部分违反治安管理行为实施处罚的裁量指导意见》第二部分二十~二十四

> **第四十二条 【对妨害列车行车安全行为的处罚】**
> 擅自进入铁路、城市轨道交通防护网或者火车、城市轨道交通列车来临时在铁路、城市轨道交通线路上行走坐卧,抢越铁路、城市轨道,影响行车安全的,处警告或者五百元以下罚款。

条文注解

擅自进入铁路、城市轨道交通防护网是指行为人明知铁路、城市轨道交通防护网是保障列车安全行车的重要措施,是禁止进入的,但为了个人便利,未经铁路工作人员的允许而进入。列车来临时抢越铁路、城市轨道的行为人往往心存侥幸心理,认为以自己的速度能抢在列车到达前穿过线路。抢越铁路、城市轨道属于妨害列车行车安全的最常见类型。

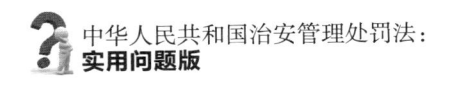

关联法规

《中华人民共和国铁路法》第51条、第67条,《铁路安全管理条例》第77条,《城市轨道交通运营管理规定》第34条、第53条,《违反公安行政管理行为的名称及其适用意见》68、69

> **第四十三条 【对妨害公共安全行为的处罚】**
> 有下列行为之一的,处五日以下拘留或者一千元以下罚款;情节严重的,处十日以上十五日以下拘留,可以并处一千元以下罚款:
> (一)未经批准,安装、使用电网的,或者安装、使用电网不符合安全规定的;
> (二)在车辆、行人通行的地方施工,对沟井坎穴不设覆盖物、防围和警示标志的,或者故意损毁、移动覆盖物、防围和警示标志的;
> (三)盗窃、损毁路面井盖、照明等公共设施的;
> (四)违反有关法律法规规定,升放携带明火的升空物体,有发生火灾事故危险,不听劝阻的;
> (五)从建筑物或者其他高空抛掷物品,有危害他人人身安全、公私财产安全或者公共安全危险的。

条文注解

本条的"电网"是指用金属线连接,用以使电流通过的拦截物。确因安全保卫工作的特殊要求,需安装使用电网的单位,必须经所在地公安机关审核批准,向供电部门申请安装。经批准安装电网的单位,必须严格按批准的范围安装电网。电网安装完毕,须经原批准的公安机关安全检查合格后,方准使用。

在车辆、行人通行的地方施工,对沟井坎穴不设覆盖物、防围和警示标志,或者故意损毁、移动覆盖物、防围和警示标志,其行为的危害性在于可能导致车辆、行人陷入或者跌入沟井坎穴,造成人身财产损害。本条规定无论是否实际造成了损害后果,上述行为都构成违反治安管理规定行为。故意损毁、移动覆盖物、防围和警示标志要求行为人存在主观故意,过失损毁、移动覆盖物、防围和警示标志的,则不构成违反治安管理行为。

盗窃、损毁路面井盖、照明等公共设施的,其中的路面井盖包括自来水井盖、污水井盖、电信井盖等,盗窃、毁损的公共设施数额不影响行为成立。如果盗窃的数额较大,应当以本法关于盗窃公私财物的规定给予相应处罚,因为盗窃公私财物的处罚重于本条规定。

携带明火的升空物体是指以固体酒精或其他可燃物为燃料,制作材料为易燃物,利用冷热气流对流形成动力使其上升的物品。燃放该类物体会对飞机起降、高压电线、油库等造成威胁,容易引发火灾等安全事故,存在较大的安全隐患。因此,对升放携带明火的升空物体,有发生火灾事故危险,不听劝阻的,应当给予治安管理处罚。

从建筑物或其他高空抛掷物品,不需要造成现实的危害后果,有危害他人人身安全、公私财产安全或者公共安全危险,即可成立该行为。建筑物是指人工建筑而成的东西,既包括居住建筑、公共建筑,也包括构筑物。居住建筑是指供人们居住使用的建筑,公共建筑是指供人们购物、办公、学习、医院、娱乐、体育活动等使用的建筑,构筑物是指不具备、不包含或不提供人类居住功能的人工建筑,如桥梁、堤坝、隧道、水塔、电塔、纪念碑、围墙、水泥杆等。

关联法规

《中华人民共和国刑法》第291条之二,《违反公安行政管理行为的名称及其适用意见》70~74,《公安机关对部分违反治安管理行为实施处罚的裁量指导意见》第二部分二十五~二十八

第四十四条 【对违反规定举办大型活动行为的处罚】

举办体育、文化等大型群众性活动,违反有关规定,有发生安全事故危险,经公安机关责令改正而拒不改正或者无法改正的,责令停止活动,立即疏散;对其直接负责的主管人员和其他直接责任人员处五日以上十日以下拘留,并处一千元以上三千元以下罚款;情节较重的,处十日以上十五日以下拘留,并处三千元以上五千元以下罚款,可以同时责令六个月至一年以内不得举办大型群众性活动。

条文注解 ●●●●●●

举办体育、文化等大型群众性活动,违反有关规定的行为包括:违反大型活动安全许可规定,未经公安机关许可擅自举办大型活动;场地及其附属设施不符合安全标准,存在安全隐患;消防设施不符合法定要求;未制定安全保卫工作方案;等等。

关联法规 ●●●●●●

《营业性演出管理条例》第18条、第19条、第36条、第51条,《大型群众性活动安全管理条例》第9条、第21条、第23条,《违反公安行政管理行为的名称及其适用意见》75,《公安机关对部分违反治安管理行为实施处罚的裁量指导意见》第二部分二十九

第四十五条 【对违反公共场所安全规定行为的处罚】

旅馆、饭店、影剧院、娱乐场、体育场馆、展览馆或者其他供社会公众活动的场所违反安全规定,致使该场所有发生安全事故危险,经公安机关责令改正而拒不改正的,对其直接负责的主管人员和其他直接责任人员处五日以下拘留;情节较重的,处五日以上十日以下拘留。

条文注解

本条中的安全规定主要指《消防法》《旅馆业治安管理办法》《娱乐场所管理条例》等规范中关于安全管理的规定。违反安全规定并不必然导致治安管理处罚,如果经公安机关责令改正后采取措施消除危险,则不构成本条规定的违反治安管理行为,经公安机关责令改正而拒不改正的,则对其直接负责的主管人员和其他直接责任人员给予治安管理处罚。

关联法规

《中华人民共和国消防法》第16条,《旅馆业治安管理办法》第3条、第6条、第11条、第12条、第17条,《娱乐场所管理条例》第20条、第21条、第22条,《违反公安行政管理行为的名称及其适用意见》76

第四十六条 【对违反无人驾驶航空器管理行为的处罚】

违反有关法律法规关于飞行空域管理规定,飞行民用无人驾驶航空器、航空运动器材,或者升放无人驾驶自由气球、系留气球等升空物体,情节较重的,处五日以上十日以下拘留。

飞行、升放前款规定的物体非法穿越国(边)境的,处十日以上十五日以下拘留。

条文注解

本条中的违反有关规定主要指违反《民用航空法》《无人驾驶航空器飞行管理暂行条例》关于无人驾驶航空器及升空物体相关规定。《无人驾驶航空器飞行管理暂行条例》对无人驾驶航空器的质量管理和操控人员都提出了相应要求,并规定了运营合格证和强制保险制

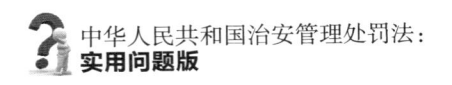

度。强制性国家标准《民用无人驾驶航空器系统安全要求》提出了无人驾驶航空器在电子围栏、远程识别、应急处置、结构强度、机体结构、整机跌落、动力能源系统、可控性、防差错、感知和避让、数据链保护、电磁兼容性、抗风性、噪声、灯光、标识、使用说明书等17个方面的强制性技术要求及相应的试验方法。违反有关规定,在低空飞行无人驾驶航空器、航空运动器材,或者升放无人驾驶自由气球、系留气球等升空物体,可能损害他人的人身财产安全以及生产生活安全。

关联法规

《中华人民共和国陆地国界法》第39条,《无人驾驶航空器飞行管理暂行条例》第34条、第42条、第56条

第三节　侵犯人身权利、财产权利的行为和处罚

第四十七条　【对恐怖表演、强迫劳动、限制人身自由的处罚】

有下列行为之一的,处十日以上十五日以下拘留,并处一千元以上二千元以下罚款;情节较轻的,处五日以上十日以下拘留,并处一千元以下罚款:

(一)组织、胁迫、诱骗不满十六周岁的人或者残疾人进行恐怖、残忍表演的;

(二)以暴力、威胁或者其他手段强迫他人劳动的;

(三)非法限制他人人身自由、非法侵入他人住宅或者非法搜查他人身体的。

条文注解

"残疾人"是指在心理、生理、人体结构上,某种组织、功能丧失或者不正常,全部或者部分丧失以正常方式从事某种活动的能力的人,包括视力残疾、听力残疾、言语残疾、肢体残疾、智力残疾、精神残疾、多重残疾和其他残疾的人。"恐怖、残忍表演"是指关于凶杀、暴力的表演,对人的身体进行残酷折磨的表演。

"暴力"和"威胁"分别指向物理和精神上的强制,包括限制人身自由、殴打、体罚等方式,使他人违背真实意思表示,不得不按行为人的要求进行劳动,这是强迫劳动与一般工作的区别。如果行为人并没有使用暴力、威胁或者其他手段强迫他人劳动,只是对劳动者的工作提出严格要求,或者劳动者自愿超时间、超负荷地工作,则不属于违反治安管理行为。

"非法限制他人人身自由"的方式包括捆绑、关押、扣留身份证件不让随意外出或者与外界联系等。但公民对正在实施违法犯罪或者违法犯罪后被及时发觉或者正在被追捕的人有权立即扭送到司法机关。这种扭送行为以及在途中实施的捆绑、扣留等行为,不属于非法限制他人人身自由的行为。非法侵入他人住宅,是指未经住宅主人同意,非法强行闯入他人住宅,或者无正当理由进入他人住宅,经住宅主人要求退出其仍拒不退出等行为。但为依法执行搜查、逮捕、拘留等任务,或者依法进行搜查、检查而进入他人住宅的,则不构成非法侵入他人住宅。非法搜查他人身体包括两种情况:一是无权进行搜查的单位和个人,非法对他人身体进行搜查;二是有搜查权的侦查人员,滥用职权,擅自决定对他人身体进行搜查或者搜查的程序和手续不符合法律规定。

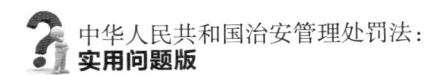

关联法规

《中华人民共和国刑法》第 238 条、第 244 条,《中华人民共和国劳动法》第 96 条,《违反公安行政管理行为的名称及其适用意见》77~81,《公安机关对部分违反治安管理行为实施处罚的裁量指导意见》第二部分三十~三十四

> **第四十八条　【对组织、胁迫未成年人陪侍活动的处罚】**
> 组织、胁迫未成年人在不适宜未成年人活动的经营场所从事陪酒、陪唱等有偿陪侍活动的,处十日以上十五日以下拘留,并处五千元以下罚款;情节较轻的,处五日以下拘留或者五千元以下罚款。

条文注解

本条为 2025 年修订新增条文,明确加强了对组织、胁迫未成年人从事陪酒、陪唱等有偿陪侍行为的打击力度。新法规定,对组织、胁迫未成年人在不适宜未成年人活动的经营场所从事有偿陪侍活动的,公安机关将依法从严惩处,视情节轻重处以罚款、拘留等行政处罚;构成犯罪的,将依法追究刑事责任。组织强调的是发起、策划、安排等组织性的行为方式,并不要求组织行为带有强制性,即使是被组织的未成年人自愿进行有偿陪侍,也属于是组织未成年人进行违反治安管理规定活动的组织行为。

关联法规

《中华人民共和国未成年人保护法》第 58 条

> 第四十九条 【对胁迫利用他人乞讨和滋扰乞讨行为的处罚】
> 胁迫、诱骗或者利用他人乞讨的,处十日以上十五日以下拘留,可以并处二千元以下罚款。
> 反复纠缠、强行讨要或者以其他滋扰他人的方式乞讨的,处五日以下拘留或者警告。

条文注解

"胁迫"是指行为人以实施暴力或其他有损身心健康的行为,如冻饿、罚跪等相要挟,逼迫他人进行乞讨的行为。"诱骗"是指行为人利用他人的弱点或亲属等人身依附关系,或者以许愿、诱惑、欺骗等手段指使他人进行乞讨的行为。"利用他人乞讨"是指行为人使用各种手段让他人自愿地按其要求进行乞讨的行为,包括租借或者其他形式。这些情形下,乞讨者进行乞讨并不是出于本人自愿,而是被行为人胁迫、诱骗或者利用而进行乞讨的,行为人胁迫、诱骗或者利用他人乞讨的目的是为自己牟取利益,将他人乞讨来的财物据为己有。

乞讨行为本身不违反治安管理规定,但采用反复纠缠、强行讨要或者以其他滋扰他人的方式乞讨,则侵犯了他人的权利。"反复纠缠"是指多次、不断地纠缠他人进行乞讨的行为,"强行讨要"是指以蛮不讲理的方式,向他人乞讨,致使他人不得不满足其乞讨要求的行为,主要体现为"不给钱就不松手"等方式。

关联法规

《中华人民共和国刑法》第262条之一,《违反公安行政管理行为的名称及其适用意见》82、83

第五十条 【对侵犯人身权利七项行为的处罚】

有下列行为之一的,处五日以下拘留或者一千元以下罚款;情节较重的,处五日以上十日以下拘留,可以并处一千元以下罚款:

(一)写恐吓信或者以其他方法威胁他人人身安全的;

(二)公然侮辱他人或者捏造事实诽谤他人的;

(三)捏造事实诬告陷害他人,企图使他人受到刑事追究或者受到治安管理处罚的;

(四)对证人及其近亲属进行威胁、侮辱、殴打或者打击报复的;

(五)多次发送淫秽、侮辱、恐吓等信息或者采取滋扰、纠缠、跟踪等方法,干扰他人正常生活的;

(六)偷窥、偷拍、窃听、散布他人隐私的。

有前款第五项规定的滋扰、纠缠、跟踪行为的,除依照前款规定给予处罚外,经公安机关负责人批准,可以责令其一定期限内禁止接触被侵害人。对违反禁止接触规定的,处五日以上十日以下拘留,可以并处一千元以下罚款。

条文注解

恐吓信的内容大多具有扬言使用暴力或其他方法恐吓、威胁他人的内容,其他方式包括投寄恐吓物、子弹,在夜晚往他人卧室的窗户扔砖头,携带管制刀具尾随他人等,其目的是使他人的内心产生恐惧。"威胁他人人身安全"中的"他人"既可以是被恐吓者本人,也可以是被恐吓者的亲友。

"侮辱"是指公然诋毁他人人格,破坏他人名誉的行为,既可以是暴力形式,也可以是非暴力形式。侮辱他人应当公然进行,即当众或者利用能够使多人听到或看到的方式,对他人进行侮辱。侮辱他人的行为必须明确地针对某特定对象实施,如果不是针对特定的人,而是一般的谩骂等,不属于本项规定的违反治安管理行为。但被侮辱者是否在场,不影响行为成立。"诽谤"是指故意散布捏造的事实,破坏他人名誉的行为。行为人必须散布捏造的事实,才足以贬损他人人格和名誉。如果只是私下里谈论捏造的事实,则不属于诽谤行为。诽谤必须针对特定对象进行,但不一定要指名道姓,只要从诽谤的内容上知道是谁或者可以推断出或者明显地影射特定的人,就可以构成诽谤行为,如果行为人散布的事实没有特定的对象,则不属于本项规定的违反治安管理行为。

"诬告陷害他人"是指捏造事实诬告陷害他人,企图使他人受到刑事追究或者受到治安管理处罚的行为。构成本行为有以下几个要件:(1)行为人应当捏造事实。如果不是捏造事实,而是客观存在的事实,则不属于诬告陷害他人的行为。(2)行为人应当以使他人受到刑事追究或者受到治安管理处罚为目的,且足以使他人受到刑事追究或者受到治安管理处罚,如果只是以败坏他人名誉,损害他人利益为目的,或者捏造的事实不足以使他人受到刑事追究或者受到治安管理处罚的,也不属于诬告陷害他人的行为。(3)行为应当有明确的对象,如果行为人只是捏造了某种违法犯罪事实,向有关机关告发,并没有具体的告发对象,这种行为虽然侵犯了司法机关的正常活动,但不属于诬告陷害他人的行为。(4)行为人应当有诬告陷害的故意,错告或者检举失实不属于诬告陷害他人的行为。

"证人"包括刑事诉讼、民事诉讼、行政诉讼中的证人以及行政执法活动中涉及的证人。近亲属是指夫、妻、父、母、子、女、同胞兄弟姊妹。"威胁"是指实行恐吓、要挟等精神强制手段,如以人身伤害、毁坏财物、损害名誉等相要挟,使人产生恐惧;"侮辱"是指公然诋毁证人及其近亲属人格,破坏其名誉;"殴打"是指采用拳打脚踢等方式打人;"打击报复"包括多种方式,如利用职权降薪、降职、辞退等。

发送淫秽、侮辱、恐吓或者其他信息,是指通过信件、电话、网络等途径多次发送淫秽、侮辱、恐吓或者其他信息,干扰他人正常生活的行为。"淫秽信息"是指具体描绘性行为或者露骨宣扬色情的、诲淫性的信息;"侮辱信息"是指诋毁他人人格,破坏他人名誉的信息;"恐吓信息"是指威胁或要挟他人,使他人精神恐慌的信息;"其他信息"既包括违法信息,如虚假广告、虚假中奖、倒卖违禁品等,也包括合法信息,如商品、服务广告等。发送信息的行为程度应当干扰了他人的正常生活不得安宁,如发送信息遭到拒绝后仍然不停地发送。

"偷窥"是指对他人的隐私活动进行偷看的行为;"偷拍"是指对他人的隐私进行秘密摄录的行为;"窃听"是指对他人的谈话或者通话等进行偷听或者秘密录音的行为。"散布他人隐私",是指以文字、语言或者其他手段将他人的隐私在社会或一定范围内加以传播的行为。

关联法规

《中华人民共和国刑法》第243条、第246条、第308条,《中华人民共和国刑事诉讼法》第64条,《中华人民共和国监察法实施条例》第97条,《违反公安行政管理行为的名称及其适用意见》84~90,《公安机关对部分违反治安管理行为实施处罚的裁量指导意见》第二部分三十五~三十九,《公安部关于严格依法办理侮辱诽谤案件的通知》

第五十一条 【对殴打或故意伤害他人身体行为的处罚】

殴打他人的,或者故意伤害他人身体的,处五日以上十日以下拘留,并处五百元以上一千元以下罚款;情节较轻的,处五日以下拘留或者一千元以下罚款。

有下列情形之一的,处十日以上十五日以下拘留,并处一千元以上二千元以下罚款:

(一)结伙殴打、伤害他人的;

(二)殴打、伤害残疾人、孕妇、不满十四周岁的人或者七十周岁以上的人的;

(三)多次殴打、伤害他人或者一次殴打、伤害多人的。

条文注解

"殴打他人"是指打人的行为,行为方式一般采用拳打脚踢,或者使用棍棒等器具殴打他人。殴打会造成他人身体皮肉暂时的疼痛,并不要求造成被殴打者受伤的结果。"故意伤害他人身体"是指非法损害他人身体健康的行为,主要表现为以外力直接作用于他人的身体组织和器官。

"结伙殴打"是指纠集多人对他人进行殴打,与结伙斗殴不同,结伙殴打是一方对无辜者单方面的殴打,结伙斗殴是双方违反社会公共秩序,相互殴打的行为。残疾人、孕妇、不满14周岁的人或者70周岁以上的人属于弱势群体,自我保护的能力较差,需要法律给予特殊的保护,因此对于殴打、伤害这类人员加重处罚。多次殴打、伤害他人或者一次殴打、伤害多人的,造成的后果更严重,影响更恶劣,因此对此加重处罚。

关联法规

《中华人民共和国刑法》第234条,《违反公安行政管理行为的名称及其适用意见》91、92,《公安机关对部分违反治安管理行为实施处罚的裁量指导意见》第二部分四十,《公安机关执行〈中华人民共和国治安管理处罚法〉有关问题的解释(二)》七、八,《公安机关办理伤害案件规定》第29条

第五十二条 【对猥亵他人行为的处罚】

猥亵他人的,处五日以上十日以下拘留;猥亵精神病人、智力残疾人、不满十四周岁的人或者有其他严重情节的,处十日以上十五日以下拘留。

在公共场所故意裸露身体隐私部位的,处警告或者五百元以下罚款;情节恶劣的,处五日以上十日以下拘留。

条文注解

"猥亵他人"是指违背对方意志,实施的正常性接触以外的能够满足刺激、满足行为人或者第三人性欲的行为,主要包括以抠摸、指奸、鸡奸等淫秽下流的手段对他人身体的性接触行为。如果行为人只是追逐、堵截他人,或者向他人身上泼洒腐蚀物、涂抹污物,或者用下流的语言辱骂他人等,则不属于猥亵他人。

"智力残疾"是指人的智力明显低于一般人水平,并显示适应行为障碍,包括在智力发育期间由于各种原因导致的智力低下和智力发育成熟以后由于各种原因引起的智力损伤或老年期的智力明显衰退。精神病人是指不能辨认或者控制自己行为的人,包括完全丧失辨认或者控制自己行为能力的精神病人、间歇性精神病人和尚未完全丧失辨认或者控制自己行为能力的精神病人。智力残疾人、精神病人、不满14周岁的人对社会各方面的认知能力较弱,因此法律给予特殊保护。其他严重情节包括猥亵孕妇、在众人面前猥亵他人、猥亵行为给他人精神上造成伤害或者在社会上造成恶劣影响等。

"公共场所"主要是指公众进行公开活动的场所,如商店、体育场、公共交通工具、影院、街道等。"裸露身体"不仅包括赤裸全身,也包括比较常见的赤裸下身或者暴露阴私部位,或者女性赤裸上身等情形。"情节恶劣"包括多次实施此行为,引起众人围观,群众意见很大、社会影响恶劣等。

关联法规

《中华人民共和国刑法》第237条,《违反公安行政管理行为的名称及其适用意见》93、94,《公安机关对部分违反治安管理行为实施处罚的裁量指导意见》第二部分四十一、四十二

> 第五十三条 【对虐待、遗弃行为的处罚】
> 有下列行为之一的,处五日以下拘留或者警告;情节较重的,处五日以上十日以下拘留,可以并处一千元以下罚款:
> (一)虐待家庭成员,被虐待人或者其监护人要求处理的;
> (二)对未成年人、老年人、患病的人、残疾人等负有监护、看护职责的人虐待被监护、看护的人的;
> (三)遗弃没有独立生活能力的被扶养人的。

条文注解

"虐待家庭成员"是指经常用打骂、冻饿、禁闭、强迫过度劳动等方法,摧残、折磨家庭成员的行为。虐待行为发生在存在一定亲属关系或者抚养、赡养关系的家庭成员之间。只有被虐待人或者其监护人向公安机关提出控告要求公安机关处理的,公安机关才能够予以处罚,对于被虐待人没有提出控告的,公安机关不能主动给予行为人处罚。被虐待人的亲属、朋友以及邻里提出控告要求公安机关给予处罚的,也不能给予处罚。

本条新增第二项,对监护人、看护人虐待未成年人、老年人、患病的人、残疾人的处罚进行了规定。"监护人"是指依照法律规定对无民事行为能力人和限制民事行为能力人的人身、财产及其他合法权益进

行监督和保护的人。"看护"是指对未成年人、老年人、患病的人、残疾人等进行护理和照料,看护人既包括家庭成员,也包括教师、医护人员以及临时接受委托而具有看护责任或义务的自然人或单位。

"遗弃没有独立生活能力的被扶养人"是指对于年老、年幼、患病或者其他没有独立生活能力的人,负有扶养义务而拒绝扶养的行为。"没有独立生活能力"是指不具备或者丧失劳动能力,无生活来源而需要他人照顾等情况。行为人对没有独立生活能力的被扶养人,应当依据《民法典》规定承担扶养义务。

▌关联法规 ●●●●●●●

《中华人民共和国人口与计划生育法》第22条、第41条,《中华人民共和国刑法》第260条、第260条之一、第261条,《中华人民共和国民法典》第26条、第1042条、第1058条、第1059条、第1074条、第1075条、第1084条,《中华人民共和国老年人权益保障法》第3条,《违反公安行政管理行为的名称及其适用意见》95、96

第五十四条 【对强迫交易行为的处罚】
强买强卖商品,强迫他人提供服务或者强迫他人接受服务的,处五日以上十日以下拘留,并处三千元以上五千元以下罚款;情节较轻的,处五日以下拘留或者一千元以下罚款。

▌条文注解 ●●●●●●●

"强迫交易"是指以暴力、威胁等手段强买强卖、强迫他人提供服务或者强迫他人接受服务的行为。"强买强卖商品"是指在商品交易中违反法律、法规和商品交易规则,强迫他人把不愿意出售的物品卖给行为人,或者强迫他人向行为人购买不愿意购买的物品的行为。

"强迫他人提供服务"是指不顾提供服务方是否同意,强迫对方提供某种服务的行为。"强迫他人接受服务"主要是指餐饮业、旅馆业、娱乐业、美容服务业、维修业等服务性质的行业在营业中,违反法律、法规和商业道德及公平自愿的原则,不顾消费者是否同意,强迫消费者接受其服务的行为。

关联法规

《中华人民共和国刑法》第226条,《违反公安行政管理行为的名称及其适用意见》97,《公安机关对部分违反治安管理行为实施处罚的裁量指导意见》第二部分四十三

> **第五十五条 【对煽动民族仇恨、民族歧视行为的处罚】**
> 煽动民族仇恨、民族歧视,或者在出版物、信息网络中刊载民族歧视、侮辱内容的,处十日以上十五日以下拘留,可以并处三千元以下罚款;情节较轻的,处五日以下拘留或者三千元以下罚款。

条文注解

"民族仇恨"是指一个民族对另一个民族的强烈不满和痛恨的情绪和心理,即民族间的相互敌对和仇视。"民族歧视"是指对于某个民族不平等、不公正的对待,包括观念上的歧视和具体行为上的歧视。煽动民族仇恨、民族歧视应当出于主观故意,如果是因为不了解民族政策或者民族心理、风俗及社会发展状况,过失引起民族间的仇恨和歧视的行为,则不属于本条规定的违反治安管理行为。

出版物包括报纸、期刊、图书、音像制品和电子出版物等。刊载包括发表、制作、转载等。刊载的应当是民族歧视、侮辱的内容,即针对民族的来源、历史、风俗习惯等进行贬低、诬蔑、嘲讽、辱骂以及其他歧

视、侮辱的内容。刊载民族歧视、侮辱内容也应当出于主观故意,如果是因为不了解民族政策或者民族心理、风俗及社会发展状况,在出版物、计算机信息网络中刊载民族歧视、侮辱内容,则不属于本条规定的违反治安管理行为。

关联法规

《中华人民共和国刑法》第249条,《中华人民共和国网络安全法》第12条,《互联网上网服务营业场所管理条例》第14条,《音像制品管理条例》第3条,《出版管理条例》第25条,《营业性演出管理条例》第25条,《娱乐场所管理条例》第13条,《中华人民共和国电信条例》第56条,《互联网信息服务管理办法》第15条,《违反公安行政管理行为的名称及其适用意见》98、99

第五十六条 【对侵犯公民个人信息的处罚】

违反国家有关规定,向他人出售或者提供个人信息的,处十日以上十五日以下拘留;情节较轻的,处五日以下拘留。

窃取或者以其他方法非法获取个人信息的,依照前款的规定处罚。

条文注解

本条为2025年修订新增条文。"公民个人信息"是指以电子或者其他方式记录的能够单独或者与其他信息结合识别特定自然人身份或者反映特定自然人活动情况的各种信息,包括姓名、身份证件号码、通信联系方式、住址、账号密码、财产状况、行踪轨迹等。

"窃取"是指在权利人不知道的情况下,违反国家有关规定,秘密获取他人的个人信息。其他方法包括非法侵入计算机系统、欺骗、要挟等方法。

关联法规 ●●●●●

《中华人民共和国个人信息保护法》第 10 条,《中华人民共和国刑法》第 253 条之一,《电信和互联网用户个人信息保护规定》第 18 条

> **第五十七条 【对侵犯通信自由行为的处罚】**
> 冒领、隐匿、毁弃、倒卖、私自开拆或者非法检查他人邮件、快件的,处警告或者一千元以下罚款;情节较重的,处五日以上十日以下拘留。

条文注解 ●●●●●

"通信自由"是指公民与他人进行正当通信的自由。通信秘密是指公民发送给他人的信件,其内容不经写信人或者收信人同意不得公开,不受任何组织或者个人非法干涉和侵犯的权利。

"冒领"是指假冒他人名义领取寄递物品的行为。"隐匿"是指秘密隐藏他人的寄递物品,使收件人无法查收的行为。"毁弃"是指将他人的寄递物品丢弃、撕毁、焚毁等,致使他人无法查收的行为。"倒卖"是指非法地买进后再卖出,以牟取利润的行为。"私自开拆"是指违反国家有关规定,未经投寄人或者收件人的同意,私自开拆他人寄递物品的行为。"非法检查"是指违反国家有关规定,擅自检查他人寄递物品的行为。行为人误将他人的寄递物品当作自己的寄递物品拿走,或者误将他人的寄递物品当作自己的而开拆,或因疏忽大意丢失他人寄递物品等行为,不属于本条规定的违反治安管理行为。

关联法规

《中华人民共和国刑法》第 252 条,《中华人民共和国邮政法》第 35 条、第 71 条,《违反公安行政管理行为的名称及其适用意见》100

> **第五十八条** 【对盗窃、诈骗、哄抢、抢夺、敲诈勒索行为的处罚】
>
> 盗窃、诈骗、哄抢、抢夺或者敲诈勒索的,处五日以上十日以下拘留或者二千元以下罚款;情节较重的,处十日以上十五日以下拘留,可以并处三千元以下罚款。

条文注解

"盗窃"是指行为人以非法占有为目的,秘密窃取公私财物的行为。如果对某种财物未经物主同意暂时挪用或借用,准备日后归还而无非法占有的目的,不构成盗窃。秘密窃取,是指在财物的所有人、保管人、使用人没有发觉的情况下取走,即使被其他人发觉,也是秘密窃取,但如果被他人发现并阻止,而强行拿走的,则不是秘密窃取,构成抢劫。没有被发觉是指行为人自认为没有被发觉。如果在取得财物过程中,事实上已为他人发觉,但行为人不知道被发觉,仍是秘密窃取。

"诈骗"是指以非法占有为目的,用虚构事实或者隐瞒真相的方法,骗取公私财物的行为。虚构事实是指捏造不存在的事实,既可以是部分虚构,也可以是完全虚构。隐瞒真相是指掩盖客观存在的某种事实。用虚构事实或者隐瞒真相的方法,使财物所有人、持有人、管理人产生错觉,信以为真,从而"自愿"地交出财物,是诈骗行为区别于盗窃、敲诈勒索、抢劫等行为的主要特征。被侵害人表面上"自愿"地交出财物,实质上是违背其真实意愿的。常见的诈骗形式包括编造谎言,假冒身份,伪造、涂改单据,伪造公文、证件等。

"哄抢"是指采取起哄、制造混乱、滋扰等手段,利用人多势众致使所有人或者保管人无法阻止,公然抢走公私财物的行为。参加哄抢的人数较多,从几人到成百上千人不等。

"抢夺"是指以非法占有为目的,公然夺取公私财物的行为。如果行为人不是以非法占有财物为目的,而是为了戏弄他人取乐夺取他人财物的行为,且事后归还,则不属于抢夺行为。

"敲诈勒索"是指以非法占有为目的,使用威胁、要挟的方法,勒索公私财物的行为。威胁、要挟是指通过对他人实行精神上的强制,使其在心理上产生恐惧或者压力,不得已而交出财物。威胁或者要挟的内容包括合法与非法利益,包括人身、财产、名誉、隐私等。威胁、要挟的形式可以是书面的,也可以是口头的,还可以通过第三者转达,既可以是明示,也可以是暗示。敲诈勒索应当以非法占有他人财物为目的,如果是其他目的,如债权人为讨债而威胁债务人的,则不属于敲诈勒索行为。

关联法规

《中华人民共和国刑法》第264~268条、第274条,《违反公安行政管理行为的名称及其适用意见》101~105,《公安机关对部分违反治安管理行为实施处罚的裁量指导意见》第二部分四十四~四十八

第五十九条 【对故意损毁公私财物行为的处罚】
故意损毁公私财物的,处五日以下拘留或者一千元以下罚款;情节较重的,处五日以上十日以下拘留,可以并处三千元以下罚款。

条文注解

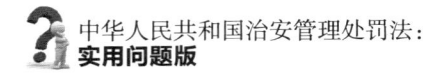

"故意损毁公私财物"是指非法毁灭或者损坏公共财物或者公民私人所有的财物,使其丧失部分乃至全部价值或者使用价值的行为。"损毁"包括损坏和毁灭。"损坏"是指使物品部分丧失价值和使用价值。"毁灭"是指用焚烧、摔砸等方法使物品全部丧失其价值和使用价值。

关联法规

《中华人民共和国刑法》第275条,《违反公安行政管理行为的名称及其适用意见》106,《公安机关对部分违反治安管理行为实施处罚的裁量指导意见》第二部分四十九

第六十条 【对校园欺凌行为的处罚】

以殴打、侮辱、恐吓等方式实施学生欺凌,违反治安管理的,公安机关应当依照本法、《中华人民共和国预防未成年人犯罪法》的规定,给予治安管理处罚、采取相应矫治教育等措施。

学校违反有关法律法规规定,明知发生严重的学生欺凌或者明知发生其他侵害未成年学生的犯罪,不按规定报告或者处置的,责令改正,对其直接负责的主管人员和其他直接责任人员,建议有关部门依法予以处分。

条文注解

本条为2025年修订新增条文,明确了学生欺凌的处理方式。学生欺凌,是指发生在学生之间,一方蓄意或者恶意通过肢体、语言及网络等手段实施欺压、侮辱,造成另一方人身伤害、财产损失或者精神损害的行为。

关联法规

《中华人民共和国未成年人保护法》第39条、第77条、第130条，《中华人民共和国预防未成年人犯罪法》第20条、第21条、第39~49条、第62条，《加强中小学生欺凌综合治理方案》

第四节 妨害社会管理的行为和处罚

第六十一条 【对拒不执行紧急状态决定、命令和阻碍执行公务的处罚】

有下列行为之一的，处警告或者五百元以下罚款；情节严重的，处五日以上十日以下拘留，可以并处一千元以下罚款：

（一）拒不执行人民政府在紧急状态情况下依法发布的决定、命令的；

（二）阻碍国家机关工作人员依法执行职务的；

（三）阻碍执行紧急任务的消防车、救护车、工程抢险车、警车或者执行上述紧急任务的专用船舶通行的；

（四）强行冲闯公安机关设置的警戒带、警戒区或者检查点的。

阻碍人民警察依法执行职务的，从重处罚。

条文注解

"拒不执行"是指在紧急状态下，明知各级人民政府依据法律和行政法规发布的决定、命令，而执意不履行其法定义务的行为，包括作为和不作为两种。前者如重大传染病防控期间，伪造相关证明的行为；后者如抗洪救灾时，不服从安全转移命令等。

"阻碍国家机关工作人员依法执行职务"客观上须具备三个特征：一是实施了阻碍行为，通常表现为吵闹、谩骂、无理纠缠等非暴力行为。二是阻碍对象为各级国家权力机关、行政机关、司法机关、监察机关和军事机关的工作人员,或被授权或委托行使国家行政管理职权的组织中从事公务的人员,或虽未列入国家机关人员编制但在国家机关中从事公务的人员。实践中,乡镇以上中国共产党机关、人民政协机关的工作人员也应视为国家机关工作人员。三是阻碍的是依法执行职务的行为,无论时间、地点。

消防车、救护车、工程抢险车、警车或专用船舶在执行紧急任务时享有优先通行权。"阻碍"表现为不让行、穿插、超越或者设置路障、挖壕沟、堵塞等延缓特种交通工具快速通行的行为。

公安机关设置警戒区域的情形:刑事案件的发案现场;交通事故的现场;重大自然灾害、火灾、重大责任事故现场;需要进行隔离的传染病发生、流行地;重大突发治安事件现场;等等。"强行冲闯"要求行为人采用强制或强硬的方式,包括但不限于劝阻后不听、多次闯入、武力暴力闯入或借助工具闯入等。行为人主观上有的是出于好奇,有的是为了制造混乱,动机可以作为衡量"情节严重"与否的依据。

关联法规

《中华人民共和国消防法》第60条、第62条,《中华人民共和国道路交通安全法》第53条,《中华人民共和国刑法》第277条,《中华人民共和国防洪法》第61条,《中华人民共和国传染病防治法》第63~68条,《中华人民共和国人民警察法》第35条,《中华人民共和国突发事件应对法》第2条、第3条、第64条、第66条、第98条、第102条,《中华人民共和国戒严法》第24条,《突发公共卫生事件应急条例》第51条,《中华人民共和国人民警察使用警械和武器条例》第7条,《公安机关警戒带使用管理办法》第2条、第5~9条,《违反公安行政管理行为的名称及其适用意见》107~110,《公安机关对部分违反治安管理行为实施处罚的裁量指导意见》第二部分五十一~五十二

第六十二条 【对招摇撞骗行为的处罚】

冒充国家机关工作人员招摇撞骗的,处十日以上十五日以下拘留,可以并处一千元以下罚款;情节较轻的,处五日以上十日以下拘留。

冒充军警人员招摇撞骗的,从重处罚。

盗用、冒用个人、组织的身份、名义或者以其他虚假身份招摇撞骗的,处五日以下拘留或者一千元以下罚款;情节较重的,处五日以上十日以下拘留,可以并处一千元以下罚款。

▎条文注解 ●●●●●●

"冒充国家机关工作人员"包括:(1)非国家机关工作人员冒充国家机关工作人员;(2)此种国家机关工作人员冒充他种国家机关工作人员,如行政机关工作人员冒充司法机关工作人员;(3)职务低的国家机关工作人员冒充职务高的国家机关工作人员。

"招摇撞骗"要求行为人主观上有谋取非法利益的目的,希望借用假冒身份进行炫耀、欺骗,以获得地位、荣誉、待遇或玩弄女性等,一般具有连续性、多次性的特点。

▎关联法规 ●●●●●●

《中华人民共和国刑法》第279条、第372条,《军服管理条例》第16条,《违反公安行政管理行为的名称及其适用意见》111,《公安机关对部分违反治安管理行为实施处罚的裁量指导意见》第二部分五十三

第六十三条 【对伪造、变造、买卖、出租、出借公文、证件、票证的处罚】

有下列行为之一的,处十日以上十五日以下拘留,可以并处五千元以下罚款;情节较轻的,处五日以上十日以下拘留,可以并处三千元以下罚款:

(一)伪造、变造或者买卖国家机关、人民团体、企业、事业单位或者其他组织的公文、证件、证明文件、印章的;

(二)出租、出借国家机关、人民团体、企业、事业单位或者其他组织的公文、证件、证明文件、印章供他人非法使用的;

(三)买卖或者使用伪造、变造的国家机关、人民团体、企业、事业单位或者其他组织的公文、证件、证明文件、印章的;

(四)伪造、变造或者倒卖车票、船票、航空客票、文艺演出票、体育比赛入场券或者其他有价票证、凭证的;

(五)伪造、变造船舶户牌,买卖或者使用伪造、变造的船舶户牌,或者涂改船舶发动机号码的。

条文注解

"伪造"是指无制作权的人冒用有关机关、团体、企事业单位等名义,非法制作公文、证件、证明文件、印章用以骗取他人信任的行为,包括制作实际不存在的即"无中生有"和仿照某种实际存在的即"以假乱真"两种形式。"变造"是指在真实公文、证件、证明文件上,采取涂改、拼接等手段,改变其真实内容或印章的行为,即"移花接木"。"买卖"既包括购买,也包括出卖的行为,这里要求买卖的公文、证件、证明文件、印章是真的,而不是伪造、变造的。对于买卖或使用"伪造、变造的国家机关、人民团体、企业、事业单位或其他组织的公文、证件、证明文件、印章的",本条第3项作了单独规定。

本条新增第 2 项,对出租、出借公文等供他人非法使用的处罚进行了规定。本项针对特殊主体,限于管理和接触到国家机关、人民团体、企业、事业单位或其他组织的公文、证件、证明文件、印章的工作人员,其出租、出借行为违反了公文、印章等的日常管理秩序,更有可能侵害国家机关、人民团体等的名誉。主观上,要求行为人明知他人有非法使用的故意。"出租"要求出租人以获取金钱财物为目的,因此只要有出租行为,就应认定为知晓他人非法使用,应予处罚。而"出借"具有无偿性,如果行为人按规定出借,但他人非法使用的,则不构成本行为。

"倒卖"是指低价买进,高价卖出的行为。倒卖对象一定是真实的有价票证、凭证。反之,则构成诈骗。行为人只要有倒卖行为,就应予治安处罚,其是否因倒卖获利,不影响本行为的成立。"其他有价票证、凭证"包括但不限于机动车油票、邮票、公园门票、彩票等具有金钱价值或限定资格的证明。

"船舶户牌"是指船舶登记管理机关依法发给船舶的载有名称、编号等内容的牌证。船舶发动机号码同机动车发动机号码牌一样具有独特性,涂改船舶发动机号码的行为的目的在于隐瞒船舶特征、混淆国家对船舶的正常管理,以达到鱼目混珠的效果,因而需要处罚。

关联法规

《中华人民共和国道路交通安全法》第 16 条、第 96 条,《中华人民共和国刑法》第 227 条、第 280 条,《中华人民共和国居民身份证法》第 17 条,《中华人民共和国船舶登记条例》第 51 条,《违反公安行政管理行为的名称及其适用意见》112~117,《公安机关对部分违反治安管理行为实施处罚的裁量指导意见》第二部分五十四~五十六

> 第六十四条 【对船舶擅自进入禁、限入水域或岛屿的处罚】
> 船舶擅自进入、停靠国家禁止、限制进入的水域或者岛屿的,对船舶负责人及有关责任人员处一千元以上二千元以下罚款;情节严重的,处五日以下拘留,可以并处二千元以下罚款。

条文注解

"国家禁止、限制进入的水域或者岛屿"是指国家的军事目标、军事重地、军事隔离区、未被开放的水域、港口、水库或岛屿等。因紧急避险及不可抗力等原因而进入、停靠国家禁止、限制进入水域或岛屿,在原因消除后立即离开,抵港后及时向公安边防部门报告的,不构成本行为。此外,《沿海船舶边防治安管理规定》(部门规章)第28条第1项规定,非法进入国家禁止或限制进入的水域或岛屿的,对船舶负责人及其有关责任人员处1000元以下罚款,与本条规定构成法条竞合。根据上位法优于下位法的适用原则,公安机关应当依据本条予以处罚。

关联法规

《中华人民共和国内河交通安全管理条例》第20条、第68条,《沿海船舶边防治安管理规定》第17条、第28条,《违反公安行政管理行为的名称及其适用意见》118,《公安机关对部分违反治安管理行为实施处罚的裁量指导意见》第二部分五十七

> 第六十五条 【对违法设立社会团体的处罚】
> 有下列行为之一的,处十日以上十五日以下拘留,可以并处五千元以下罚款;情节较轻的,处五日以上十日以下拘留或者一千元以上三千元以下罚款:

（一）违反国家规定，未经注册登记，以社会团体、基金会、社会服务机构等社会组织名义进行活动，被取缔后，仍进行活动的；

（二）被依法撤销登记或者吊销登记证书的社会团体、基金会、社会服务机构等社会组织，仍以原社会组织名义进行活动的；

（三）未经许可，擅自经营按照国家规定需要由公安机关许可的行业的。

有前款第三项行为的，予以取缔。被取缔一年以内又实施的，处十日以上十五日以下拘留，并处三千元以上五千元以下罚款。

取得公安机关许可的经营者，违反国家有关管理规定，情节严重的，公安机关可以吊销许可证件。

条文注解

成立社会团体或者以社会团体的名义开展活动，首先要依法履行登记手续，经批准后进行活动。"违反国家规定"主要是指违反国务院颁布的《社会团体登记管理条例》的有关规定。本项包含两种违法行为：(1)行为人未经注册，擅自以社会团体名义进行活动；(2)合法注册的团体在被取缔后，仍进行活动的。

"依法撤销登记"是指社会团体违反《社会团体登记管理条例》第29、30、31条有关规定而被取消资格不再存在。"吊销"是一种行政处罚，针对的是因行政违法而被取消资格的社会团体，吊销不是自始无效，吊销前的行为仍有效力。行为人在社会团体被撤销或吊销后，依然以社会团体名义活动的，与前款未进行登记就擅自开展活动对社会造成的危害一样，都应受到惩处。

取得公安机关许可的经营者主要是指旅馆业、公章刻制业、典当业、保安服务培训业等行业的经营者。这些行业直接关系到社会治安的稳定，因此需要由公安机关对其准入进行审批许可。

为加强管理,本条第2款新增规定,被取缔后1年内又未经许可擅自经营的,给予治安处罚。

关联法规 ●●●●●●

《社会团体登记管理条例》第3条、第32条,《废旧金属收购业治安管理办法》第4条,《旅馆业治安管理办法》第4条,《保安服务管理条例》第41条,《报废机动车回收管理办法》第19条,《无证无照经营查处办法》第5条,《保安培训机构管理办法》第32条,《基金会管理条例》第40~42条,《典当管理办法》第58条,《印铸刻字业暂行管理规则》第3条,《违反公安行政管理行为的名称及其适用意见》119~121,《公安机关对部分违反治安管理行为实施处罚的裁量指导意见》第二部分五十八、五十九

第六十六条 【对非法集会、游行、示威行为的处罚】

煽动、策划非法集会、游行、示威,不听劝阻的,处十日以上十五日以下拘留。

条文注解 ●●●●●●

"非法集会、游行、示威"是指未依照《集会游行示威法》规定申请或申请未获许可,或未按照许可的时间、地点、路线而进行的扰乱社会秩序的集会、游行、示威活动。本条没有规定"煽动""劝阻"的具体行为,因而无论是借助互联网、电话等通信工具,或是串联、发传单等其他任何方式,都属于"煽动""策划"。

要注意的是,在认定本行为时,只有在经过有关部门劝阻后,仍继续煽动、策划非法集会、游行、示威的,公安机关才予以处罚。

关联法规

《中华人民共和国刑法》第 296 条,《中华人民共和国集会游行示威法》第 12 条、第 26~28 条,《中华人民共和国集会游行示威法实施条例》第 23 条,《违反公安行政管理行为的名称及其适用意见》122

> **第六十七条 【对旅馆工作人员违反规定行为的处罚】**
> 从事旅馆业经营活动不按规定登记住宿人员姓名、有效身份证件种类和号码等信息的,或者为身份不明、拒绝登记身份信息的人提供住宿服务的,对其直接负责的主管人员和其他直接责任人员处五百元以上一千元以下罚款;情节较轻的,处警告或者五百元以下罚款。
> 实施前款行为,妨害反恐怖主义工作进行,违反《中华人民共和国反恐怖主义法》规定的,依照其规定处罚。
> 从事旅馆业经营活动有下列行为之一的,对其直接负责的主管人员和其他直接责任人员处一千元以上三千元以下罚款;情节严重的,处五日以下拘留,可以并处三千元以上五千元以下罚款:
> (一)明知住宿人员违反规定将危险物质带入住宿区域,不予制止的;
> (二)明知住宿人员是犯罪嫌疑人员或者被公安机关通缉的人员,不向公安机关报告的;
> (三)明知住宿人员利用旅馆实施犯罪活动,不向公安机关报告的。

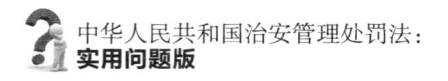

条文注解

根据《旅馆业治安管理办法》第2条规定,旅馆包括经营接待旅客住宿的旅馆、饭店、宾馆、招待所、客货栈、车马店、浴池等(以下统称旅馆),不论是国营、集体经营,还是合伙经营、个体经营、中外合资、中外合作经营,不论是专营还是兼营,不论是常年经营还是季节性经营,都必须作为特种行业加以管理。

"危险物质"是指爆炸性、毒害性、放射性、腐蚀性物质和传染病病原体。

本条三项虽均有"明知",但含义不同。第1项不制止住宿旅客带入危险物质需明确知道,而不仅仅是怀疑或估计有可能。第2、3项明知住宿旅客是犯罪嫌疑人或被公安机关通缉的人员,以及明知利用旅馆实施犯罪活动,则包括明确知道和应当知道两种,后者达到"觉得可疑"或"有合理怀疑"的高度盖然性即可。

关联法规

《旅馆业治安管理办法》第6条、第9条、第11条、第12条、第16条,《中华人民共和国反恐怖主义法》第21条、第86条,《违反公安行政管理行为的名称及其适用意见》123~125,《公安机关对部分违反治安管理行为实施处罚的裁量指导意见》第二部分六十

第六十八条 【对违法出租房屋的处罚】

房屋出租人将房屋出租给身份不明、拒绝登记身份信息的人的,或者不按规定登记承租人姓名、有效身份证件种类和号码等信息的,处五百元以上一千元以下罚款;情节较轻的,处警告或者五百元以下罚款。

房屋出租人明知承租人利用出租房屋实施犯罪活动,不向公安机关报告的,处一千元以上三千元以下罚款;情节严重的,处五日以下拘留,可以并处三千元以上五千元以下罚款。

条文注解

提供违法线索、举报违法行为对保护人身财产安全、促进社会和谐稳定具有积极意义。房屋出租人既包括个人，也包括单位，一般是指房屋所有人、房屋实际占有人、房屋代管人、单位房屋管理人、转租人等。出租房屋时，出租人应当对承租人提供的有效身份证件进行形式审查，包括对身份证件形制、有效期间、基本信息等予以核对。

关联法规

《租赁房屋治安管理规定》第2条、第7条、第9条，《违反公安行政管理行为的名称及其适用意见》126~128，《公安机关对部分违反治安管理行为实施处罚的裁量指导意见》第二部分六十一，《住房租赁条例》第9条、第37条

第六十九条 【对未报送登记信息的处罚】

娱乐场所和公章刻制、机动车修理、报废机动车回收行业经营者违反法律法规关于要求登记信息的规定，不登记信息的，处警告；拒不改正或者造成后果的，对其直接负责的主管人员和其他直接责任人员处五日以下拘留或者三千元以下罚款。

条文注解

本条为2025年修订新增条文。近年来，一些地区利用娱乐场所和公章刻制、机动车修理、报废机动车回收等场所和行业特点、性质进行违法犯罪活动的现象比较多。为了预防、打击这类利用特种行业谋取非法利益的行为，规范和促进娱乐场所和特种行业有序发展，本次修订要求经营者应当按照相关规定，如《娱乐场所治安管理办法》《印铸刻字业暂行管理规则》《再生资源回收管理办法》《废旧金属收购业

治安管理办法》《机动车修理业、报废机动车回收业治安管理办法》等进行登记信息,并报送公安机关。

关联法规 ●●●●●●

《废旧金属收购业治安管理办法》第7条、第11条,《再生资源回收管理办法》第9条,《娱乐场所治安管理办法》第19条、第22条,《机动车修理业、报废机动车回收业治安管理办法》第6~8条、第14条,《印铸刻字业暂行管理规则》第5条、第7条

> **第七十条 【对非法使用提供窃听窃照专用器材的处罚】**
> 非法安装、使用、提供窃听、窃照专用器材的,处五日以下拘留或者一千元以上三千元以下罚款;情节较重的,处五日以上十日以下拘留,并处三千元以上五千元以下罚款。

条文注解 ●●●●●●

"窃听"是指使用专用器材、设备,对窃听对象的谈话或者通话进行偷听的活动;"窃照"是指使用专用器材、设备,对窃照对象的形象或者活动进行秘密摄录的活动。这里的"窃听、窃照专用器材"是指具有窃听、窃照功能,并专门用于窃听、窃照活动的器材,如专用于窃听、窃照的窃听器、微型录音机、微型照相机等。

本条规定的"非法使用"是指违反国家规定使用窃听、窃照专用器材,包括无权使用的人使用以及有权使用的人违反规定使用。"提供窃听、窃照等专用器材"为侵犯他人隐私创造便利条件,侵害了社会秩序,也属于应予治安管理处罚的行为。

关联法规

《中华人民共和国刑法》第283条、第284条,《禁止非法生产销售使用窃听窃照专用器材和"伪基站"设备的规定》第2~11条

> **第七十一条 【对违法典当、收购的处罚】**
> 有下列行为之一的,处一千元以上三千元以下罚款;情节严重的,处五日以上十日以下拘留,并处一千元以上三千元以下罚款:
> (一)典当业工作人员承接典当的物品,不查验有关证明、不履行登记手续的,或者违反国家规定对明知是违法犯罪嫌疑人、赃物而不向公安机关报告的;
> (二)违反国家规定,收购铁路、油田、供电、电信、矿山、水利、测量和城市公用设施等废旧专用器材的;
> (三)收购公安机关通报寻查的赃物或者有赃物嫌疑的物品的;
> (四)收购国家禁止收购的其他物品的。

条文注解

典当业、废旧金属收购业、废旧物品收购业等如果管理松弛,往往会成为违法犯罪分子销赃的地点和场所,因而需要加强对这些行业的管理,阻断违法犯罪分子的销赃途径。

关于"明知"的判断,可借鉴最高人民法院、公安部等印发的《关于依法查处盗窃、抢劫机动车案件的规定》第17条,该条规定明知是指知道或者应当知道。有下列情形之一的,可视为应当知道,但有证据证明属被蒙骗的除外:(1)在非法的机动车交易场所和销售单位购买的;(2)机动车证件手续不全或者明显违反规定的;(3)机动车发动机号或者车架号有更改痕迹,没有合法证明的;(4)以明显低于市场价格购买机动车的。

"收购"是指以出卖为目的收买赃物,个人为自己所用而买赃的不属于收购。"赃物"包括违法犯罪行为使用的工具以及违法犯罪行为所获得的收益。"购买"既包括以金钱为代价的交换行为,也包括以物易物的行为。"国家禁止收购的其他物品"主要是指《废旧金属收购业治安管理办法》第8条所规定的"枪支、弹药和爆炸物品"及"剧毒、放射性物品及其容器"等。

应当注意本条与《刑法》第312条"掩饰、隐瞒犯罪所得、犯罪所得收益罪"的区别。《刑法》对掩饰、隐瞒犯罪所得、犯罪所得收益罪没有情节要求,但并非只要有收购犯罪所得及其产生的收益的行为就构成《刑法》上的犯罪。有的收购次数较少、数量不多、价值一般,并不一定构成犯罪行为。因而本条"情节严重"是在不构成犯罪的情况下较其他较轻情节而言的。

▎关联法规 ●●●●●●●

《中华人民共和国刑法》第312条,《废旧金属收购业治安管理办法》第8条,《典当管理办法》第27条、第35条、第42条、第52条、第66条,《违反公安行政管理行为的名称及其适用意见》130~134,《公安机关对部分违反治安管理行为实施处罚的裁量指导意见》第二部分六十二~六十六

第七十二条 【对妨害执法秩序行为的处罚】

有下列行为之一的,处五日以上十日以下拘留,可以并处一千元以下罚款;情节较轻的,处警告或者一千元以下罚款:

(一)隐藏、转移、变卖、擅自使用或者损毁行政执法机关依法扣押、查封、冻结、扣留、先行登记保存的财物的;

(二)伪造、隐匿、毁灭证据或者提供虚假证言、谎报案情,影响行政执法机关依法办案的;

(三)明知是赃物而窝藏、转移或者代为销售的;

(四)被依法执行管制、剥夺政治权利或者在缓刑、暂予监外执行中的罪犯或者被依法采取刑事强制措施的人,有违反法律、行政法规或者国务院有关部门的监督管理规定的行为的。

条文注解

行政机关在执法过程中,为保证执法活动顺利进行,确保证据留存,有时会对当事人涉案财物作出扣押、查封、冻结、扣留、先行登记保存的决定。如果隐藏、转移、变卖、擅自使用或者损毁行政执法机关依法扣押、查封、冻结的财物,就构成本条第1项规定的妨害执法秩序的行为。"隐藏"是指将行政执法机关依法扣押等的财物私自隐匿,躲避执法机关查处的行为;"转移"是指将扣押等的财物私自转送他处以逃避处理的行为;"变卖"是指擅自将扣押、查封的物品作价出卖的行为;"擅自使用"是指未经执法机关批准使用扣押等的财物的行为;"损毁"是指将扣押、查封、扣留、先行登记保存的财物故意损坏或毁坏的行为。

"影响行政执法机关依法办案"应做广义理解,不仅包括行政机关办理行政案件,也包括公安机关办理刑事案件的侦查阶段。"伪造、隐匿、毁灭证据"是指行为人为了逃避法律责任,捏造事实,制造假证据,或者对证据隐藏、销毁的行为。"提供虚假证言、谎报案情"是指行政执法机关在执法活动中,需要收集证据时,作为案件的证人或者当事人不如实作证而提供虚假证言或捏造歪曲事实,从而影响行政执法机关依法办案的行为。

"赃物"主要是指由违法分子不法获得,并且需要由行政执法机关依法追查的财物。但也不排除刑事案件中司法机关需要依法追缴的赃物。实务中应注意本条第3项与《刑法》第312条"掩饰、隐瞒犯罪所得、犯罪所得收益罪"的区分。有些收购、窝藏赃物的情况数量少,属于初犯,一律追究刑事责任过罚不当。根据《刑法》总则中关于情节显著轻微不构成犯罪的规定,可以不作为犯罪处理,而给予治安管理处罚。

被依法执行管制、剥夺政治权利或者在缓刑、保外就医等监外执行中的罪犯或者被依法采取刑事强制措施的人,都属于不完全限制人身自由,且在监外执行的犯罪分子或者未被羁押的犯罪嫌疑人。在享有一定自由的同时,这些人应当遵守《刑法》《刑事诉讼法》等有关规定,如有违反即应予处罚。

▎关联法规 ●●●●●●

《中华人民共和国刑法》第37条之一、第38条、第39条、第305~307条、第310条、第314条,《违反公安行政管理行为的名称及其适用意见》135~140

第七十三条 【对违反强制文书、强制措施的处罚】

有下列行为之一的,处警告或者一千元以下罚款;情节较重的,处五日以上十日以下拘留,可以并处一千元以下罚款:

(一)违反人民法院刑事判决中的禁止令或者职业禁止决定的;

(二)拒不执行公安机关依照《中华人民共和国反家庭暴力法》、《中华人民共和国妇女权益保障法》出具的禁止家庭暴力告诫书、禁止性骚扰告诫书的;

(三)违反监察机关在监察工作中、司法机关在刑事诉讼中依法采取的禁止接触证人、鉴定人、被害人及其近亲属保护措施的。

▎条文注解 ●●●●●●

本条为2025年修订新增条文。

"禁止令"是指法庭下达的禁止当事人实施某种行为的指令,通常在家庭暴力、子女虐待等类型的案件中下达,主要用来确保受害人的人身安全,同时,禁止令也可用来禁止邻居间的恶劣纠纷。

"告诫"是指公安机关对情节较轻、依法不给予治安管理处罚的加害人,以书面形式进行警示、劝诫,并会同有关部门和基层组织对其进行监督不再实施暴力的一种行政指导行为。《反家庭暴力法》所确定的家庭暴力告诫制度作为教育调解与行政处罚间的过渡措施,具有明显的预防作用。本条第2项新增拒不执行禁止家庭暴力告诫书的处罚,行为人在收到禁止家庭暴力告诫书后,仍然以殴打、捆绑、残害、限制人身自由或经常谩骂、恐吓等方式对家庭成员实施身体、精神等侵害的,属于拒不执行,继续教育调解作用有限,应当给予行政处罚。

根据《刑事诉讼法》第64条第2款规定,证人、鉴定人、被害人认为因在诉讼中作证,本人或者其近亲属的人身安全面临危险的,可以向人民法院、人民检察院、公安机关请求予以保护。

▌ **关联法规** ●●●●●●

《中华人民共和国刑法》第37条之一、第38条,《中华人民共和国刑事诉讼法》第64条,《中华人民共和国反家庭暴力法》第16条、第17条、第23条,《中华人民共和国妇女权益保障法》第80条,《最高人民法院、最高人民检察院、教育部关于落实从业禁止制度的意见》,《关于加强家庭暴力告诫制度贯彻实施的意见》

第七十四条 【对逃脱的处罚】
依法被关押的违法行为人脱逃的,处十日以上十五日以下拘留;情节较轻的,处五日以上十日以下拘留。

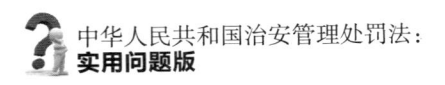

条文注解

本条为2025年修订新增条文,主要是为了维护监管场所的秩序和行政机关依法办案的权威和严肃性。"依法被关押"是指经过法定程序,被行政机关给予行政拘留处罚的人。"逃脱"是指行为人逃离行政机关的监管场所的行为,主要是指从拘留所逃跑,也包括在押解途中逃跑。

关联法规

《中华人民共和国刑法》第316条

第七十五条 【对妨害文物管理的处罚】

有下列行为之一的,处警告或者五百元以下罚款;情节较重的,处五日以上十日以下拘留,并处五百元以上一千元以下罚款:

(一)刻划、涂污或者以其他方式故意损坏国家保护的文物、名胜古迹的;

(二)违反国家规定,在文物保护单位附近进行爆破、钻探、挖掘等活动,危及文物安全的。

条文注解

"国家保护的文物"是指《文物保护法》第2条所规定的下列文物:(1)具有历史、艺术、科学价值的古文化遗址、古墓葬、古建筑、石窟寺和古石刻、古壁画;(2)与重大历史事件、革命运动或者著名人物有关的以及具有重要纪念意义、教育意义或者史料价值的近代现代重要史迹、实物、代表性建筑;(3)历史上各时代珍贵的艺术品、工艺美术品;(4)历史上各时代重要的文献资料、手稿和图书资料等;(5)反映历史上各时代、各民族社会制度、社会生产、社会生活的代表性实物。

具有科学价值的古脊椎动物化石和古人类化石同文物一样受国家保护。"名胜古迹"是指可供人游览的著名的风景区以及虽未被人民政府核定公布为文物保护单位但也具有一定历史意义的古建筑、雕塑、石刻等历史陈迹。"其他方式"是一种概括性规定,是指能够导致文物、名胜古迹丧失或减少其历史、艺术、科学、游览等价值的一切行为,如砸毁、拆散等。需要指出的是,本项要求行为人主观上是"故意",因而如果出于过失,如文物修复工作者不小心将油漆溅洒到文物或古建上,则不构成本行为。

"文物保护单位"是指由人民政府按照法定程序确定的,具有历史、艺术、科学价值的革命遗址、纪念建筑物、古文化遗址、古墓葬、古建筑、石窟寺院石刻等不可移动的文物。在文物保护单位附近进行爆破、钻探、挖掘等建筑施工行为,应当提前经有关主管部门批准。"危及文物安全",表现为古建筑的倒塌、古文化遗址的破坏等情形。

关联法规 ●●●●●●

《中华人民共和国刑法》第 324 条,《中华人民共和国文物保护法》第 28 条、第 83 条,《风景名胜区条例》第 44 条,《违反公安行政管理行为的名称及其适用意见》144、145,《公安机关对部分违反治安管理行为实施处罚的裁量指导意见》第二部分六十七、六十八

第七十六条 【对非法驾驶交通工具的处罚】

有下列行为之一的,处一千元以上二千元以下罚款;情节严重的,处十日以上十五日以下拘留,可以并处二千元以下罚款:

(一)偷开他人机动车的;

(二)未取得驾驶证驾驶或者偷开他人航空器、机动船舶的。

条文注解

本条的"偷开"是指未经他人同意,私自驾驶机动车、航空器、机动船舶的行为。本条要求"偷开"行为人主观方面不能有非法占有的目的,否则构成盗窃行为。

未取得驾驶证驾驶的对象,既可以是本人所有、管理或占有的航空器或机动船舶,也可以是他人的航空器或机动船舶。其中,驾驶非机动船舶或其他水上移动装置的,不构成本行为。

关联法规

《沿海船舶边防治安管理规定》第19条、第29条,《违反公安行政管理行为的名称及其适用意见》146、147,《公安机关对部分违反治安管理行为实施处罚的裁量指导意见》第二部分六十九、七十

第七十七条 【对破坏他人坟墓、尸体和乱停放尸体的处罚】

有下列行为之一的,处五日以上十日以下拘留;情节严重的,处十日以上十五日以下拘留,可以并处二千元以下罚款:

(一)故意破坏、污损他人坟墓或者毁坏、丢弃他人尸骨、骨灰的;

(二)在公共场所停放尸体或者因停放尸体影响他人正常生活、工作秩序,不听劝阻的。

条文注解

"破坏、污损他人坟墓"是指将他人坟墓挖掘、铲除或者将墓碑砸毁,或往墓碑上泼洒污物,或在墓碑上乱写乱画等。"毁坏、丢弃他人尸骨、骨灰"是指将埋在坟墓中的尸骨毁坏或者将尸骨取出丢弃,将骨灰扬撒和随意丢弃的行为。应当注意的是,本项规定的破坏、污损他

人坟墓或者毁坏、丢弃他人尸骨、骨灰的行为是一种故意的行为。如果由于过失在生活或生产施工中无意中造成他人坟墓、尸骨破坏的，则不属于本项所规定的行为，可按民事纠纷处理。

为了有利于化解社会矛盾，避免草率对当事人进行处罚，对违法停放尸体的行为有关单位首先应当进行耐心劝阻，帮助当事人解决实际问题，只有在确实影响公共场所秩序或他人正常生活、工作秩序，且不听劝阻的情形下，才能进行治安管理处罚。

关联法规

《中华人民共和国刑法》第302条，《违反公安行政管理行为的名称及其适用意见》148~150，《公安机关对部分违反治安管理行为实施处罚的裁量指导意见》第二部分七十一~七十三

第七十八条　【对卖淫、嫖娼的处罚】
卖淫、嫖娼的，处十日以上十五日以下拘留，可以并处五千元以下罚款；情节较轻的，处五日以下拘留或者一千元以下罚款。
在公共场所拉客招嫖的，处五日以下拘留或者一千元以下罚款。

条文注解

"卖淫、嫖娼"是指不特定的异性之间或同性之间以金钱、财物为媒介发生性关系的行为。行为主体之间主观上已经就卖淫、嫖娼达成一致，已经谈好价格或者已经给付金钱、财物，并且已经着手实施，但由于其本人主观意志以外的原因，尚未发生性关系的，或者已经发生性关系，但尚未给付金钱、财物的，都可以按卖淫、嫖娼行为依法处理。实践中应注意卖淫、嫖娼和一般色情活动的区别，如旅馆业、文化旅游业、餐饮服务业等部分商家通过组织、要求工作人员同顾客进行一些

下流举动或行为,但没有发生性关系的,不应按卖淫、嫖娼行为处理。

"拉客招嫖"是指行为人本人在公共场所,通过语言、表情、动作等方式,主动拉拢、引诱、纠缠他人意图卖淫的行为。

▍关联法规 ●●●●●●

《中华人民共和国妇女权益保障法》第27条,《旅馆业治安管理办法》第12条,《违反公安行政管理行为的名称及其适用意见》151~153,《公安机关对部分违反治安管理行为实施处罚的裁量指导意见》第二部分七十四,《公安部关于以钱财为媒介尚未发生性行为或发生性行为尚未给付钱财如何定性问题的批复》,《公安部关于对同性之间以钱财为媒介的性行为定性处理问题的批复》

> **第七十九条 【对引诱、容留、介绍卖淫行为的处罚】**
> 引诱、容留、介绍他人卖淫的,处十日以上十五日以下拘留,可以并处五千元以下罚款;情节较轻的,处五日以下拘留或者一千元以上二千元以下罚款。

▍条文注解 ●●●●●●

"引诱"是指以金钱或其他诱惑,使本无卖淫意愿的他人主动从事卖淫活动的行为。"容留"是指为他人卖淫提供场所或允许他人在自己管理的场所内卖淫的。"介绍"是指为卖淫者与嫖客牵线搭桥、沟通撮合,使他人卖淫得以实现的行为。行为人只要实施其中一种行为,即可予以本处罚,如果兼有两个行为及以上的,也不实行并罚。

▍关联法规 ●●●●●●

《中华人民共和国妇女权益保障法》第27条,《中华人民共和国刑法》第359条,《娱乐场所管理条例》第14条,《违反公安行政管理行为的名称及其适用意见》154,《公安机关对部分违反治安管理行为实施处罚的裁量指导意见》第二部分七十五

第八十条 【对传播淫秽信息行为的处罚】

制作、运输、复制、出售、出租淫秽的书刊、图片、影片、音像制品等淫秽物品或者利用信息网络、电话以及其他通讯工具传播淫秽信息的,处十日以上十五日以下拘留,可以并处五千元以下罚款;情节较轻的,处五日以下拘留或者一千元以上三千元以下罚款。

前款规定的淫秽物品或者淫秽信息中涉及未成年人的,从重处罚。

条文注解

"淫秽物品"是指具体描绘性行为或者露骨宣扬色情的诲淫性的书刊、影片、录像带、录音带、图片及其他淫秽物品。但有关人体生理、医学知识的科学著作、包含有色情内容的有艺术价值的文学、艺术作品不视为淫秽物品。

"利用信息网络、电话以及其他通讯工具传播淫秽信息"实践中一般表现为:(1)利用互联网、移动通讯终端传播淫秽电影、文章、图片等;(2)以会员制方式传播淫秽电子信息;(3)利用淫秽电子信息收取广告费、会员注册费或其他费用;(4)利用聊天室、论坛等传播淫秽信息;(5)在自己所有、管理或使用的网站、网页提供淫秽信息网站或网页链接的;(6)明知他人实施传播淫秽信息行为,为其提供互联网接入、服务器托管、网络存储空间、通讯传输通道、费用结算等帮助的;(7)通过声讯台、直播软件等提供色情声讯服务等。构成本行为对传播淫秽信息的数量、接受信息的人数、传播动机是否为盈利等均无要求。

未成年人是需要在法律上进行特殊保护的群体。淫秽物品或淫

秽信息中涉及未成年人的,不仅严重伤害未成年人正常成长和心理发育,更有可能刺激以未成年人为目标的违法犯罪行为,因而需要加大打击力度,从重处罚。

关联法规

《中华人民共和国刑法》第363条、第364条,《中华人民共和国未成年人保护法》第50条、第52条,《全国人民代表大会常务委员会关于维护互联网安全的决定》三,《互联网上网服务营业场所管理条例》第14条,《互联网信息服务管理办法》第15条,《关于认定淫秽及色情出版物的暂行规定》第2条、第3条,《违反公安行政管理行为的名称及其适用意见》155、156,《公安机关对部分违反治安管理行为实施处罚的裁量指导意见》第二部分七十六

第八十一条 【对组织、参与淫秽活动的处罚】

有下列行为之一的,处十日以上十五日以下拘留,并处一千元以上二千元以下罚款:

(一)组织播放淫秽音像的;

(二)组织或者进行淫秽表演的;

(三)参与聚众淫乱活动的。

明知他人从事前款活动,为其提供条件的,依照前款的规定处罚。

组织未成年人从事第一款活动的,从重处罚。

条文注解

"组织播放淫秽音像"实质是一种传播淫秽信息的方式,但鉴于该行为在传播淫秽信息的活动中比较突出,因而本条专门作出了规定。

行为人制作、复制淫秽音像制品而组织播放该制作的淫秽音像制品的,是牵连的行为,按本行为处罚。组织播放行为要求必须在线下进行,如公民住宅、公共场所或单位,若组织线上播放,则必须借助信息网络等工具,因而以"传播淫秽信息"进行处罚。此外,若公民个人播放淫秽音像给自己,或向个别人播放,或仅作为参与观看者,则不能认定为组织播放。

"淫秽表演"是指主动暴露人体性器官,公开宣扬性行为或露骨宣扬色情的诲淫性的表演,如进行性交表演、手淫表演、口淫表演、脱衣舞表演等。淫秽表演既包括线下当众进行,也包括通过网络线上进行。

"参与聚众淫乱活动"是指参加多人进行的奸淫、猥亵等淫乱活动,性别没有限制。凡是参与聚众淫乱的,都应受到治安处罚。实践中应注意的是,聚众淫乱活动中,也经常出现由数人作性交表演,其他人观看的情况,这种表演属于聚众进行淫乱的一部分,对于这种行为,也应按照"参与聚众淫乱活动"处罚。

对于明知他人从事前款活动,仍为其提供条件的,对违法行为起到了促进和帮助作用,因而应当依照前款的规定处罚。提供条件包括提供场地、设备、工具、资金等。本人是否参与上述违法活动,不影响本款行为的构成。

组织未成年人观看淫秽音像的,或以未成年人为对象播放淫秽音像的,以及组织未成年从事淫秽表演或聚众淫乱活动的,从重处罚。

关联法规

《中华人民共和国妇女权益保障法》第27条,《中华人民共和国刑法》第301条、第364条、第365条,《中华人民共和国预防未成年人犯罪法》第28条、第38条,《违反公安行政管理行为的名称及其适用意见》157~161

第八十二条 【对赌博行为的处罚】

以营利为目的,为赌博提供条件的,或者参与赌博赌资较大的,处五日以下拘留或者一千元以下罚款;情节严重的,处十日以上十五日以下拘留,并处一千元以上五千元以下罚款。

条文注解

"以营利为目的"要求行为人主观上具有明知的故意,出于获取金钱或财物等好处为目的。"为赌博提供条件"包括提供资金、设备、工具、场所等条件以及接送、管理及网络通讯等服务。

执法实践中,应当注意区分"赌博"与"游戏性质的娱乐活动"的区别,防止扩大打击面。可从以下几个方面综合判断:(1)主观目的上,赌博以牟取利益或好处为目的,娱乐活动则多源于消遣、打发时间;(2)参与人员上,赌博参与者间多为陌生人且流动性大,娱乐活动多在亲朋好友等熟人之间;(3)涉及金额上,赌博涉案金额较大,已经超过一般意义上的游戏性质,娱乐活动涉及金额较小,带有少量的财物输赢;(4)场地选择上,赌博一般有专门的场地和服务,而娱乐活动多发生在自己或熟人家中。只有符合上述条件,才能认定为赌博。

"赌资较大"是认定赌博违法行为的一个客观标准,目前法律、法规及相关规范性文件中均未明确规定,公安机关应当根据实际情况如地区经济状况、当地群众接受程度等视不同情况而定。网络赌博活动中交付的押金,也应当视为赌资。对于查获的赌资、赌博违法所得依法应当没收,上缴国库,并按规定出具法律手续。赌博所用的赌具如麻将桌、游戏机等,也应一律依法收缴处理。

第三章 违反治安管理的行为和处罚

关联法规 ●●●●●

《中华人民共和国刑法》第 303 条,《互联网上网服务营业场所管理条例》第 18 条,《旅馆业治安管理办法》第 12 条,《娱乐场所管理条例》第 14 条、第 19 条,《娱乐场所治安管理办法》第 18 条,《违反公安行政管理行为的名称及其适用意见》162、163,《公安机关对部分违反治安管理行为实施处罚的裁量指导意见》第二部分七十七、七十八,《公安部关于办理赌博违法案件适用法律若干问题的通知》

> **第八十三条 【对涉及毒品原植物行为的处罚】**
> 有下列行为之一的,处十日以上十五日以下拘留,可以并处五千元以下罚款;情节较轻的,处五日以下拘留或者一千元以下罚款:
> (一)非法种植罂粟不满五百株或者其他少量毒品原植物的;
> (二)非法买卖、运输、携带、持有少量未经灭活的罂粟等毒品原植物种子或者幼苗的;
> (三)非法运输、买卖、储存、使用少量罂粟壳的。
> 有前款第一项行为,在成熟前自行铲除的,不予处罚。

条文注解 ●●●●●

罂粟、古柯、大麻被称为世界三大毒品植物,分别可提炼加工成海洛因、可卡因和大麻脂。在我国境内出现的违反国家有关毒品原植物管理规定,私自种植毒品原植物的主要是罂粟,因而本项对罂粟种植数量作出了明确限定。"其他少量毒品原植物"的情况比较复杂,常见的是大麻。"少量"是相对于《刑法》中数量较大而言的,这也是区分罪与非罪的界限。

所谓"未经灭活",是指未经过烘烤、放射线照射等处理手段,还能继续繁殖、发芽的罂粟等毒品原植物种子。罂粟籽本身不具有毒性,但未经灭活就有可能被犯罪分子用于种植,因此需要经过处理。

罂粟壳是罂粟的外壳,是毒品原植物的组成部分,有药用价值,也可以放入食品中作为调味品,具有与毒品一样使人上瘾的作用,所以,药品、食品等有关部门对罂粟壳的使用也有严格的限制,防止被不法分子利用。如果使大量的罂粟壳流传到社会上,既对社会不利,也对人身健康不利,尤其是对一些不知情的人的危害会更大。所以,法律禁止非法运输、买卖、储存、使用罂粟壳的行为。

由于毒品原植物必须成熟后才具有毒品的功效,如果在收获前自行铲除的,其危害后果甚微,所以本条第2款规定,非法种植罂粟不满500株或者其他少量毒品原植物,在成熟前自行铲除的,不予治安处罚。这里的"成熟前"是指收获毒品前,如对罂粟进行割浆前等。"自行铲除"是指非法种植毒品原植物的人主动铲除或者委托他人帮助铲除,而不是由公安机关发现后责令其铲除或者强制铲除。

关联法规

《中华人民共和国刑法》第351条、第352条,《中华人民共和国禁毒法》第19条,《违反公安行政管理行为的名称及其适用意见》164~166,《公安机关对部分违反治安管理行为实施处罚的裁量指导意见》第二部分七十九、八十、八十一

第八十四条 【对毒品违法行为的处罚】

有下列行为之一的,处十日以上十五日以下拘留,可以并处三千元以下罚款;情节较轻的,处五日以下拘留或者一千元以下罚款:

(一)非法持有鸦片不满二百克、海洛因或者甲基苯丙胺不满十克或者其他少量毒品的;

(二)向他人提供毒品的;

(三)吸食、注射毒品的;

(四)胁迫、欺骗医务人员开具麻醉药品、精神药品的。

聚众、组织吸食、注射毒品的,对首要分子、组织者依照前款的规定从重处罚。

吸食、注射毒品的,可以同时责令其六个月至一年以内不得进入娱乐场所、不得擅自接触涉及毒品违法犯罪人员。违反规定的,处五日以下拘留或者一千元以下罚款。

条文注解 ●●●●●●●

"持有"包括占有、所有、藏有或以其他方式将毒品置于自己控制之下。若行为人非法持有的鸦片不少于200克、海洛因或甲基苯丙胺不少于10克或其他少量毒品,则构成《刑法》上的非法持有毒品罪。

"向他人提供毒品"特别强调提供的无偿性,若收取金钱财物的,则构成《刑法》上的贩卖毒品罪。若行为人提供毒品的同时,引诱、教唆他人吸毒,则后一主观意图包含了前一主观意图,应当以引诱、教唆吸毒行为予以处罚。

"吸食、注射毒品"是指用口吸、鼻吸、吞服、饮用或者皮下、静脉注射等方法使用毒品以及由国家管制的能使人成瘾的麻醉药品和精神药品。对于因治疗疾病的需要,依照医生的嘱咐和处方服用、注射麻醉药品和精神药品的,不属于本项所说的吸食注射毒品行为。

"胁迫"是指采取威胁、恐吓等任意方式进行精神上的强制,迫使医务人员按行为人意思开具麻醉药品或精神药品的行为。"欺骗"是指采取虚构事实、隐瞒真相的方法,如谎称看病需要等,骗取医务人员信任以为其开具麻醉药品和精神药品的行为。"医务人员"既包括在医院从事就诊有开具处方权的正式执业资格的医务人员,如医院门诊或急诊的医生,也包括虽没有开处方的权力,但可以通过其他有开处方权的医生开出药品的从事医务工作的研究人员、司药人员、护士以及从事医院行政工作的人员等。如果医务人员未被胁迫、欺骗,而明知或主动提供,则医务人员可能构成《刑法》上的非法提供麻醉药品、精神药品罪。

本条新增第2款对聚众、组织吸毒行为处罚。"聚众""组织"要求人数至少3人。"首要分子"是指在违法活动中起组织、策划、指挥作用的违法分子,其主观恶性较大,因而对首要分子和组织者应从重处罚。

本条新增第3款对吸食、注射毒品人员的限制活动处罚。娱乐场所鱼龙混杂,很多毒品交易都是在此发生的,因而对吸食、注射毒品的行为人责令其一定期限内不得进入娱乐场所、不得擅自接触涉及毒品违法犯罪人员(行为罚),有助于从根源上切断其毒品来源,避免再吸、复吸。

何为"情节较轻",全国尚无统一规范,但各地公安机关在实务中根据本地区的情况均制定了相关裁量标准。

关联法规

《中华人民共和国刑法》第348条,《中华人民共和国禁毒法》第59条、第62条,《麻醉药品和精神药品管理条例》第3条、第4条,《违反公安行政管理行为的名称及其适用意见》167~170,《公安机关对部分违反治安管理行为实施处罚的裁量指导意见》第二部分八十二、八十三

第八十五条 【对教唆、引诱、欺骗或强迫他人吸食、注射毒品行为的处罚】

引诱、教唆、欺骗或者强迫他人吸食、注射毒品的,处十日以上十五日以下拘留,并处一千元以上五千元以下罚款。

容留他人吸食、注射毒品或者介绍买卖毒品的,处十日以上十五日以下拘留,可以并处三千元以下罚款;情节较轻的,处五日以下拘留或者一千元以下罚款。

条文注解

"引诱""教唆"都属于在他人本无吸食、注射毒品意愿的情况下,通过向他人宣扬吸食、注射毒品后的感受,传授或示范吸毒方法、技巧以及利用金钱、物质等其他条件进行诱惑的方法,引起他人产生吸食、注射毒品的意愿或欲望的行为。"欺骗"是指隐瞒或制造假象,在他人不知道的情况下给他人吸食、注射毒品的行为,如在香烟、食品或药品中掺入毒品(如罂粟壳),供他人吸食或使用。"强迫"则是以暴力、威胁或其他手段,违背他人主观意志,逼迫他人吸食、注射毒品的行为。

实践中,应当注意区分本条与《刑法》第353条"引诱、教唆、欺骗他人吸毒罪""强迫他人吸毒罪"的差异,仅在"情节显著轻微,社会危害不大","不构成犯罪"的情形下,才给予治安管理处罚。对此,可综合以下几个因素进行考量:(1)引诱、教唆、欺骗或强迫他人吸食、注射毒品的人数和次数;(2)行为人的目的、动机和手段;(3)行为人教唆、引诱、欺骗或强迫的对象;(4)吸食、注射的毒品数量;(5)所造成的后果和社会影响等。

关联法规

《中华人民共和国刑法》第353条,《中华人民共和国禁毒法》第59条,《违反公安行政管理行为的名称及其适用意见》171

第八十六条 【对非法制造、运输制毒物品行为的处罚】
违反国家规定,非法生产、经营、购买、运输用于制造毒品的原料、配剂的,处十日以上十五日以下拘留;情节较轻的,处五日以上十日以下拘留。

条文注解

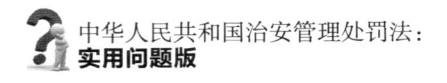

本条为2025年修订新增条文,是关于违反国家规定,非法生产、经营、购买、运输制毒原料或配剂的治安处罚规定。

毒品的原料、配剂包括但不限于醋酸酐、乙醚、三氯甲烷等化学物品以及麻黄碱、伪麻黄碱及其盐类和单方制剂等。

需要指出的是,有些原料本身就是毒品,如提炼海洛因的鸦片、黄皮、吗啡等,如果行为人有生产、经营、购买、运输此类毒品,应以《刑法》贩卖、运输、制造毒品罪论处。

关联法规

《中华人民共和国刑法》第350条,《中华人民共和国禁毒法》第21条

第八十七条 【对服务行业人员通风报信行为的处罚】

旅馆业、饮食服务业、文化娱乐业、出租汽车业等单位的人员,在公安机关查处吸毒、赌博、卖淫、嫖娼活动时,为违法犯罪行为人通风报信的,或者以其他方式为上述活动提供条件的,处十日以上十五日以下拘留;情节较轻的,处五日以下拘留或者一千元以上二千元以下罚款。

条文注解

旅馆业、饮食服务业、文化娱乐业、出租汽车业都属于营利性的服务行业,一些不法分子为获取暴利,不择手段在这些营业场所提供色情、赌博、吸毒等服务,已经严重影响到社会秩序的平稳运行。

本条实行双罚制,既可对直接负责主管人员和其他直接责任人员给予罚款或拘留处罚,也可对单位给予停业整顿处罚。

关联法规

《中华人民共和国刑法》第 361 条、第 362 条,《娱乐场所管理条例》第 14 条、第 31 条,《违反公安行政管理行为的名称及其适用意见》172

> **第八十八条** 【对制造噪声干扰他人生活的处罚】
> 违反关于社会生活噪声污染防治的法律法规规定,产生社会生活噪声,经基层群众性自治组织、业主委员会、物业服务人、有关部门依法劝阻、调解和处理未能制止,继续干扰他人正常生活、工作和学习的,处五日以下拘留或者一千元以下罚款;情节严重的,处五日以上十日以下拘留,可以并处一千元以下罚款。

条文注解

"社会生活噪声污染防止的法律法规规定"主要是指《噪声污染防治法》第七章和第八章的相关内容。根据该法,"社会生活噪声"是指人为活动产生的除工业噪声、建筑施工噪声和交通运输噪声之外的干扰周围生活环境的声音。个人和单位都有可能是本行为的主体,无论其主观上是故意还是过失,只要持续干扰他人正常生活、工作和学习,就构成本行为。

实践中,对本条规定的行为的处罚要注意证据的收集,社会生活噪声是否达到持续干扰他人正常生活、工作和学习的程度,需要由环境保护行政机关根据相应的环境噪声标准作出检测和认定,这也是公安机关依据本条对行为人作出治安处罚的重要证据。

关联法规

《中华人民共和国噪声污染防治法》第 2 条、第 87 条,《中华人民共和国民法典》第 286 条,《违反公安行政管理行为的名称及其适

用意见》129

> **第八十九条 【对饲养动物违法行为的处罚】**
>
> 饲养动物,干扰他人正常生活的,处警告;警告后不改正的,或者放任动物恐吓他人的,处一千元以下罚款。
>
> 违反有关法律、法规、规章规定,出售、饲养烈性犬等危险动物的,处警告;警告后不改正的,或者致使动物伤害他人的,处五日以下拘留或者一千元以下罚款;情节较重的,处五日以上十日以下拘留。
>
> 未对动物采取安全措施,致使动物伤害他人的,处一千元以下罚款;情节较重的,处五日以上十日以下拘留。
>
> 驱使动物伤害他人的,依照本法第五十一条的规定处罚。

条文注解

"干扰他人正常生活"是指所饲养的动物因缺乏管教而给环境卫生或他人正常生活带来不便。"警告"并非口头意义上的警告,而是本法所规定的警告处罚。"恐吓"要求对他人造成心理或精神上的惊吓、恐慌等。"警告后不改正,或放任动物恐吓他人的",可以视为对"干扰他人正常生活的"加重处罚。

实践中,对"干扰他人正常生活"的判断,应当根据周边居民反映的情况、现场的实际感受以及一般公众的可容忍度等进行综合认定。

关联法规

《中华人民共和国民法典》第1245~1251条,《违反公安行政管理行为的名称及其适用意见》173、174

第四章 处罚程序

第一节 调　　查

第九十条　【案件受理】
公安机关对报案、控告、举报或者违反治安管理行为人主动投案,以及其他国家机关移送的违反治安管理案件,应当立即立案并进行调查;认为不属于违反治安管理行为的,应当告知报案人、控告人、举报人、投案人,并说明理由。

条文注解

1. 立即立案并进行调查

治安案件进入公安机关处理程序基本途径包括报案、控告、举报或者违反治安管理行为人主动投案,以及其他国家机关移送五种方式。

2025年《治安管理处罚法》修订后,要求公安机关在接到报案、控告、举报、投案或移送时应当"立即立案并进行调查",改变了以往公安机关只是先受理并予以登记的模式。根据本条规定,公安机关在接到报案、控告、举报、投案时应当立即立案并进行调查,这意味着公安机关不得以其他借口为由拒绝立案。公安机关接受案件时,应当制作受案登记表,并出具回执。公民在公安机关立案后有权索要受案登记表的回执,作为报案证明和日后进行救济的凭证。公安机关不履行法定职责立案处理的,公民可以向复议机关申请行政复议或提起行政诉讼。

2. 案件移送

其他行政主管部门、监察机关、司法机关在调查过程中认为仅构成违反治安管理行为的,移送公安机关作为治安管理案件执行。公安机关对发现或者受理的案件暂时无法确定为刑事案件或者行政案件的,可以按照行政案件的程序办理。在办理过程中,认为涉嫌构成犯罪的,应当按照《公安机关办理刑事案件程序规定》办理。违法行为涉嫌构成犯罪的,转为刑事案件办理或者移送有权处理的主管机关、部门办理,无须撤销行政案件;公安机关已经作出行政处理决定的,应当附卷。

▍关联法规 ●●●●●●

《公安机关办理行政案件程序规定》第60~65条,《公安机关受理行政执法机关移送涉嫌犯罪案件规定》第1条、第2条

第九十一条 【严禁非法取证】

公安机关及其人民警察对治安案件的调查,应当依法进行。严禁刑讯逼供或者采用威胁、引诱、欺骗等非法手段收集证据。

以非法手段收集的证据不得作为处罚的根据。

▍条文注解 ●●●●●●

为保证取证程序合法,保障当事人合法权益,公安机关必须依照法定程序,收集能够证实违法嫌疑人是否违法、违法情节轻重的证据,严禁刑讯逼供和以威胁、欺骗等非法方法收集证据。

非法证据主要有两类:一是采用暴力、威胁以及限制人身自由等非法方法收集的言词证据。刑讯逼供是指以肉刑或变相肉刑的方式取得当事人的供述,如殴打、烙烫、使其挨饿等让人在肉体上遭受痛苦的方式。限制人身自由主要是指采用非法拘禁等非法的方法,如非法留置、变相拘禁。二是收集物证、书证不符合法定程序,

可能严重影响案件公正处理,且不能补正或者作出合理解释的。"不符合法定程序"主要是指不符合法律法规关于取证主体、取证手续、取证方法的规定,认定"可能严重影响案件公正处理",应当综合考虑收集证据违反法定程序以及所造成后果的严重程度等情况。

采用刑讯逼供等非法方法收集的违法嫌疑人的陈述和申辩以及采用暴力、威胁等非法方法收集的被侵害人陈述、其他证人证言,不能作为定案的根据。收集物证、书证不符合法定程序,可能严重影响执法公正的,应当予以补正或者作出合理解释;不能补正或者作出合理解释的,不能作为定案的根据。

关联法规

《中华人民共和国刑法》第247条,《公安机关办理行政案件程序规定》第27条,《关于办理刑事案件严格排除非法证据若干问题的规定》第1条

第九十二条 【收集、调取证据】

公安机关办理治安案件,有权向有关单位和个人收集、调取证据。有关单位和个人应当如实提供证据。

公安机关向有关单位和个人收集、调取证据时,应当告知其必须如实提供证据,以及伪造、隐匿、毁灭证据或者提供虚假证言应当承担的法律责任。

条文注解

公安机关向有关单位和个人收集、调取证据的流程如下:(1)公安机关办案部门负责人批准,开具调取证据通知书,明确调取的证据和

提供时限;(2)被调取人配合公安机关的工作,如实提供相关证据;(3)被调取人应当在通知书上盖章或者签名,被调取人拒绝的,公安机关应当注明。

▍关联法规 ●●●●●●

《公安机关办理行政案件程序规定》第 28 条

> **第九十三条 【在其他司法程序中收集的证据】**
> 在办理刑事案件过程中以及其他执法办案机关在移送案件前依法收集的物证、书证、视听资料、电子数据等证据材料,可以作为治安案件的证据使用。

▍条文注解 ●●●●●●

根据《治安管理处罚法》第 3 条,扰乱公共秩序,妨害公共安全,侵犯人身权利、财产权利,妨害社会管理,具有社会危害性,依照《刑法》的规定构成犯罪的,依法追究刑事责任;尚不够刑事处罚的,由公安机关依照本法给予治安管理处罚。如果案件刚开始以刑事案件立案,但在侦查过程中认为仅构成治安案件的,依照《治安管理处罚法》给予处罚,前一程序中收集、调查的证据可以作为治安案件的证据使用,这有利于案件办理效率的提升。

▍关联法规 ●●●●●●

《最高人民检察院关于推进行政执法与刑事司法衔接工作的规定》第 8 条、第 13 条

第九十四条 【公安机关保密义务】

公安机关及其人民警察在办理治安案件时,对涉及的国家秘密、商业秘密、个人隐私或者个人信息,应当予以保密。

条文注解 ●●●●●

公安机关调查取证时,应当防止泄露工作秘密。辨认人不愿意暴露身份的,对违法嫌疑人的辨认可以在不暴露辨认人的情况下进行,公安机关及其人民警察应当为其保守秘密。听证应当公开举行,涉及国家秘密、商业秘密、个人隐私的案件除外。

第九十五条 【关于回避的规定】

人民警察在办理治安案件过程中,遇有下列情形之一的,应当回避;违反治安管理行为人、被侵害人或者其法定代理人也有权要求他们回避:

(一)是本案当事人或者当事人的近亲属的;

(二)本人或者其近亲属与本案有利害关系的;

(三)与本案当事人有其他关系,可能影响案件公正处理的。

人民警察的回避,由其所属的公安机关决定;公安机关负责人的回避,由上一级公安机关决定。

条文注解 ●●●●●

回避依申请启动:(1)公安机关负责人、办案人民警察提出回避申请的,应当说明理由。但是公安机关负责人、办案人民警察具有应当回避的情形之一,本人没有申请回避,当事人及其法定代理人也没有申请其回避的,有权决定其回避的公安机关可以指令其回避。(2)当事人及其法定代理人要求公安机关负责人、办案人民警察回避的,应当提出申请,并说明理由。口头提出申请的,公安机关应当记录在案。对当事人及其法定代理人提出的回避申请,公安机关应当在收到申请之日起2日内作出决定并通知申请人。

在公安机关作出回避决定前,办案人民警察不得停止对行政案件的调查。被决定回避的公安机关负责人、办案人民警察、鉴定人和翻译人员,在回避决定作出前所进行的与案件有关的活动是否有效,由作出回避决定的公安机关根据是否影响案件依法公正处理等情况决定。

鉴定人、翻译人员的回避,由指派或者聘请的公安机关决定。

关联法规

《公安机关办理行政案件程序规定》第17~25条

第九十六条 【关于传唤的规定】

需要传唤违反治安管理行为人接受调查的,经公安机关办案部门负责人批准,使用传唤证传唤。对现场发现的违反治安管理行为人,人民警察经出示人民警察证,可以口头传唤,但应当在询问笔录中注明。

公安机关应当将传唤的原因和依据告知被传唤人。对无正当理由不接受传唤或者逃避传唤的人,经公安机关办案部门负责人批准,可以强制传唤。

条文注解

1. 公民被传唤流程

传唤是公安机关调查取证的一种主要方式,指办案人员对违反治安管理行为人或嫌疑人,限令其在指定时间和指定地点接受询问。无论警察是以口头传唤还是书面传唤等方式通知接受调查,应予以配合。对于传唤,违反治安管理行为人可以要求查看《传唤证》,口头传唤的,要求查验执法警察的人民警察证。切勿与人民警察发生肢体对抗或逃避传唤。

2. 传唤措施的区别

传唤不是一种强制措施,一般不具有强制性,原则上是不使用手铐、警绳等约束性警械。但是,如果经警察传唤(包括口头传唤或书面传唤)后,对无正当理由不接受传唤或者逃避传唤的违法嫌疑人,可以强制传唤。强制传唤是一种行政强制措施,可以依法使用手铐、警绳等约束性警械。

措施	危急程度	条件	后续措施
普通传唤	☆	经负责人批准的传唤证	
口头传唤	☆☆	(1)现场发现; (2)出示人民警察证	在询问笔录中注明
强制传唤	☆☆☆	(1)无正当理由不接受传唤或逃避传唤; (2)经负责人批准	

3. 治安传唤、刑事传唤与拘传的辨析

	治安传唤	刑事传唤	拘传
适用对象	违反治安管理行为人	不需要逮捕、拘留的犯罪嫌疑人、现场发现的犯罪嫌疑人、附带民事诉讼被告人等	刑事诉讼中的犯罪嫌疑人、被告 被告单位的诉讼代表人、民事诉讼中的特殊被告、未成年人案件中的法定代理人

续表

	治安传唤	刑事传唤	拘传
方式	传唤证	出示人民检察院或者公安机关的证明文件通常为《传唤通知书》；对在现场发现的犯罪嫌疑人，经出示工作证件，可以口头传唤，但应当在讯问笔录中注明相关情况	拘传证
时限	8~24小时	12~24小时	

关联法规

《中华人民共和国人民警察法》第9条，《公安机关办理行政案件程序规定》第55条、第56条

第九十七条 【传唤后的询问期限与通知义务】

对违反治安管理行为人，公安机关传唤后应当及时询问查证，询问查证的时间不得超过八小时；涉案人数众多、违反治安管理行为人身份不明的，询问查证的时间不得超过十二小时；情况复杂，依照本法规定可能适用行政拘留处罚的，询问查证的时间不得超过二十四小时。在执法办案场所询问违反治安管理行为人，应当全程同步录音录像。

公安机关应当及时将传唤的原因和处所通知被传唤人家属。

询问查证期间，公安机关应当保证违反治安管理行为人的饮食、必要的休息时间等正当需求。

条文注解

情形	询问期限
一般情况	8小时
涉案人数众多、违反治安管理行为人身份不明	12小时
情况复杂,依照本法规定可能适用行政拘留处罚	24小时

第九十八条【询问笔录、书面材料与询问不满十八周岁人的规定】

询问笔录应当交被询问人核对;对没有阅读能力的,应当向其宣读。记载有遗漏或者差错的,被询问人可以提出补充或者更正。被询问人确认笔录无误后,应当签名、盖章或者按指印,询问的人民警察也应当在笔录上签名。

被询问人要求就被询问事项自行提供书面材料的,应当准许;必要时,人民警察也可以要求被询问人自行书写。

询问不满十八周岁的违反治安管理行为人,应当通知其父母或者其他监护人到场;其父母或者其他监护人不能到场的,也可以通知其他成年亲属,所在学校、单位、居住地基层组织或者未成年人保护组织的代表等合适成年人到场,并将有关情况记录在案。确实无法通知或者通知后未到场的,应当在笔录中注明。

条文注解

询问笔录在证据体系中有着非常重要的地位,直接影响公安机关执法水平和案件办理质量。询问笔录的记录是否规范、所记载内容是否真实,是影响案件办理是否公平公正的重要因素。被询问人确认询问笔录,是对人权的尊重和保障。

违法嫌疑人、被侵害人或者其他证人请求自行提供书面材料的,应当准许。必要时,办案人民警察也可以要求违法嫌疑人、被侵害人或者其他证人自行书写。违法嫌疑人、被侵害人或者其他证人应当在其提供的书面材料的结尾处签名、盖章或者捺指印。对打印的书面材料,违法嫌疑人、被侵害人或者其他证人应当逐页签名、盖章或者捺指印。办案人民警察收到书面材料后,应当在首页注明收到日期,并签名。

关联法规

《公安机关办理行政案件程序规定》第45条、第77条

第九十九条 【询问被侵害人和其他证人的规定】

人民警察询问被侵害人或者其他证人,可以在现场进行,也可以到其所在单位、住处或者其提出的地点进行;必要时,也可以通知其到公安机关提供证言。

人民警察在公安机关以外询问被侵害人或者其他证人,应当出示人民警察证。

询问被侵害人或者其他证人,同时适用本法第九十八条的规定。

条文注解

对被侵害人和其他证人的询问不适用传唤的规定,根据实际情况可以现场询问或到其单位、住处以及其提出的地点询问,确有必要的可以通知其到公安机关提供证言。询问被侵害人或者其他证人,应当个别进行,采用暴力、威胁等非法方法收集的被侵害人陈述、其他证人证言,不能作为定案的根据。

第四章 处罚程序

关联法规 ●●●●●

《公安机关办理行政案件程序规定》第 72～80 条

> 第一百条 【异地询问】
> 违反治安管理行为人、被侵害人或者其他证人在异地的,公安机关可以委托异地公安机关代为询问,也可以通过公安机关的视频系统远程询问。
> 通过远程视频方式询问的,应当向被询问人宣读询问笔录,被询问人确认笔录无误后,询问的人民警察应当在笔录上注明。询问和宣读过程应当全程同步录音录像。

条文注解 ●●●●●

本条为新增规定,进一步保障了被询问人的权利。需要进行远程视频询问的,应当由协作地公安机关事先核实被询问人的身份。办案地公安机关应当制作询问笔录并传输至协作地公安机关。询问笔录经被询问人确认并逐页签名或者捺指印后,由协作地公安机关协作人员签名或者盖章,并将原件或者电子签名笔录提供给办案地公安机关。办案地公安机关负责询问的人民警察应当在首页注明收到日期,并签名或者盖章。询问和宣读过程应当全程录音录像。

关联法规 ●●●●●

《公安机关异地办案协作"六个严禁"》《关于进一步依法严格规范开展办案协作的通知》2、3

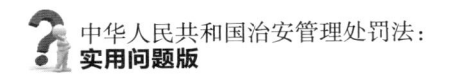

> **第一百零一条 【询问中的语言帮助】**
> 询问聋哑的违反治安管理行为人、被侵害人或者其他证人,应当有通晓手语等交流方式的人提供帮助,并在笔录上注明。
> 询问不通晓当地通用的语言文字的违反治安管理行为人、被侵害人或者其他证人,应当配备翻译人员,并在笔录上注明。

条文注解

我国《民事诉讼法》《行政诉讼法》《刑事诉讼法》均规定,各民族公民都有用本民族语言文字进行诉讼的权利,目的在于保障各民族公民不致因为语言文字的障碍,影响实现其诉讼权利。在少数民族聚居或者多民族共同居住的地区,司法机关应当用当地民族通用的语言、文字进行审讯和发布法律文书;应当对不通晓当地民族通用的语言、文字的有关人员提供翻译。

关联法规

《公安机关办理行政案件程序规定》第76条

> **第一百零二条 【信息采集】**
> 为了查明案件事实,确定违反治安管理行为人、被侵害人的某些特征、伤害情况或者生理状态,需要对其人身进行检查,提取或者采集肖像、指纹信息和血液、尿液等生物样本的,经公安机关办案部门负责人批准后进行。对已经提取、采集的信息或者样本,不得重复提取、采集。提取或者采集被侵害人的信息或者样本,应当征得被侵害人或者其监护人同意。

条文注解

对违法嫌疑人，可以依法提取或者采集肖像、指纹等人体生物识别信息；涉嫌酒后驾驶机动车、吸毒、从事恐怖活动等违法行为的，可以依照《道路交通安全法》《禁毒法》《反恐怖主义法》等规定提取或者采集血液、尿液、毛发、脱落细胞等生物样本。人身安全检查和当场检查时已经提取、采集的信息，不再提取、采集。对涉嫌吸毒的人员，应当进行吸毒检测，被检测人员应当配合；对拒绝接受检测的，经县级以上公安机关或者其派出机构负责人批准，可以强制检测。采集女性被检测人检测样本，应当由女性工作人员进行。

关联法规

《公安机关办理行政案件程序规定》第52条

第一百零三条　【检查时应遵守的程序】

公安机关对与违反治安管理行为有关的场所或者违反治安管理行为人的人身、物品可以进行检查。检查时，人民警察不得少于二人，并应当出示人民警察证。

对场所进行检查的，经县级以上人民政府公安机关负责人批准，使用检查证检查；对确有必要立即进行检查的，人民警察经出示人民警察证，可以当场检查，并应当全程同步录音录像。检查公民住所应当出示县级以上人民政府公安机关开具的检查证。

检查妇女的身体，应当由女性工作人员或者医师进行。

条文注解

检查是公安机关及其人民警察办理治安案件时，对场所、物品以及人身进行检验查看的一项调查取证的强制性措施。

1. 检查的人数要求：人民警察不得少于2人。

2. 检查的证件要求：(1) 执法证件：在所有检查情形下，人民警察都应当出示人民警察证；(2) 检查证：对场所进行检查，需要经县级以上人民政府公安机关负责人批准，使用检查证检查；(3) 检查证明文件：检查公民住所，应当出示县级以上地方人民政府公安机关开具的检查证明文件。

3. "确有必要立即检查的情形"：指现场发现的违反治安管理行为人、具有违反治安管理行为可能，如非法携带管制刀具、逃避治安处罚等情形。

关联法规

《公安机关办理行政案件程序规定》第82条、第83条、第84条

第一百零四条　【检查笔录的制作】
检查的情况应当制作检查笔录，由检查人、被检查人和见证人签名、盖章或者按指印；被检查人不在场或者被检查人、见证人拒绝签名的，人民警察应当在笔录上注明。

条文注解

检查笔录是人民警察依法对有关场所、物品、人身检查后所作的客观记载，属于诉讼证据的一种。检查笔录需载明检查的时间、地点、过程、发现的证据等与违反治安管理的行为有关的线索。为了保障检查笔录的客观性、真实性、合法性，需由检查人、被检查人和见证人确认。

关联法规

《公安机关办理行政案件程序规定》第86条

第一百零五条 【关于扣押物品的规定】

公安机关办理治安案件,对与案件有关的需要作为证据的物品,可以扣押;对被侵害人或者善意第三人合法占有的财产,不得扣押,应当予以登记,但是对其中与案件有关的必须鉴定的物品,可以扣押,鉴定后应当立即解除。对与案件无关的物品,不得扣押。

对扣押的物品,应当会同在场见证人和被扣押物品持有人查点清楚,当场开列清单一式二份,由调查人员、见证人和持有人签名或者盖章,一份交给持有人,另一份附卷备查。

实施扣押前应当报经公安机关负责人批准;因情况紧急或者物品价值不大,当场实施扣押的,人民警察应当及时向其所属公安机关负责人报告,并补办批准手续。公安机关负责人认为不应当扣押的,应当立即解除。当场实施扣押的,应当全程同步录音录像。

对扣押的物品,应当妥善保管,不得挪作他用;对不宜长期保存的物品,按照有关规定处理。经查明与案件无关或者经核实属于被侵害人或者他人合法财产的,应当登记后立即退还;满六个月无人对该财产主张权利或者无法查清权利人的,应当公开拍卖或者按照国家有关规定处理,所得款项上缴国库。

条文注解

1.扣押的范围:(1)可以扣押的范围:与案件有关且需要作为证据使用的物品;(2)反向排除的范围:被侵害人或善意第三人的合法财产不得扣押应当予以登记。

2.扣押程序:(1)清点:对扣押的物品,应当会同在场见证人和被扣押物品持有人查点清楚,当场开列清单一式二份,由调查人员、见证人和持有人签名或者盖章,一份交给持有人,另一份附卷备查。(2)批准:实施扣押前应当报经公安机关办案部门负责人批准;因情况紧急或者物品价值不大,需要当场实施扣押的,人民警察应当及时向其所属公安机关办案部门负责人报告,并补办批准手续。公安机关办案部门负责人认为不应当扣押的,应当立即解除。当场实施扣押的,应当全程同步录音录像。

3.扣押期限:扣押、扣留、查封期限为30日,情况复杂的,经县级以上公安机关负责人批准,可以延长30日;法律、行政法规另有规定的除外。延长扣押、扣留、查封期限的,应当及时书面告知当事人,并说明理由。对物品需要进行鉴定的,鉴定期间不计入扣押、扣留、查封期间,但应当将鉴定的期间书面告知当事人。

关联法规 ●●●●●●

《公安机关办理行政案件程序规定》第111~116条

第一百零六条 【关于鉴定的规定】

为了查明案情,需要解决案件中有争议的专门性问题的,应当指派或者聘请具有专门知识的人员进行鉴定;鉴定人鉴定后,应当写出鉴定意见,并且签名。

条文注解 ●●●●●●

鉴定是指鉴定人运用科学技术或者专门知识对治安案件涉及的专门性问题进行鉴别和判断并提供鉴定意见的活动,包括伤情鉴定、精神鉴定、毒品尿样鉴定等。需要聘请本公安机关以外的人进行鉴定的,应当经公安机关办案部门负责人批准后,制作鉴定聘请书。公安机关应当为鉴定提供必要的条件,及时送交有关检材和比对样本等原始材料,介绍与鉴定有关的情况,并且明确提出要求鉴定解决的问题。办案人民警察应当做好检材的保管和送检工作,并注明检材送检环节的责任人,确保检材在流转环节中的同一性和不被污染。禁止强迫或者暗示鉴定人作出某种鉴定意见。

关联法规 ●●●●●●

《公安机关办理行政案件程序规定》第87~100条,《司法鉴定程序通则》

> **第一百零七条 【关于辨认的规定】**
> 为了查明案情,人民警察可以让违反治安管理行为人、被侵害人和其他证人对与违反治安管理行为有关的场所、物品进行辨认,也可以让被侵害人、其他证人对违反治安管理行为人进行辨认,或者让违反治安管理行为人对其他违反治安管理行为人进行辨认。
> 辨认应当制作辨认笔录,由人民警察和辨认人签名、盖章或者按指印。

条文注解 ●●●●●●

一般情况下,辨认由二名以上办案人民警察主持。组织辨认前,应当向辨认人详细询问辨认对象的具体特征,并避免辨认人见到辨认对象。多名辨认人对同一辨认对象或者一名辨认人对多名辨认对象进行辨认时,应当个别进行。辨认经过和结果,应当制作辨认笔录,由办案人民警察和辨认人签名或者捺指印。必要时,应当对辨认过程进行录音、录像。

辨认时,应当将辨认对象混杂在特征相类似的其他对象中,不得

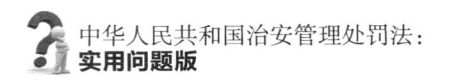

给辨认人任何暗示。辨认违法嫌疑人时，被辨认的人数不得少于7人；对违法嫌疑人照片进行辨认的，不得少于10人的照片。辨认每一件物品时，混杂的同类物品不得少于5件。同一辨认人对与同一案件有关的辨认对象进行多组辨认的，不得重复使用陪衬照片或者陪衬人。

关联法规

《公安机关办理行政案件程序规定》第101～106条

第一百零八条 【关于一人执法的规定】

公安机关进行询问、辨认、勘验，实施行政强制措施等调查取证工作时，人民警察不得少于二人。

公安机关在规范设置、严格管理的执法办案场所进行询问、扣押、辨认的，或者进行调解的，可以由一名人民警察进行。

依照前款规定由一名人民警察进行询问、扣押、辨认、调解的，应当全程同步录音录像。未按规定全程同步录音录像或者录音录像资料损毁、丢失的，相关证据不能作为处罚的根据。

条文注解

一般情况下，公安机关进行询问、辨认、检查、勘验，实施行政强制措施等调查取证工作时，人民警察不得少于二人，并表明执法身份。2025年《治安管理处罚法》新增了一人执法的规定：公安机关进行调解和在执法办案场所进行询问、扣押、辨认的，可以由一名人民警察进行。与此同时，为保障执法的合法性、公正性，要求执法的人民警察应当全程录音录像；未按规定全程同步录音录像或者录音录像资料损毁、丢失的，相关证据不能作为处罚的根据。

第二节 决 定

第一百零九条 【处罚的决定机关】
治安管理处罚由县级以上地方人民政府公安机关决定;其中警告、一千元以下的罚款,可以由公安派出所决定。

▍条文注解

1. 县级以上地方人民政府公安机关

县级以上地方人民政府公安机关是指县(旗)、自治县(旗)、县级市和市辖区一级所设的公安机关。

2. 公安派出所

公安机关根据工作需要设置公安派出所。派出所不是独立的公法人,仅能就特定事项行使处罚权,但被处以警告、1000元以下罚款的相对人可以派出所为行政复议申请人或行政诉讼被告人。

第一百一十条 【行政拘留的折抵】
对决定给予行政拘留处罚的人,在处罚前已经采取强制措施限制人身自由的时间,应当折抵。限制人身自由一日,折抵行政拘留一日。

▍条文注解

1. 限制人身自由的强制措施

本条折抵行政拘留时间的规定只适用于被采取强制措施限制人身自由的处罚,如刑事拘留等。因此,其他措施是不可以折抵的,如询问查证;被折抵的处罚只能是行政拘留,而不能是警告、罚款等其他处罚措施。

2. 一日抵一日

折抵计算时限制人身自由一日,折抵行政拘留一日。并且限制人身自由的强制措施与行政拘留必须是基于同一违法行为,如果是不同的行为导致的不同的处罚,则不能折抵。

第一百一十一条 【违反治安管理行为人的陈述与其他证据的关系】

公安机关查处治安案件,对没有本人陈述,但其他证据能够证明案件事实的,可以作出治安管理处罚决定。但是,只有本人陈述,没有其他证据证明的,不能作出治安管理处罚决定。

条文注解

1. 没有违反治安管理行为人的陈述

在公安机关查处治安案件时,存在行为人既不主动交代,也不承认实施过某行为的情况。如果其他证据确实充分、相互吻合,能够形成证据链证明案件事实,公安机关可以据此作出治安管理处罚决定。

2. 只有违反治安管理行为人的陈述

只有本人陈述,没有其他证据证明的,不能据此认定行为人实施了违反治安管理的行为。因为本人供述存在较强的主观性,行为人可能会避重就轻甚至做虚假陈述。同时,本条也防止出现"屈打成招"的情况。

第一百一十二条 【陈述与申辩】

公安机关作出治安管理处罚决定前,应当告知违反治安管理行为人拟作出治安管理处罚的内容及事实、理由、依据,并告知违反治安管理行为人依法享有的权利。

违反治安管理行为人有权陈述和申辩。公安机关必须充分听取违反治安管理行为人的意见,对违反治安管理行为人提出的事实、理由和证据,应当进行复核;违反治安管理行为人提出的事实、理由或者证据成立的,公安机关应当采纳。

违反治安管理行为人不满十八周岁的,还应当依照前两款的规定告知未成年人的父母或者其他监护人,充分听取其意见。

公安机关不得因违反治安管理行为人的陈述、申辩而加重其处罚。

条文注解

在公安机关办理治安案件的全过程中,行为人都有陈述和申辩的权利,包括但不限于询问、听证等程序。陈述和申辩是保障行为人合法利益的重要程序,其重点在于:(1)时间点:公安机关作出治安管理处罚决定前。公安机关听取行为人的陈述和申辩应当在作出处罚前,这有利于公安机关综合考量、慎重作出决定。(2)陈述和申辩人:一般情况下,违反治安处罚行为人为自己陈述和申辩;违反治安管理行为人不满18周岁的,其父母或其他监护人可以发表意见。

关联法规

《公安机关办理行政案件程序规定》第167~169条

第一百一十三条 【治安案件的处理】

治安案件调查结束后,公安机关应当根据不同情况,分别作出以下处理:

(一)确有依法应当给予治安管理处罚的违法行为的,根据情节轻重及具体情况,作出处罚决定;

（二）依法不予处罚的，或者违法事实不能成立的，作出不予处罚决定；

（三）违法行为已涉嫌犯罪的，移送有关主管机关依法追究刑事责任；

（四）发现违反治安管理行为人有其他违法行为的，在对违反治安管理行为作出处罚决定的同时，通知或者移送有关主管机关处理。

对情节复杂或者重大违法行为给予治安管理处罚，公安机关负责人应当集体讨论决定。

条文注解

公安机关办理治安案件，应当依据法律法规的规定作出相应处理；同时公安机关也有一定程度的自由裁量权，根据不同的案件情况，作出不同的处理。

第一百一十四条 【治安管理处罚决定法制审核】

有下列情形之一的，在公安机关作出治安管理处罚决定之前，应当由从事治安管理处罚决定法制审核的人员进行法制审核；未经法制审核或者审核未通过的，不得作出决定：

（一）涉及重大公共利益的；

（二）直接关系当事人或者第三人重大权益，经过听证程序的；

（三）案件情况疑难复杂、涉及多个法律关系的。

公安机关中初次从事治安管理处罚决定法制审核的人员，应当通过国家统一法律职业资格考试取得法律职业资格。

条文注解

《中共中央关于全面推进依法治国若干重大问题的决定》和《法治政府建设实施纲要(2015—2020年)》对全面推行行政执法公示制度、执法全过程记录制度、重大执法决定法制审核制度(三项制度)作出了具体部署、提出了明确要求。聚焦行政执法的源头、过程、结果等关键环节，全面推行"三项制度"，对促进严格规范公正文明执法具有基础性、整体性、突破性作用，对切实保障人民群众合法权益，维护政府公信力，营造更加公开透明、规范有序、公平高效的法治环境具有重要意义。

重大执法决定法制审核是确保行政执法机关作出的重大执法决定合法有效的关键环节。行政执法机关作出重大执法决定前，要严格进行法制审核，未经法制审核或者审核未通过的，不得作出决定。

关联法规

《国务院办公厅关于全面推行行政执法公示制度执法全过程记录制度重大执法决定法制审核制度的指导意见》四

第一百一十五条 【治安管理处罚决定书的内容】

公安机关作出治安管理处罚决定的，应当制作治安管理处罚决定书。决定书应当载明下列内容：

(一)被处罚人的姓名、性别、年龄、身份证件的名称和号码、住址；

(二)违法事实和证据；

(三)处罚的种类和依据；

(四)处罚的执行方式和期限；

（五）对处罚决定不服，申请行政复议、提起行政诉讼的途径和期限；

（六）作出处罚决定的公安机关的名称和作出决定的日期。

决定书应当由作出处罚决定的公安机关加盖印章。

▎条文注解 ······

无论是依照一般程序作出处罚还是当场处罚，都应当制作《治安管理处罚决定书》并交付行为人。《治安管理处罚决定书》应当列明本条规定的内容，这不仅是公安机关作出处罚的书面文件，也是行为人获得救济的凭证。

第一百一十六条 【宣告、交付、送达】

公安机关应当向被处罚人宣告治安管理处罚决定书，并当场交付被处罚人；无法当场向被处罚人宣告的，应当在二日以内送达被处罚人。决定给予行政拘留处罚的，应当及时通知被处罚人的家属。

有被侵害人的，公安机关应当将决定书送达被侵害人。

▎条文注解 ······

宣告、交付和送达是《治安管理处罚决定书》对被处罚人发生法律效力的前提，未告知违反治安管理行为人，或未交付、送达处罚决定书的，相关处罚对行为人不发生效力。被处罚人对处罚决定不服的，可以在法定期限内申请行政复议或提起行政诉讼。

关联法规

《公安机关办理行政案件程序规定》第36条、第176条

> 第一百一十七条 【听证】
>
> 公安机关作出吊销许可证件、处四千元以上罚款的治安管理处罚决定或者采取责令停业整顿措施前,应当告知违反治安管理行为人有权要求举行听证;违反治安管理行为人要求听证的,公安机关应当及时依法举行听证。
>
> 对依照本法第二十三条第二款规定可能执行行政拘留的未成年人,公安机关应当告知未成年人和其监护人有权要求举行听证;未成年人和其监护人要求听证的,公安机关应当及时依法举行听证。对未成年人案件的听证不公开举行。
>
> 前两款规定以外的案情复杂或者具有重大社会影响的案件,违反治安管理行为人要求听证,公安机关认为必要的,应当及时依法举行听证。
>
> 公安机关不得因违反治安管理行为人要求听证而加重其处罚。

条文注解

听证是指公安机关在作出有关治安管理处罚决定前,听取行为人的陈述、申辩,并组织质证、辩论,从而查明事实的程序。听证是听取当事人意见的重要法律程序。

1. 听证范围和启动

听证的范围:(1)吊销许可证;(2)处4000元以上罚款;(3)责令停业整顿;(4)依照《治安管理处罚法》第23条第2款规定对未成年人可能执行行政拘留;(5)其他案情复杂或者具有重大社会影响的案件。

公安机关并非直接进入听证程序,而是应当告知行为人其有权要

求听证。行为人要求听证的,公安机关收到听证申请后决定是否受理;认为听证申请人的要求不符合听证条件,决定不予受理的,应当制作不予受理听证通知书,告知听证申请人。

2. 听证期限

(1)申请期限:5日。根据《行政处罚法》,当事人要求听证的,应当在行政机关告知后5日内提出。(2)受理期限:2日。公安机关收到听证申请后,应当在2日内决定是否受理。逾期不通知听证申请人的,视为受理。(3)组织期限:10日。听证应当在公安机关收到听证申请之日起10日内举行。公安机关受理听证后,应当在举行听证的7日前将举行听证通知书送达听证申请人,并将举行听证的时间、地点通知其他听证参加人。

3. 听证程序

听证开始时,听证主持人核对听证参加人;宣布案由;宣布听证员、记录员和翻译人员名单;告知当事人在听证中的权利和义务;询问当事人是否提出回避申请;对不公开听证的行政案件,宣布不公开听证的理由。听证开始后,首先由办案人民警察提出听证申请人违法的事实、证据和法律依据及行政处罚意见。听证申请人可以就办案人民警察提出的违法事实、证据和法律依据以及行政处罚意见进行陈述、申辩和质证,并可以提出新的证据。听证申请人、第三人和办案人民警察可以围绕案件的事实、证据、程序、适用法律、处罚种类和幅度等问题进行辩论。辩论结束后,听证主持人应当听取听证申请人、第三人、办案人民警察各方最后陈述意见。

关联法规

《公安机关办理行政案件程序规定》第123~153条

第一百一十八条 【办案期限】

公安机关办理治安案件的期限,自立案之日起不得超过三十日;案情重大、复杂的,经上一级公安机关批准,可以延长三十日。期限延长以二次为限。公安派出所办理的案件需要延长期限的,由所属公安机关批准。

为了查明案情进行鉴定的期间、听证的期间,不计入办理治安案件的期限。

条文注解

情形	期限	备注	起算
一般情形	30日		受理之日起
案情重大、复杂	60日	上级机关批准	受理之日起
调解	起算日期:调解未达成协议或达成协议后不履行之日		

关联法规

《公安机关办理行政案件程序规定》第165条

第一百一十九条 【当场处罚】

违反治安管理行为事实清楚,证据确凿,处警告或者五百元以下罚款的,可以当场作出治安管理处罚决定。

条文注解

当场处罚是治安管理处罚在程序上的简化适用。为了保障公民的合法权益,适用当场处罚需满足以下条件:(1)事实清楚、证据确凿,即使处罚程序简化也应当满足"以事实为依据,以法律为准绳"的前提。(2)处罚条件。警告、500元以下罚款,当场处罚只能适用于这两种处罚类型;人民警察当场作出行政拘留处罚的,属于超越法定权限,继而无效。(3)当场处罚只能由人民警察作出。2025年《治安管理处罚法》规定,适用当场处罚的,可以由一名人民警察作出治安管理处罚决定。

值得注意的是,当场处罚与当场收缴罚款并非一个概念。原则上,公安机关作出罚款决定后,被处罚人在15日内到指定的银行或通过电子支付系统缴纳罚款。

关联法规 ●●●●●●

《公安机关办理行政案件程序规定》第37条、第38条

第一百二十条 【当场处罚决定程序】

当场作出治安管理处罚决定的,人民警察应当向违反治安管理行为人出示人民警察证,并填写处罚决定书。处罚决定书应当当场交付被处罚人;有被侵害人的,并应当将决定书送达被侵害人。

前款规定的处罚决定书,应当载明被处罚人的姓名、违法行为、处罚依据、罚款数额、时间、地点以及公安机关名称,并由经办的人民警察签名或者盖章。

适用当场处罚,被处罚人对拟作出治安管理处罚的内容及事实、理由、依据没有异议的,可以由一名人民警察作出治安管理处罚决定,并应当全程同步录音录像。

当场作出治安管理处罚决定的,经办的人民警察应当在二十四小时以内报所属公安机关备案。

条文注解 ●●●●●●

实施当场处罚,必须严格遵照法定程序,同时也应当听取行为人

的陈述和申辩,不得因为行为人申辩而加重处罚。人民警察应当向行为人出示人民警察证,这是依法治国中建设法治人才队伍的重要内容。

> **第一百二十一条 【不服处罚提起的复议或诉讼】**
> 被处罚人、被侵害人对公安机关依照本法规定作出的治安管理处罚决定,作出的收缴、追缴决定,或者采取的有关限制性、禁止性措施等不服的,可以依法申请行政复议或者提起行政诉讼。

条文注解

行政复议和行政诉讼是当事人不服治安管理处罚决定的两种救济途径。

行政复议,是指行政相对人认为行政主体的行政行为侵犯其合法权益,依法向行政复议机关提出复查该具体行政行为的申请,行政复议机关依照法定程序对被申请的具体行政行为进行合法性、适当性审查,并作出行政复议决定的一种法律制度。

处罚机关	被申请人	复议机关
派出所	派出所	区、县复议机构
区、县公安机关	区、县公安机关	区、县复议机构
市公安机关	市公安机关	市复议机构

行政诉讼是指公民、法人或者其他组织认为行政机关或法律、法规授权的组织的行政行为侵犯其合法权益,依法向人民法院请求司法保护,人民法院通过对被诉行政行为的合法性进行审查,在双方当事人和其他诉讼参与人的参与下,对该行政争议进行受理、审理、裁判以及执行裁判等,从而解决特定范围内行政争议的司法活动。

处罚机关	被告	法院
派出所	派出所	基层法院
区、县公安机关	区、县公安机关	基层法院
市公安机关	市公安机关	中级人民法院

第三节 执 行

第一百二十二条 【行政拘留处罚的执行】

对被决定给予行政拘留处罚的人,由作出决定的公安机关送拘留所执行;执行期满,拘留所应当按时解除拘留,发给解除拘留证明书。

被决定给予行政拘留处罚的人在异地被抓获或者有其他有必要在异地拘留所执行情形的,经异地拘留所主管公安机关批准,可以在异地执行。

条文注解

1. 执行机关

拘留所,是指公安机关依法将特定的人短时间拘禁留置的场所。拘禁的人犯包括:被公安机关、国家安全机关依法给予行政拘留处罚的人;被人民法院依法决定拘留的人;被公安机关依法给予现场行政强制措施性质拘留的人。

2. 给予行政拘留处罚,但不送拘留所执行

违法行为人具有下列情形之一,依法应当给予行政拘留处罚的,应当作出处罚决定,但不送拘留所执行:(1)已满14周岁不满16周岁的。(2)已满16周岁不满18周岁,初次违反治安管理或者其他公安行政管理的。但是,曾被收容教养、被行政拘留依法不执行行政拘留或者曾因实施扰乱公共秩序,妨害公共安全,侵犯人身权利、财产权

利,妨害社会管理的行为被人民法院判决有罪的除外。(3)70周岁以上的。(4)孕妇或者正在哺乳自己婴儿的妇女。

3. 行政拘留和强制隔离戒毒

对同时被决定行政拘留和社区戒毒或者强制隔离戒毒的人员,应当先执行行政拘留,由拘留所给予必要的戒毒治疗,强制隔离戒毒期限连续计算。拘留所不具备戒毒治疗条件的,行政拘留决定机关可以直接将被行政拘留人送公安机关管理的强制隔离戒毒所代为执行行政拘留,强制隔离戒毒期限连续计算。

关联法规

《公安机关办理行政案件程序规定》第164条、第220~222条,《拘留所条例实施办法》第1条

第一百二十三条 【当场收缴罚款范围】

受到罚款处罚的人应当自收到处罚决定书之日起十五日以内,到指定的银行或者通过电子支付系统缴纳罚款。但是,有下列情形之一的,人民警察可以当场收缴罚款:

(一)被处二百元以下罚款,被处罚人对罚款无异议的;

(二)在边远、水上、交通不便地区,旅客列车上或者口岸,公安机关及其人民警察依照本法的规定作出罚款决定后,被处罚人到指定的银行或者通过电子支付系统缴纳罚款确有困难,经被处罚人提出的;

(三)被处罚人在当地没有固定住所,不当场收缴事后难以执行的。

▎条文注解 ●●●●●

当场收缴罚款与当场处罚不是同一个概念,并且当场收缴罚款的适用范围更窄,只有法律规定的三种情形下才能适用当场收缴的规定。此外,基于一般程序作出的处罚决定,只要满足本条的要求,也可以当场收缴罚款。

▎关联法规 ●●●●●

《公安机关办理行政案件程序规定》第214条

> 第一百二十四条 【罚款缴纳期限】
> 人民警察当场收缴的罚款,应当自收缴罚款之日起二日以内,交至所属的公安机关;在水上、旅客列车上当场收缴的罚款,应当自抵岸或者到站之日起二日以内,交至所属的公安机关;公安机关应当自收到罚款之日起二日以内将罚款缴付指定的银行。

▎条文注解 ●●●●●

原则上,行政机关的罚款采用罚缴分离制度;当时在特殊情况下可以在作出罚款决定的当场要求被处罚人缴纳罚款,即本法123条的规定。因此,为了罚款上缴的效率和透明度,人民警察当场收缴的罚款,应当自收缴罚款之日起2日内,交至所属的公安机关。

▎关联法规 ●●●●●

《公安机关办理行政案件程序规定》第216条

第一百二十五条　【罚款收据】

人民警察当场收缴罚款的,应当向被处罚人出具省级以上人民政府财政部门统一制发的专用票据;不出具统一制发的专用票据的,被处罚人有权拒绝缴纳罚款。

条文注解

人民警察当场收缴罚款的,应当向被处罚人出具省级以上人民政府财政部门统一制发的专用票据。该规定主要是为了防止不开或者乱开罚款票据从而导致罚款不入账或者不上缴国库,防止滥罚款以及截留、挪用、贪污罚款,促进廉政建设,改善公安机关及其人民警察的形象。本条规定由省级以上人民政府财政部门统一制发专用票据,主要是为了对罚款情况进行财政监控。无论是人民警察当场收缴罚款,还是被处罚人自行到银行缴纳罚款,最终这些罚款都要全部上缴财政。因此,由财政部门统一制发罚款收据,可以对罚款进行严格控制,防止滥罚款以及截留、挪用、贪污罚款。

关联法规

《公安机关办理行政案件程序规定》第215条

第一百二十六条　【暂缓执行行政拘留】

被处罚人不服行政拘留处罚决定,申请行政复议、提起行政诉讼的,遇有参加升学考试、子女出生或者近亲属病危、死亡等情形的,可以向公安机关提出暂缓执行行政拘留的申请。公安机关认为暂缓执行行政拘留不致发生社会危险的,由被处罚人或者其近亲属提出符合本法第一百二十七条规定条件的担保人,或者按每日行政拘留二百元的标准交纳保证金,行政拘留的处罚决定暂缓执行。

正在被执行行政拘留处罚的人遇有参加升学考试、子女出生或者近亲属病危、死亡等情形,被拘留人或者其近亲属申请出所的,由公安机关依照前款规定执行。被拘留人出所的时间不计入拘留期限。

▍条文注解

1.适用范围:暂缓执行只适用于行政拘留,其他治安管理处罚如罚款等不适用暂缓执行。

2.适用前提:(1)申请行政复议;(2)提起行政诉讼;(3)参加升学考试;(4)子女出生;(5)近亲属病危、死亡;(6)法律规定的其他情形。

3.适用条件:(1)暂缓执行行政拘留不会导致社会危险;(2)被处罚人或其近亲属提出担保人或交纳保证金。

4.适用程序:(1)被处罚人向作出行政拘留决定的公安机关申请;(2)公安机关经过审查,确定保证人或收到保证金后作出暂缓执行的决定;(3)已经被拘留的行为人提出暂缓执行申请的,在公安机关作出暂缓执行决定前继续将被拘留人送至拘留所执行。

5.不适用暂缓执行的情形:(1)暂缓执行行政拘留后可能逃跑的;(2)有其他违法犯罪嫌疑,正在被调查或者侦查的;(3)不宜暂缓执行行政拘留的其他情形。

▍关联法规

《公安机关办理行政案件程序规定》第222~226条

第一百二十七条 【担保人的条件】
担保人应当符合下列条件:
(一)与本案无牵连;
(二)享有政治权利,人身自由未受到限制;
(三)在当地有常住户口和固定住所;
(四)有能力履行担保义务。

条文注解

1.与本案无牵连:担保人与被处罚人所涉及的治安案件没有任何利害关系,即担保人不是共同违反治安管理行为人,也不是本案的证人、被害人等。

2.享有政治权利:享有宪法和法律规定的选举权和被选举权,言论、出版、集会、结社、游行、示威自由的权利,担任国家机关职务的权利,担任国有公司、企事业单位和人民团体领导职务的权利。人身自由未受到限制:担保人未受到任何剥夺或者限制人身自由的刑事处罚,未被采取任何剥夺、限制人身自由的刑事、行政强制措施或者未受到限制人身自由的行政处罚,即未被刑事拘留、行政拘留、取保候审、监视居住等。

3.在当地有常住户口和固定住所:担保人在被处罚地有常住户口和固定的住所。暂住人口或者其他流动人员不能作为保证人。

4.有能力履行担保义务:担保人的年龄、体力与智力等条件能够保证其履行担保义务,如担保人必须达到一定年龄并具有完全民事行为能力、担保人的智力正常、担保人的身体状况能够使其完成监督被处罚人行为的义务等。

关联法规

《公安机关办理行政案件程序规定》第228条、第230条

第一百二十八条 【担保人的义务】

担保人应当保证被担保人不逃避行政拘留处罚的执行。

担保人不履行担保义务,致使被担保人逃避行政拘留处罚的执行的,处三千元以下罚款。

条文注解

暂缓执行行政拘留的担保人应当履行下列义务:(1)保证被担保人遵守《公安机关办理行政案件程序规定》第226条的规定;(2)发现被担保人伪造证据、串供或者逃跑的,及时向公安机关报告。暂缓执行行政拘留的担保人不履行担保义务,致使被担保人逃避行政拘留处罚执行的,公安机关可以对担保人处以3000元以下罚款,并对被担保人恢复执行行政拘留。

暂缓执行行政拘留的担保人履行了担保义务,但被担保人仍逃避行政拘留处罚执行的,或者被处罚人逃跑后,担保人积极帮助公安机关抓获被处罚人的,可以从轻或者不予行政处罚。

暂缓执行行政拘留的担保人在暂缓执行行政拘留期间,不愿继续担保或者丧失担保条件的,行政拘留的决定机关应当责令被处罚人重新提出担保人或者交纳保证金。不提出担保人又不交纳保证金的,行政拘留的决定机关应当将被处罚人送拘留所执行。

关联法规

《公安机关办理行政案件程序规定》第226条、第229条

第一百二十九条 【没收保证金】

被决定给予行政拘留处罚的人交纳保证金,暂缓行政拘留或者出所后,逃避行政拘留处罚的执行的,保证金予以没收并上缴国库,已经作出的行政拘留决定仍应执行。

条文注解

保证金应当由银行代收。在银行非营业时间,公安机关可以先行收取,并在收到保证金后的 3 日内存入指定的银行账户。公安机关应当指定办案部门以外的法制、装备财务等部门负责管理保证金。严禁截留、坐支、挪用或者以其他任何形式侵吞保证金。

关联法规

《公安机关办理行政案件程序规定》第 231 条、第 232 条第 2 款、第 233 条

第一百三十条 【退还保证金】

行政拘留的处罚决定被撤销,行政拘留处罚开始执行,或者出所后继续执行的,公安机关收取的保证金应当及时退还交纳人。

条文注解

行政拘留处罚被撤销或者开始执行或者出所后继续执行的,公安机关应当将保证金退还交纳人。被决定行政拘留的人逃避行政拘留处罚执行的,由决定行政拘留的公安机关作出没收或者部分没收保证金的决定,行政拘留的决定机关应当将被处罚人送拘留所执行。

关联法规

《公安机关办理行政案件程序规定》第 232 条第 1 款

第五章 执法监督

第一百三十一条 【执法原则】
公安机关及其人民警察应当依法、公正、严格、高效办理治安案件,文明执法,不得徇私舞弊、玩忽职守、滥用职权。

▍条文注解 ●●●●●●●

本条是对于公安机关及其人民警察执法原则的概括,包括依照法律规定公正执法、高效办案,文明执法,不得徇私舞弊、玩忽职守、滥用职权,既包含了正向倡导,也包含了反向禁止。同时,在本法第 139 条中,具体列举了人民警察在办理治安案件中可能出现的 14 种常见违法、违纪行为。如果有这些行为,对负有责任的领导人员和直接责任人员,将依法给予处分;构成犯罪的,则依法追究刑事责任。

▍关联法规 ●●●●●●●

《中华人民共和国刑法》第 397 条、第 402 条

第一百三十二条 【禁止行为】
公安机关及其人民警察办理治安案件,禁止对违反治安管理行为人打骂、虐待或者侮辱。

▍条文注解 ●●●●●●●

在办理治安案件中,禁止对违反治安管理行为人打骂、虐待或者侮辱,主要是指禁止对违反治安管理行为人实施殴打、捆绑、冻饿、罚

站、罚跪、嘲笑、辱骂等方法,也包括禁止长时间强光照射,采取车轮战术不让休息,不间断进行询问等变相体罚、虐待的方法。

实践证明,打骂、虐待、侮辱违法行为人不仅容易造成冤假错案,而且严重损害了公安机关及人民警察的形象和声誉。

部分案件中,有违法者比较顽抗或者态度嚣张,很难取得口供的,这个时候可以勘验、鉴定及其他取证方式获得定案证据,公安机关应重视调查研究,努力提高自身的办案水平和能力。

第一百三十三条 【监督方式】

公安机关及其人民警察办理治安案件,应当自觉接受社会和公民的监督。

公安机关及其人民警察办理治安案件,不严格执法或者有违法违纪行为的,任何单位和个人都有权向公安机关或者人民检察院、监察机关检举、控告;收到检举、控告的机关,应当依据职责及时处理。

条文注解

公安机关及其人民警察办理治安案件,应当自觉接受社会和公民的监督。

如果发现公安机关及其人民警察在办理治安管理案件时,有刑讯逼供、体罚、虐待、侮辱他人,收受他人财物或者谋取其他利益,私分、侵占、挪用、故意损毁收缴、扣押的财物,接到报警不出警,徇私舞弊、滥用职权等行为,任何单位和个人都有权向公安机关或者人民检察院、行政监察机关检举、控告;收到检举、控告的机关,应当依据职责及时处理。对直接负责的主管人员和其他直接责任人员给予相应的行政处分;构成犯罪的,依法追究刑事责任。

公安机关及其人民警察违法行使职权,侵犯公民、法人和其他组织合法权益的,应当赔礼道歉;造成损害的,还应当依法承担赔偿责任及相应的法律责任。

第一百三十四条 【与监察机关的联动】
公安机关作出治安管理处罚决定,发现被处罚人是公职人员,依照《中华人民共和国公职人员政务处分法》的规定需要给予政务处分的,应当依照有关规定及时通报监察机关等有关单位。

▍条文注解 ●●●●●●

本条为新增条款,明确提出公安机关在办理治安案件中,如果发现公职人员违法,应及时与监察机关进行联动。这种联动,一方面体现为及时将公职人员违反治安管理的行为及处罚结果通报给监察机关和所在工作单位;另一方面则是向监委提供并移送公职人员涉嫌贪污贿赂、失职渎职等违法或犯罪线索,由监委依法调查处置。

▍关联法规 ●●●●●●

《中华人民共和国监察法》第 4 条、第 11 条、第 15 条、第 22 条

第一百三十五条 【罚缴分离原则】
公安机关依法实施罚款处罚,应当依照有关法律、行政法规的规定,实行罚款决定与罚款收缴分离;收缴的罚款应当全部上缴国库,不得返还、变相返还,不得与经费保障挂钩。

▍条文注解 ●●●●●●

罚缴分离原则是指作出罚款决定的行政机关应当与收缴罚款的机构分离,作出处罚决定的行政机关及其执法人员不得自行收缴罚款。当事人应当在法定期限内到指定的银行或电子支付系统缴纳罚

款,罚款全部上缴国库。

罚款路径一般为两种:(1)违法人员—银行或电子支付系统—国家;(2)当场收缴。

罚款、没收违法所得或者没收非法财物拍卖的款项,必须全部上缴国库。任何行政机关或者个人不得以任何形式私分、截留;财政部门不得以任何形式向行政处罚决定机关返还。当场收缴的,则依照《行政处罚法》等法律规定的当场收缴罚款的条件和收缴办法办理。

■ 关联法规 ●●●●●●●

《罚款决定与罚款收缴分离实施办法》第1~15条

第一百三十六条 【违法记录封存制度】
违反治安管理的记录应当予以封存,不得向任何单位和个人提供或者公开,但有关国家机关为办案需要或者有关单位根据国家规定进行查询的除外。依法进行查询的单位,应当对被封存的违法记录的情况予以保密。

■ 条文注解 ●●●●●●●

本条为新增条款。中国第一次以立法的形式确立的未成年人刑事犯罪记录封存制度体现在2012年3月14日第十一届全国人民代表大会第五次会议表决通过的《刑事诉讼法》第275条,该条明确规定:犯罪的时候不满18周岁,被判处五年有期徒刑以下刑罚的,应当对相关犯罪记录予以封存。犯罪记录被封存的,不得向任何单位和个人提供,但司法机关为办案需要或者有关单位根据国家规定进行查询的除外。依法进行查询的单位,应当对被封存的犯罪记录的情况予以保密。从此明确规定了对犯罪的未成年人实行犯罪记录封存制度,给有过犯罪记录的未成年人改过自新、回归社会的机会,避免前科带来的负面影响,使其能够平等地享有与其他正常人一样的权利。此次《治安管理处罚法》的大修,一定程度上吸收了《刑事诉讼法》上未成年人犯罪记录封存制度。

▍关联法规 ●●●●●●

《刑事诉讼法》第286条,《关于未成年人犯罪记录封存的实施办法》

第一百三十七条 【录音录像制度】

公安机关应当履行同步录音录像运行安全管理职责,完善技术措施,定期维护设施设备,保障录音录像设备运行连续、稳定、安全。

▍条文注解 ●●●●●●

技术与科技的发展,也会给执法领域带来重大改变,本条为新增条款。明确要求公安机关履行安全管理职责,保障录音录像设备运行连续、稳定、安全。

出警时使用执法记录仪已经成为我国执法工作中的常态与标配。经过多年司法实践,使用执法记录仪对执法活动进行现场视音频记录,有如下几个方面的作用:(1)约束和监督执法人员的执法行为,体现司法活动的公开、公平和公正;(2)对执法人员是一种保护,可以避免正常的执法行为被诬告或破坏;(3)对涉案人员是一种威慑和监督,可以在一定程度上防止涉案人员的肆意妄为或无理取闹,也间接地保障了执法人员的人身安全;(4)通过全程录音、录像固定证据,清楚、直观地证明执法活动的真实性、科学性和合法性,提高证据的可信度和证明力。

公安部2016年专门制定印发《公安机关现场执法视音频记录工作规定》,明确规定六类现场执法活动应进行全程录音录像记录。这六类现场执法活动包括：接受群众报警或者110指令后处警；当场盘问、检查；办理行政、刑事案件进行现场勘验、检查、搜查、扣押、辨认、扣留；处置重大突发事件、群体性事件等。该规定还明确提出，现场执法视音频记录应当重点摄录五方面内容：执法现场环境；违法犯罪嫌疑人、被害人、被侵害人和证人等现场人员的体貌特征和言行举止；重要涉案物品及其主要特征，以及其他可以证明违法犯罪行为的证据等，对执法细节明确得十分清晰。

▌关联法规 ●●●●●●●

《公安机关现场执法视音频记录工作规定》

> **第一百三十八条 【依法提取、采集、保管人体生物识别信息】**
> 公安机关及其人民警察不得将在办理治安案件过程中获得的个人信息，依法提取、采集的相关信息、样本用于与治安管理、查处犯罪无关的用途，不得出售、提供给其他单位或者个人。

▌条文注解 ●●●●●●●

生物科技的发展与进步，也给行政执法带来了深刻的影响，本条为新增条款。

现在几乎全中国有身份证的人的指纹都收录公安部指纹库中，为案件侦破带来极大的助力。除指纹，其他如肖像、血液、毛发、脱氧核糖核酸（DNA）序列等人体生物识别信息的采集也非常广泛。公安机关及其人民警察在办理治安管理案件中，为了确定被害人、犯罪嫌疑人的某些特征、伤害情况或者生理状态，可依法采集人体生物识别信息；与此同时，法律明确要求公安机关及其人民警察应依法提取、采集、保管，只能将此样本用于治安管理、打击犯罪，不得出售、提供给他人。

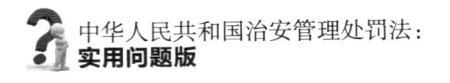

关联法规

《公安机关办理行政案件程序规定》第 83 条

第一百三十九条 【行政处分、刑事处罚的规定】

人民警察办理治安案件,有下列行为之一的,依法给予处分;构成犯罪的,依法追究刑事责任:

(一)刑讯逼供、体罚、打骂、虐待、侮辱他人的;

(二)超过询问查证的时间限制人身自由的;

(三)不执行罚款决定与罚款收缴分离制度或者不按规定将罚没的财物上缴国库或者依法处理的;

(四)私分、侵占、挪用、故意损毁所收缴、追缴、扣押的财物的;

(五)违反规定使用或者不及时返还被侵害人财物的;

(六)违反规定不及时退还保证金的;

(七)利用职务上的便利收受他人财物或者谋取其他利益的;

(八)当场收缴罚款不出具专用票据或者不如实填写罚款数额的;

(九)接到要求制止违反治安管理行为的报警后,不及时出警的;

(十)在查处违反治安管理活动时,为违法犯罪行为人通风报信的;

(十一)泄露办理治安案件过程中的工作秘密或者其他依法应当保密的信息的;

(十二)将在办理治安案件过程中获得的个人信息,依法提取、采集的相关信息、样本用于与治安管理、查处犯罪无关的用途,或者出售、提供给其他单位或者个人的;

第五章　执法监督

(十三)剪接、删改、损毁、丢失办理治安案件的同步录音录像资料的;

(十四)有徇私舞弊、玩忽职守、滥用职权,不依法履行法定职责的其他情形的。

办理治安案件的公安机关有前款所列行为的,对负有责任的领导人员和直接责任人员,依法给予处分。

条文注解

本条具体列举了14项人民警察办理治安案件中可能存在的违法违纪行为,具体包括如下三类:

(1)对人的行为:刑讯逼供、体罚、打骂、虐待、侮辱他人的;超过询问查证的时间限制人身自由的。(2)与财产相关的:不执行罚款决定与罚款收缴分离制度或者不按规定将罚没的财物上缴国库或者依法处理的;当场收缴罚款不出具专用票据或者不如实填写罚款数额的;私分、侵占、挪用、故意损毁所收缴、追缴、扣押的财物的;违反规定使用或者不及时返还被侵害人财物的;违反规定不及时退还保证金的;利用职务上的便利收受他人财物或者谋取其他利益的。(3)涉嫌违规违法的:为违法犯罪行为人通风报信的;泄露办理治安案件过程中的工作秘密或者其他依法应当保密的信息的;将在办理治安案件过程中获得的个人信息,依法提取、采集的相关信息、样本用于与治安管理、查处犯罪无关的用途,或者出售、提供给其他单位或者个人的;剪接、删改、损毁、丢失办理治安案件的同步录音录像资料的;有徇私舞弊、玩忽职守、滥用职权,不依法履行法定职责的其他情形的。

被处罚人、受害人以及其他利害关系人如果遇到如上行为,可以依法申请行政复议或者提起行政诉讼,或者向有关单位举报、投诉。

关联法规 ●●●●●●

《中华人民共和国行政复议法》第2条、第11条,《中华人民共和国行政诉讼法》第2条、第12条

> **第一百四十条　【赔偿责任】**
> 公安机关及其人民警察违法行使职权,侵犯公民、法人和其他组织合法权益的,应当赔礼道歉;造成损害的,应当依法承担赔偿责任。

条文注解 ●●●●●●

人民警察在办理治安管理案件中的履职行为代表了公安机关,如果违法行使职权,造成公民、法人和其他组织合法权益受损,经行政复议或者行政诉讼的生效判决确认,应当依法承担相应的赔偿责任。同时《治安管理处罚法》还明确规定了"应当赔礼道歉",体现了公安机关勇于认错、敢于认错的工作态度。

关联法规 ●●●●●●

《中华人民共和国行政复议法》第72条,《中华人民共和国行政诉讼法》第76条、第77条,《中华人民共和国国家赔偿法》第3~8条、第16~21条

第六章 附　　则

第一百四十一条 【其他法律有关规定的适用】

其他法律中规定由公安机关给予行政拘留处罚的,其处罚程序适用本法规定。

公安机关依照《中华人民共和国枪支管理法》、《民用爆炸物品安全管理条例》等直接关系公共安全和社会治安秩序的法律、行政法规实施处罚的,其处罚程序适用本法规定。

本法第三十二条、第三十四条、第四十六条、第五十六条规定给予行政拘留处罚,其他法律、行政法规同时规定给予罚款、没收违法所得、没收非法财物等其他行政处罚的行为,由相关主管部门依照相应规定处罚;需要给予行政拘留处罚的,由公安机关依照本法规定处理。

条文注解

本条为新增条款。公安机关是拥有执法权的行政机关,如有其他法律具体规定由公安机关予以行政拘留处罚,则按照本法及相应的法律规定具体执行。

对于公安机关依据《枪支管理法》《民用爆炸物品安全管理条例》等与公共安全和社会治安秩序息息相关的法律、行政法规,具体实施进行处罚的,也可适用本法及相应的法律规定。

这意味着,本法相关规定是公安机关进行行政执法过程中重要的程序性依据。

关联法规 •••••••

《中华人民共和国枪支管理法》第40~45条,《民用爆炸物品安全管理条例》第44~52条

> **第一百四十二条 【海警机构履责】**
> 海警机构履行海上治安管理职责,行使本法规定的公安机关的职权,但是法律另有规定的除外。

条文注解 •••••••

本条为新增条款,明确规定海警机构履行海上治安管理职责的,除法律另有规定的之外,享有并行使公安机关及人民警察依据本法规定的相关职权。

关联法规 •••••••

《中华人民共和国海警法》第37条、第58条

> **第一百四十三条 【"以上"、"以下"、"以内"的含义】**
> 本法所称以上、以下、以内,包括本数。

条文注解 •••••••

本条沿用了先前规定,以上、以下、以内,均包括本数。如本法多条中规定的"处五日以上十日以下拘留",即包括五日和十日本身,可以拘留五日、六日、七日、八日、九日或十日。

> **第一百四十四条 【生效日期】**
> 本法自2026年1月1日起施行。

实用问题

第一章 《治安管理处罚法》的一般常识

1. 治安管理处罚与刑事处罚有什么不同？

《治安管理处罚法》又被称为"小刑法"。它与《刑法》一样，都规范扰乱公共秩序，妨害公共安全，侵犯人身权利、财产权利，妨害社会管理，具有社会危害性的行为，但其区别也很大。治安管理处罚是公安机关依照《治安管理处罚法》的规定，对违反治安管理的行为所给予的行政制裁，治安管理处罚在性质上属于行政处罚。而刑罚是刑事法律中规定的对构成犯罪的人采取的刑事处罚措施，要由法院依法进行审判。两者在性质上有着本质的差别。

所以说，违反治安管理规定的行为虽然也具有一定的社会危害性，但尚未达到犯罪的严重程度，违法行为人尚无须接受刑事处罚，而由公安机关依据有关治安处罚的法律规定予以处罚即可。

2. 治安管理处罚法的空间效力范围如何？时间上怎么适用？

在中华人民共和国领域内、船舶和航空器内发生的违反治安管理行为，除法律有特别规定的外，都适用《治安管理处罚法》。

时间上的适用问题，就是法律的溯及力，也称法律溯及既往的效力，是指法律对其生效以前的事件和行为是否适用。《治安管理处罚法》不溯及既往，按照"从旧兼从轻"的原则。即新《治安管理处罚法》施行后，对其施行前发生且尚未作出处罚决定的违反治安管理行为，适用之前的《治安管理处罚法》；但是，如果新《治安管理处罚法》不认为是违反治安管理行为或者处罚较轻的，就适用新《治安管理处罚法》。

3. 实施治安管理处罚和办理治安案件的基本原则是什么？

治安管理处罚必须以事实为依据，与违反治安管理行为的事实、

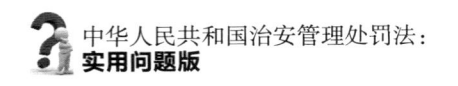

性质、情节以及社会危害程度相当。实施治安管理处罚,应当公开、公正,尊重和保障人权,保护公民的人格尊严。

办理治安案件应当坚持教育与处罚相结合的原则,充分释法说理,教育公民、法人或者其他组织自觉守法。

4. 治安案件的管辖是如何设置的?

就地域而言,治安案件由违反治安管理行为发生地的公安机关管辖;由违法行为人居住地公安机关管辖更为适宜的,可以由违法行为人居住地公安机关管辖,但是涉及卖淫、嫖娼,引诱、容留、介绍卖淫,赌博的案件除外。

几个公安机关都有权管辖的行政案件,由最初受理的公安机关管辖。必要时,可以由主要违法行为地公安机关管辖。对管辖权发生争议的,报请共同的上级公安机关指定管辖。对于重大、复杂的案件,上级公安机关可以直接办理或者指定管辖。

在一般的管辖原则外,对一些特殊领域的治安案件,管辖有特别的规定,主要包括以下几种:

(1)铁路公安机关管辖列车上,火车站工作区域内,铁路系统的机关、厂、段、所、队等单位内发生的行政案件,以及在铁路线上放置障碍物或者损毁、移动铁路设施等可能影响铁路运输安全、盗窃铁路设施的行政案件。对倒卖、伪造、变造火车票案件,由最初受理的铁路或者地方公安机关管辖。必要时,可以移送主要违法行为发生地的铁路或者地方公安机关管辖。

(2)交通公安机关管辖港航管理机构管理的轮船上、港口、码头工作区域内和港航系统的机关、厂、所、队等单位内发生的行政案件。

(3)民航公安机关管辖民航管理机构管理的机场工作区域以及民航系统的机关、厂、所、队等单位内和民航飞机上发生的行政案件。

(4)国有林区的森林公安机关管辖林区内发生的行政案件。

（5）海关缉私机构管辖阻碍海关缉私警察依法执行职务的治安案件。

（6）针对或者利用网络实施的违法行为,用于实施违法行为的网站服务器所在地、网络接入地以及网站建立者或者管理者所在地,被侵害的网络及其运营者所在地,违法过程中违法行为人、被侵害人使用的网络及其运营者所在地,被侵害人被侵害时所在地,以及被侵害人财产遭受损失地公安机关可以管辖。

5. 治安管理处罚的类型有哪几种？

《治安管理处罚法》中规定了四种处罚类型,即警告、罚款、行政拘留、吊销公安机关发放的许可证件。

对违反治安管理的外国人,还可以附加适用限期出境或者驱逐出境。

警告是一种精神罚;警告的处罚由县级以上公安机关决定,也可以由公安派出所决定。罚款是对违反治安管理行为人处以支付一定金钱义务的处罚,一般由县级以上公安机关决定;但是对于1000元以下的罚款,可以由公安派出所决定。行政拘留是短期内剥夺违反治安管理行为人人身自由的一种处罚,分为5日以下、5日以上10日以下、10日以上15日以下三个档次,拘留处罚只能由县级以上公安机关决定;吊销公安机关发放的许可证件是剥夺违反治安管理行为人已经取得的行政许可证件,其处罚应当由县级以上公安机关决定。

6. 遭他人殴打致伤,公安机关对侵害人实施治安处罚后,受害人还能向侵害人主张赔偿吗？

依照法律规定,违反治安管理的行为对他人造成损害的,行为人或者其监护人应当依法承担民事责任。当事人可以依法向人民法院提起民事诉讼。所以虽然侵害实施者已经接受了公安机关的处罚,受

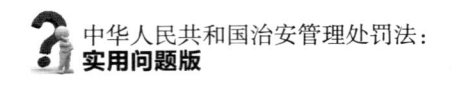

害一方仍有权追究他的民事责任,让他赔偿。

赔偿的损失费或者负担的医疗费用是指由违反治安管理的行为造成的直接的经济损失,包括:因伤害造成误工的工资和奖金、损失的物品、治伤的医疗费、因伤害看病所乘合理的交通工具费以及公安机关认为应当赔偿的其他损失、费用,医疗费用以公安机关认可的医院所开具的收据为准(急诊除外)。被侵害人是城镇个体经营者、农民和其他无固定工资收入的人员,需要赔偿其误工收入的,以行为人所在县(市)区上年度人均收入为标准按时计算。

7. 治安管理处罚案件可以调解吗?如果要调解,应怎样进行?

一般情况下,对因民间纠纷引起的打架斗殴或者损毁他人财物以及其他违反治安管理行为,情节较轻的,公安机关本着化解矛盾纠纷、维护社会稳定、构建和谐社会的要求,依法尽量予以调解处理。特别是对因家庭、邻里、同事之间纠纷引起的违反治安管理行为,情节较轻,双方当事人愿意和解的,如制造噪声、发送信息、饲养动物干扰他人正常生活、放任动物恐吓他人、侮辱、诽谤、诬告陷害、侵犯隐私、偷开机动车等治安案件,公安机关都可以调解处理。但是有下列情形之一的,不适用调解处理:

(1)雇凶伤害他人的;

(2)结伙斗殴或者其他寻衅滋事的;

(3)多次实施违反治安管理行为的;

(4)当事人明确表示不愿意调解处理的;

(5)当事人在治安调解过程中又针对对方实施违反治安管理行为的;

(6)调解过程中,违法嫌疑人逃跑的;

(7)其他不宜调解处理的。

为确保调解取得良好效果,调解前应当及时依法做深入细致的调查取证工作,以查明事实、收集证据、分清责任。调解达成协议的,应当制作调解书,交双方当事人签字。当事人中有未成年人的,调解时未成年当事人的父母或者其他监护人应当在场。对因邻里纠纷引起的伤害案件进行调解时,可以邀请当地居民委员会、村民委员会的人员或者双方当事人熟悉的人员参加。

对不构成违反治安管理行为的民间纠纷,公安机关会告知当事人向人民法院或者人民调解组织申请处理。

8. 调解的次数和时间有限制吗?

调解原则上是进行一次,必要时可以增加一次。对明显不构成轻伤、不需要伤情鉴定的治安案件,在受理案件后的3个工作日内完成调解;对需要伤情鉴定的治安案件,在伤情鉴定文书出具后的3个工作日内完成调解。对一次调解不成,有必要再次调解的,应当在第一次调解后的7个工作日内完成第二次调解。

9. 治安管理案件中调解达成协议之后,当事人又反悔的,怎么办?

如果经调解未达成协议或者达成协议后不履行的,双方又反悔的,这时就跟没进行过调解一样,还是按照之前应该走的程序走。公安机关依旧会依照《治安管理处罚法》的规定对违反治安管理行为人给予相应的处罚,而当事人仍然可以就民事争议依法向人民法院提起民事诉讼。

10. 治安管理案件中有哪些行政强制措施?

治安管理处罚程序中会采取一些强制措施。以其调整的内容为标准,可将行政强制措施分为人身方面的强制措施、财产方面的强制措施和对经营活动(行为)方面的强制措施。

对人身方面的强制措施包括责令严加管教、责令严加看管和治疗、约束、责令不得进入体育场馆观看同类比赛、强制带离现场、责令停止活动立即疏散、强制戒毒、强制传唤等。对财产方面的强制措施包括查封、冻结、扣押、划拨、扣缴、收缴、追缴、强制拆除等。对经营活动方面的强制措施包括责令改正、取缔等。

11. 公安机关办理治安案件查获的违禁品、违法行为人本人的工具应如何处理？

公安机关在办理治安案件中查获的毒品、淫秽物品等违禁品，赌具和赌资，吸食、注射毒品的用具，伪造、变造的公文、证件、证明文件、票证、印章等，倒卖的有价票证，主要用于实施违法行为的本人所有的工具（如果有案外人主张工具是属于他合法所有的，需要有证据证明，否则直接认定为违法行为人本人所有）以及直接用于实施毒品违法行为的资金，会被依法予以收缴。一般情况下收缴的决定由县级以上公安机关做出。但是，违禁品，管制器具，吸食、注射毒品的用具以及非法财物价值在500元以下且当事人对财物价值无异议的，公安派出所可以收缴。

对于违反治安管理所得的财物，应当依法予以追缴或者没收。多名违法行为人共同实施违法行为，违法所得或者非法财物无法分清所有人的，作为共同违法所得或者非法财物予以处理。追缴由县级以上公安机关决定。但是，追缴违法所得的财物应当退还被侵害人的，公安派出所可以追缴。

公安机关对收缴和追缴的财物，经原决定机关负责人批准，会按照规定分别处理：

（1）属于被侵害人或者善意第三人的合法财物，应当及时返还；

（2）没有被侵害人的，登记造册，按照规定上缴国库或者依法变卖或者拍卖后，将所得款项上缴国库；

（3）违禁品、没有价值的物品，或者价值轻微，无法变卖或者拍卖的物品，统一登记造册后予以销毁；

（4）对无法变卖或者拍卖的危险物品，由县级以上公安机关主管部门组织销毁或者交有关厂家回收。

对应当退还原主的财物，公安机关会通知原主在 6 个月内来领取；原主不明确的，会采取公告方式告知原主认领。在通知原主或者公告后 6 个月内，无人认领的，按无主财物处理，登记后上缴国库，或者依法变卖或者拍卖后，将所得款项上缴国库。遇有特殊情况的，可酌情延期处理，延长期限最长不超过 3 个月。

12. 未成年人违反治安管理应承担责任吗？

已满 14 周岁不满 18 周岁的人违反治安管理的，从轻或者减轻处罚；不满 14 周岁的人违反治安管理的，不予处罚，但是应当责令其监护人对其严加管教。

13. 醉酒的人违反治安管理应承担责任吗？

醉酒不能作为免责的理由。按照本法第 15 条的规定，醉酒的人违反治安管理的，应当给予处罚。所以如果想以醉酒为借口，想避过治安管理处罚是不可行的。

醉酒的人在醉酒状态中，对本人有危险或者对他人的人身、财产或者公共安全有威胁的，应当对其采取保护性措施约束至酒醒。

醉酒主要包括生理性醉酒和病理性醉酒。由于病理性醉酒属于精神病的范畴，可能会不予处罚。我们这里说的"醉酒"指的是生理性醉酒，即普通醉酒，是通常最多见的一种急性酒精中毒。生理醉酒人实施违反治安管理的行为应当负责任，主要根据在于：（1）医学证明，生理醉酒人的辨认和控制能力只是有所减弱，但并未完全丧失，不属于无责任能力人；（2）生理醉酒人在醉酒前对自己醉酒后可能实施违

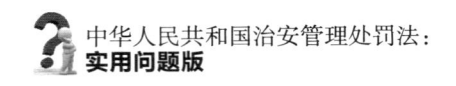

反治安管理的行为应当预见到,甚至已有所预见,在醉酒状态下实施危害行为时具备故意的条件;(3)醉酒完全是人为的,是可以戒除的。

14. 精神病人、智力残疾人违反治安管理应承担责任吗?

精神病人、智力残疾人在不能辨认或者不能控制自己行为的时候违反治安管理的,不予处罚,但是应当责令其监护人严加看护管理和治疗。间歇性的精神病人在精神正常的时候违反治安管理的,应当给予处罚。尚未完全丧失辨认或者控制自己行为能力的精神病人、智力残疾人违反治安管理的,应当给予处罚,但是可以从轻或者减轻处罚。

15. 盲、聋、哑人违反治安管理的,是否应承担责任?

盲人或者又聋又哑的人违反治安管理的,应当承担责任,但可以从轻、减轻或者不予处罚。注意,这里要求是"又聋又哑",不是"聋或哑"。

16. 违法行为人如果有两种违法行为怎么处理?如果被处以拘留,应如何决定执行拘留的时间?

如果行为人有两种以上违反治安管理行为,由公安机关分别决定,合并执行处罚。如果是决定给予行政拘留处罚合并执行的,最长不超过20日。

17. 共同违反治安管理的如何处理?

如果是行为人共同实施了违反治安管理的行为,会根据行为人在违反治安管理行为中所起的作用,分别予以处罚。

其中教唆、胁迫、诱骗他人违反治安管理的,按照其教唆、胁迫、诱骗的行为处罚。

18. 单位违反治安管理的如何处理？

单位也可以作为治安管理处罚的对象。参照刑法的规定,单位是指公司、企业、事业单位、机关、团体。

单位违反治安管理的,对其直接负责的主管人员和其他直接责任人员依照本法的规定处罚。其他法律、行政法规对同一行为明确规定由公安机关给予单位警告、罚款、没收违法所得、没收非法财物等处罚,或者采取责令其限期停业整顿、停业整顿、取缔等强制措施的,应当依照其规定办理。对被依法吊销许可证的单位,应当同时依法收缴非法财物、追缴违法所得。

19. 哪些违反治安管理的情形可以从轻、减轻或者不予处罚？

违反治安管理有下列情形之一的,可以从轻、减轻或者不予处罚:

(1)情节轻微的;
(2)主动消除或者减轻违法后果的;
(3)取得被侵害人谅解的;
(4)出于他人胁迫或者诱骗的;
(5)主动投案,向公安机关如实陈述自己的违法行为的;
(6)有立功表现的。

此外,违反治安管理行为人自愿向公安机关如实陈述自己的违法行为、承认违法事实,愿意接受处罚的,可以依法从宽处理。

20. 哪些违反治安管理的情形会从重处罚？

违反治安管理有下列情形之一的,从重处罚:

(1)有较严重后果的;
(2)教唆、胁迫、诱骗他人违反治安管理的;
(3)对报案人、控告人、举报人、证人打击报复的;

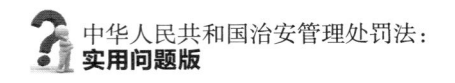

（4）1年以内曾受过治安管理处罚的。

21. 哪些违反治安管理的情形，应当给予行政拘留处罚的，可以不执行行政拘留处罚？

违反治安管理行为人有下列情形之一，依照治安管理处罚法应当给予行政拘留处罚的，不执行行政拘留处罚：

（1）已满14周岁不满16周岁的；
（2）已满16周岁不满18周岁，初次违反治安管理的；
（3）70周岁以上的；
（4）怀孕或者哺乳自己不满1周岁婴儿的。

上述第1项、第2项、第3项规定的行为人违反治安管理情节严重影响恶劣的，或者第1项、第3项规定的行为人在1年以内2次以上违反治安管理的，不受上述规定的限制。

22. "初次违反治安管理"是什么意思？

"初次违反治安管理"，是指行为人违反治安管理行为第一次被公安机关发现或者查处。但具有下列情形之一的，不属于"初次违反治安管理"：

（1）曾违反治安管理，虽未被公安机关发现或者查处，但仍在法定追究时效内的；
（2）曾因不满16周岁违反治安管理，不执行行政拘留的；
（3）曾违反治安管理，经公安机关调解结案的；
（4）曾被收容教养的；
（5）曾因实施扰乱公共秩序，妨害公共安全，侵犯人身权利、财产权利，妨害社会管理的行为被人民法院判处刑罚或者免除刑事处罚的。

23. 关于未达目的违反治安管理行为，如何处理？

行为人为实施违反治安管理行为准备工具、制造条件的，不予处罚。行为人自动放弃实施违反治安管理行为或者自动有效地防止违反治安管理行为结果发生，没有造成损害的，不予处罚；造成损害的，应当减轻处罚。行为人已经着手实施违反治安管理行为，但由于本人意志以外的原因而未得逞的，应当从轻处罚、减轻处罚或者不予处罚。

24. 违反治安管理行为的追究时效是多久？如何计算？

治安处罚的时效是指在一定时间内，公安机关有权对违反《治安管理处罚法》的人根据规定进行相应的处罚，逾期不予追究。也就是说，如果违反治安管理行为在 6 个月以内没有被公安机关发现，不再处罚，即追究时效为 6 个月。

追究时效从违反治安管理行为发生之日起计算；违反治安管理行为有连续或者继续状态的，从行为终了之日起计算。如本法第 84 条中规定的"非法持有少量毒品"的行为，持有就是一种持续行为，当毒品在一定时间内由行为人支配时，就构成持有，至于时间的长短，则并不影响持有的成立。这种持有的状态可能持续过很长一段时间，计算追究时效的话从持有行为结束时起算。

25. 公安机关能不能作出吊销营业执照的治安管理处罚？

公安机关只能吊销公安机关发放的许可证件，不能吊销营业执照。吊销营业执照属于市场监管执法中的一项惩罚条款，当企业或商铺触及某些不合市场监管规定时，市场监管部门会对其执行吊销营业执照的处罚。

公安机关发放的许可证件主要是针对一些特殊行业和情况，包括经营典当业特种行业许可证，旅馆业特种行业许可证，公章刻制业特

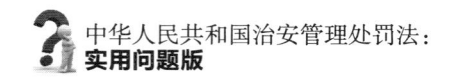

种行业许可证,印刷业特种行业许可证,易制毒化学品、剧毒化学品运输许可证,易制毒化学品购买许可证(一类非药品类),影响交通安全占道施工许可证,大型群众文化体育活动安全许可证,焰火燃放许可证,焰火晚会烟花爆竹燃放许可证,在城市、风景名胜区和重要工程设施附近实施爆破作业许可证,爆破作业单位许可证等。

26. 什么是制止行为?制止行为明显超过必要限度需要承担什么责任?

正当防卫制度(又称自我防卫,简称自卫),在我国《刑法》《民法典》中均有规定,是国家为保护公民的合法权益而设计的一项制度。2025年《治安管理处罚法》修订后对"制止行为"进行了规定,这一规定可以说是治安管理中的"正当防卫制度"。其与紧急避难、自助行为皆为权利的自力救济方式。

《治安管理处罚法》规定,为了免受正在进行的不法侵害而采取的制止行为,造成损害的,不属于违反治安管理行为,不受处罚;制止行为明显超过必要限度,造成较大损害的,依法给予处罚,但是应当减轻处罚;情节较轻的,不予处罚。

判断是否构成制止行为,可从以下五个方面着手:

(1)起因条件:侵害现实存在,即必须是具有客观存在的不法侵害,不能是当事人误以为存在不法侵害。

(2)时间条件:侵害正在进行,对合法权益造成威胁性和紧迫性。不法侵害的开始时间,一般认为以不法侵害人着手实施侵害行为时开始,但是在不法侵害的现实威胁已经十分明显紧迫且若待其实施后将造成不可弥补的后果时,可以认为侵害行为已经开始。

(3)主观条件:当事人应是认识到不法侵害正在进行,出于保护合法权益而采取制止行为的。

(4)对象条件:制止行为必须是针对侵害人本人的。

(5)限度条件:没有明显超过必要限度。制止行为应在必要合理的限度内进行,否则就构成行为过当;若造成较大损害,依法给予处罚。

27.什么是紧急避险?实施紧急避险必须符合哪些条件?

紧急避险,是指为了国家、公共利益,本人或者他人的人身、财产和其他权利免受正发生的危险,不得已而采取的损害另一较小合法权益的行为,其同样是一种权利的自力救济方式。

如何判断一种行为是否属于紧急避险?可以从以下几个方面来具体判断:

(1)避险意图。避险意图是紧急避险构成的主观条件,指行为人实行紧急避险的目的在于使国家、公共利益,本人或者他人的人身、财产和其他权利免受正在发生的危险。也就是说,行为人实行紧急避险,必须是为了保护合法利益。

(2)避险起因。避险起因是指只有存在对国家、公共利益,本人或者他人的人身、财产和其他权利的危险,才能实行紧急避险。危险首先是人的行为,而且必须是危害社会的违法行为。前面已经说过,对于合法行为,不能实行紧急避险。其次是自然灾害,如火灾、洪水、狂风、大浪、山崩、地震等。最后是动物的侵袭,如牛马践踏、猛兽追扑等。

如果实际并不存在危险,由于对事实的认识错误,行为人善意地误认为存在这种危险,因而实行了所谓紧急避险,在刑法理论上称为假想避险。假想避险的责任,适用对事实认识错误的解决原则。

(3)避险客体。紧急避险是采取损害一种合法权益的方法保全另一种合法权益,所损害的客体是第三者的合法权益。损害的对象不同,是紧急避险与正当防卫的重要区别之一。

(4)避险时间。紧急避险的时间条件,是指正在发生的危险必须是迫在眉睫,对国家、公共利益和其他合法权利已直接构成了威胁。对于尚未到来或已经过去的危险,都不能实行紧急避险;否则,就是避险不适时。

（5）避险可行性。紧急避险的可行性条件,是指只有在不得已即没有其他方法可以避免危险时,才允许实行紧急避险。这也是紧急避险和正当防卫的重要区别之一。只有当紧急避险成为唯一可以免遭危险的方法时,才允许实行。

《刑法》第21条第3款规定:关于避免本人危险的规定,不适用于职务上、业务上负有特定责任的人。这是因为在发生紧急危险的情况下,这些负有特定责任的人应积极参加抢险救灾,履行其特定义务,而不允许他们以紧急避险为由临阵脱逃,玩忽职守。

（6）避险限度。紧急避险的限度条件,是指紧急避险行为不能超过其必要限度,造成不应有的损害。限度衡量的标准是:紧急避险行为所引起的损害应小于所避免的损害。

紧急避险行为所引起的损害之所以应小于所避免的损害,就在于紧急避险所保护的权益同避险所损害的第三者的权益,两者都是法律所保护的。只有在"两利保其大,两弊取其小"的场合,紧急避险才是对社会有利的合法行为。所以,紧急避险所保全的权益,必须明显大于紧急避险所损害的权益。

第二章　违反治安管理处罚的行为和处罚

28. 扰乱单位秩序、公共场所秩序如何处罚？

到机关、团体、企事业单位吵闹,扰乱正常工作秩序,致使工作、生产、营业、医疗、教学、科研不能正常进行,尚未造成严重损失的,会被处警告或者500元以下罚款;情节较重的,处5日以上10日以下拘留,可以并处1000元以下的罚款。

同样地，如果是扰乱车站、港口、码头、机场、商场、公园、展览馆或者其他公共场所秩序，扰乱公共汽车、电车、城市轨道交通车辆、火车、船舶、航空器或者其他公共交通工具上秩序，非法拦截或者强登、扒乘机动车、船舶、航空器以及其他交通工具，影响交通工具正常行驶，也会被处以同样的处罚。

如果是聚众实施这样的行为，对于组织、策划、指挥活动的首要分子，处10日以上15日以下拘留，可以并处2000元以下罚款。

29.考试作弊会被治安管理处罚吗？

一般的考试作弊不会被治安处罚，但为了维护国家组织或者认可的重要的考试的秩序和公平性，2025年《治安管理处罚法》增加了对考试作弊行为的处罚规定。根据新《治安管理处罚法》的规定，在法律、行政法规规定的国家考试中，有下列行为之一，扰乱考试秩序的，处违法所得1倍以上5倍以下罚款；没有违法所得或者违法所得不足1000元的，处1000元以上3000元以下罚款；情节较重的，处5日以上15日以下拘留：(1)组织作弊的；(2)为他人组织作弊提供作弊器材或者其他帮助的；(3)为实施考试作弊行为，向他人非法出售或者提供考试试题、答案的；(4)代替他人或者让他人代替自己参加考试的。

这里的"法律、行政法规规定的国家考试"限于全国人民代表大会及其常务委员会制定的法律所规定的考试，主要包括：(1)普通高等学校招生考试、研究生招生考试、高等教育自学考试、成人高等学校招生考试等国家教育考试；(2)中央和地方公务员录用考试；(3)国家统一的各类资格考试，如法律职业资格考试、注册会计师全国统一考试、医师资格考试等专业技术资格考试；(4)其他依照法律由中央或者地方主管部门以及行业组织的国家考试。

30. 考生的哪些行为会被认定为属于考试作弊行为?

考生违背考试公平、公正原则,在考试过程中有下列行为之一的,一般会被认定为考试作弊:(1)携带与考试内容相关的材料或者存储有与考试内容相关资料的电子设备参加考试的;(2)抄袭或者协助他人抄袭试题答案或者与考试内容相关资料的;(3)抢夺、窃取他人试卷、答卷或者胁迫他人为自己抄袭提供方便的;(4)携带具有发送或者接收信息功能的设备的;(5)由他人冒名代替参加考试的;(6)故意销毁试卷、答卷或者考试材料的;(7)在答卷上填写与本人身份不符的姓名、考号等信息的;(8)传、接物品或者交换试卷、答卷、草稿纸的;(9)其他以不正当手段获得或者试图获得试题答案、考试成绩的行为。

此外,教育考试机构、考试工作人员在考试过程中或者在考试结束后发现下列行为之一的,一般也会认定相关的考生实施了考试作弊行为:(1)通过伪造证件、证明、档案及其他材料获得考试资格、加分资格和考试成绩的;(2)评卷过程中被认定为答案雷同的;(3)考场纪律混乱、考试秩序失控,出现大面积考试作弊现象的;(4)考试工作人员协助实施作弊行为,事后查实的;(5)其他应认定为作弊的行为。

31. 球迷在观看比赛时打出侮辱性的条幅,辱骂裁判和运动员的会被予以处罚吗?

针对大型群众性活动增加,治安管理难度增加,《治安管理处罚法》中特别规定了一些针对性的条款。在文化、体育等大型群众性活动中,不遵守现场的秩序如强行进入场内,在场内燃放烟花爆竹或者其他物品,展示侮辱性标语、条幅等物品的,辱骂甚至围攻裁判员和运动员或者其他工作人员的,对于这些行为,处警告或者500元以下罚款;情节严重的,处5日以上10日以下拘留,可以并处1000元以下罚款。

因扰乱体育比赛秩序被处以拘留处罚的,可以同时责令其6个月至1年内不得进入体育场馆观看同类比赛;违反规定进入体育场馆的,可以强行带离现场,处5日以下拘留或者1000元以下罚款。所以球迷在观看比赛时要文明观赛,保持理智,遵守现场秩序,不要做一些违背体育精神的事情。

32. 如果实际上没有险情,而拨打110报警,搞恶作剧,谎报有险情的如何进行处罚?

这是虚构事实故意扰乱公共秩序的行为。根据《治安管理处罚法》的规定,有上述行为的,会被处5日以上10日以下拘留,可以并处1000元以下罚款;情节较轻的,处5日以下拘留或者1000元以下罚款。

如果有类似的扰乱公共秩序的行为,如投放虚假的爆炸性、毒害性、放射性、腐蚀性物质或者传染病病原体等危险物质,扬言实施放火、爆炸、投放危险物质等危害公共安全犯罪行为,或者散布各种谣言,引起群众恐慌的,同样会予以处罚。尤其是现在网络得到广泛普及,谣言借助网络会很快散布开,如核污染影响食盐供应的谣言散布引起全国抢购食盐。所以广大网民在上网的时候要有责任意识,对自己的行为负责,不得造谣。

33. 对寻衅滋事的行为,如何处罚?

所谓寻衅滋事,就是指结伙斗殴或者随意殴打他人,追逐、拦截他人,强拿硬要或者任意损毁、占用公私财物以及其他无故侵扰他人、扰乱社会秩序的行为。

对这种寻衅滋事的行为,处5日以上10日以下拘留或并处1000元以下罚款;情节较重的,处10日以上15日以下拘留,可以并处2000元以下的罚款。

34. 假装"大仙"或利用"跳大神"等各类封建迷信活动,骗取钱财的是违反《治安管理处罚法》的行为吗?

利用封建迷信或冒用宗教、气功名义进行非法活动的处 10 日以上 15 日以下拘留,可以并处 2000 元以下罚款;情节较轻的,处 5 日以上 10 日以下拘留,可以并处 1000 元以下罚款。

35. 干扰无线电的行为如何处罚?

违反国家规定,故意干扰无线电业务正常进行的,或者对正常运行的无线电台(站)产生有害干扰,经有关主管部门指出后,拒不采取有效措施消除的,处 5 日以上 10 日以下拘留;情节严重的,处 10 日以上 15 日以下拘留。

36. 黑客侵入计算机信息系统,制造、传播计算机病毒的行为如何处罚?

有人为了自我表现或者搞恶作剧而做黑客。黑客实施侵入计算机信息系统,攻击网站,获取、篡改计算机信息系统中的信息,制作、传播计算机病毒等行为,造成危害的会被处 5 日以下拘留;情节较重的,处 5 日以上 10 日以下拘留。

37. 涉及传销行为会被处以怎样的处罚?

传销,是指组织者或者经营者发展人员,通过对被发展人员以其直接或者间接发展的人员数量或者销售业绩为依据计算和给付报酬,或者要求被发展人员以缴纳一定费用为条件取得加入资格等方式牟取非法利益,扰乱经济秩序,影响社会稳定的行为。实践中,传销活动的名目繁多,但传销的本质特征在于其诈骗性。传销组织通常没有实际经营活动,或者以虚假的经营活动作为幌子,其资金来源在于参加者以各种方式缴纳的用于获取加入资格的费用,传销组织再以这些费用作为其"上层"的回报。

涉及传销的违法行为一般分为两类:(1)组织、领导传销活动。该行为会被处10日以上15日以下拘留;情节较轻的,处5日以上10日以下拘留。(2)胁迫、诱骗他人参加传销活动。该行为会被处5日以上10日以下拘留;情节较重的,处10日以上15日以下拘留。

38. 侮辱英烈的行为会受到怎样的处罚?

英雄烈士事迹和精神是中华民族的共同历史记忆和社会主义核心价值观的重要体现。国家保护英雄烈士,维护英雄烈士尊严和合法权益。根据《英雄烈士保护法》的规定,禁止歪曲、丑化、亵渎、否定英雄烈士事迹和精神。英雄烈士的姓名、肖像、名誉、荣誉受法律保护。以侮辱、诽谤或者其他方式侵害英雄烈士的姓名、肖像、名誉、荣誉,损害社会公共利益的,依法承担民事责任;构成违反治安管理行为的,由公安机关依法给予治安管理处罚;构成犯罪的,依法追究刑事责任。

《治安管理处罚法》对构成违反治安管理行为的侮辱英烈行为和处罚标准进行了明确的规定。该法第35条规定:"有下列行为之一的,处五日以上十日以下拘留或者一千元以上三千元以下罚款;情节较重的,处十日以上十五日以下拘留,可以并处五千元以下罚款:(一)在国家举行庆祝、纪念、缅怀、公祭等重要活动的场所及周边管控区域,故意从事与活动主题和氛围相违背的行为,不听劝阻,造成不良社会影响的;(二)在英雄烈士纪念设施保护范围内从事有损纪念英雄烈士环境和氛围的活动,不听劝阻的,或者侵占、破坏、污损英雄烈士纪念设施的;(三)以侮辱、诽谤或者其他方式侵害英雄烈士的姓名、肖像、名誉、荣誉,损害社会公共利益的;(四)亵渎、否定英雄烈士事迹和精神,或者制作、传播、散布宣扬、美化侵略战争、侵略行为的言论或者图片、音视频等物品,扰乱公共秩序的;(五)在公共场所或者强制他人在公共场所穿着、佩戴宣扬、美化侵略战争、侵略行为的服饰、标志,不听劝阻,造成不良社会影响的。"

39. 以抢夺方向盘或者拉扯、殴打驾驶人等方式妨碍公共交通工具正常驾驶会受到怎样的处罚?

《刑法》及相关司法解释已经将抢夺方向盘、变速杆等操纵装置,殴打、拉拽驾驶人员等妨害安全驾驶行为纳入以危险方法危害公共安全罪范畴;对于尚不构成犯罪但构成违反治安管理行为的,依法给予治安管理处罚。根据《治安管理处罚法》第40条第3款的规定,以抢控驾驶操纵装置,拉扯、殴打驾驶人员等方式干扰公共交通工具正常驾驶的,处5日以下拘留或者1000元以下罚款;情节较重的,处5日以上10日以下拘留。

40. 非法制卖、运输、邮寄危险物质的如何处理?

违反国家规定,制造、买卖、储存、运输、邮寄、携带、使用、提供、处置危险物质的,会被处以10日以上15日以下拘留;情节较轻的,处5日以上10日以下拘留。

这里的"危险物质",主要是指具有爆炸性、毒害性、放射性、腐蚀性的物质或者传染病病原体等物质。对于储藏或使用这些危险物质,国家制定了有关法律法规,涉及民用爆炸物品安全管理、高压气体管理、防止大气污染、防止水质污染、防止海洋污染、下水道管理、关于废弃物的处理及清扫以及劳动安全卫生、农药管理、药物管理、食品安全管理等各个方面。所以在处理危险物质时应当谨慎,遵守相关的规定。

41. 危险物质如果被盗、被抢或丢失,不按规定上报的如何处理?

爆炸性、毒害性、放射性、腐蚀性物质或者传染病病原体等危险物质被盗、被抢或者丢失,应当按规定及时上报。未按规定报告的,处 5 日以下拘留;故意隐瞒不报的,处 5 日以上 10 日以下拘留。

42. 非法携带枪支、弹药、管制刀具的如何处罚?

非法携带枪支、弹药或者弩、匕首等国家规定的管制器具的,处 5 日以下拘留,可以并处 1000 元以下罚款;情节较轻的,处警告或者 500 元以下罚款。如果是非法携带这些器具进入公共场所或者公共交通工具,处 5 日以上 10 日以下拘留,可以并处 1000 元以下罚款。

对于枪支的管理,我国有专门的《枪支管理法》,只有特定人员才可以配备、配置枪支。管制刀具,是指匕首、三棱刀、弹簧刀(跳刀)及其他相类似的单刃、双刃、三棱尖刀。根据公安部《对部分刀具实行管制的暂行规定》第 2 条至第 7 条的规定,管制刀具的佩带范围和生产、购销也均有法定手续。

43. 对盗窃、损毁重要公共设施的行为应如何处罚?

油气管道设施、电力电信设施、广播电视设施、水利工程设施、公共供水设施、公路及附属设施或者水文监测、测量、气象测报、生态环境监测、地质监测、地震监测等公共设施对正常的社会生活秩序有着非常重要的作用和意义。如果盗窃、损毁这些重要的公共设施,会被处 10 日以上 15 日以下拘留;情节较轻的,处 5 日以下拘留。

如果是私自移动、损毁国家边境的界碑、界桩以及其他边境标志,边境设施或者领土、领海基点标志设施,或者非法进行影响国(边)界线走向的活动或者修建有碍国(边)境管理的设施,也会被予以这样的惩罚。

44. 私拉电网违法吗?会受到什么处罚?

生活中有人为了保护财产等原因安装使用电网,这是不可取的。

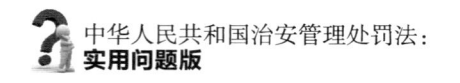

确因安全保卫工作的特殊要求,需安装使用电网的单位,必须经所在地公安机关审核批准,向供电部门申请安装。禁止个人安装使用电网。

经批准安装电网的单位,必须严格按批准的范围安装电网。电网安装完毕,须经原批准的公安机关安全检查合格后,方准使用。电网安装使用后需要扩充、缩减、改装或拆除的,须报请原批准机关批准。在使用过程中还需遵守安全管理规定,做好安全防范措施。

未经批准,安装、使用电网的,或者安装、使用电网不符合安全规定的,处5日以下拘留或者1000元以下罚款;情节严重的,处10日以上15日以下拘留,可以并处1000元以下罚款。

45. 无人机能随便飞吗?

无人机不可以随意飞,其飞行行为受到相关法律法规的约束。根据《无人驾驶航空器飞行管理暂行条例》的规定,无人驾驶航空器是指没有机载驾驶员、自备动力系统的航空器,分为微型、轻型、小型、中型和大型(以下简称无人机)。所有的无人机所有者必须依法进行实名登记。违反《无人驾驶航空器飞行管理暂行条例》规定,未经实名登记实施飞行活动或未经批准在管制区域内飞行,公安机关可分别处200元、500元以下的罚款;无民事行为能力人、限制民事行为能力人操控无人机飞行的,由公安机关对其监护人处500元以上5000元以下的罚款;情节严重的,没收实施违规飞行的无人机,并处以更高金额罚款。

2025年《治安管理处罚法》也新增了对违反无人驾驶航空器管理行为的处罚。其第46条规定,违反有关规定,飞行民用无人驾驶航空器、航空运动器材,或者升放无人驾驶自由气球、系留气球等升空物体,情节较重的,处5日以上10日以下拘留。飞行、升放前述规定的物体非法穿越国(边)境的,处10日以上15日以下拘留。

46. 强迫他人劳动的行为,应如何处罚?

生活实践中,有的老板要求职工必须加班,不给加班费,而且以将会被开除相威胁,这样的就可能构成强迫他人劳动。

这种以暴力、威胁或者其他手段强迫他人劳动的行为违反治安管理,会被处 10 日以上 15 日以下拘留,并处 1000 元以上 2000 元以下罚款;情节较轻的,被处 5 日以上 10 日以下拘留,并处 1000 元以下罚款。

47. 乞讨也要守规矩?

乞讨人员也要遵守秩序,否则会受到治安管理处罚。如果胁迫、诱骗或者利用他人乞讨,处 10 日以上 15 日以下拘留,可以并处 2000 元以下罚款。反复纠缠、强行讨要或者以其他滋扰他人的方式乞讨的,处 5 日以下拘留或者警告。市民如果在街上再次遇到强行乞讨或强行卖花行为的,可以选择立即报警。

48. 在车辆、行人通行的地方施工不设警示标志也会构成违法吗?

在车辆、行人通行的地方施工,对沟井坎穴不设覆盖物、防围和警示标志的,或者故意损毁、移动覆盖物、防围和警示标志的,以及盗窃、损毁路面井盖、照明等公共设施的,都属于妨害公共安全的行为。依法处 5 日以下拘留或者 1000 元以下罚款;情节严重的,处 10 日以上 15 日以下拘留,可以并处 1000 元以下罚款。

同时,对行人、车辆造成损害的,还要对受害人给予相应的民事赔偿。

49. 从建筑物中抛掷物品没有砸到人,是否会受到处罚?

高空抛物现象曾被称为"悬在城市上空的痛",会带来很大的社会危害。近年来多起高空抛物致人损伤事件经媒体报道后引起社会广泛关注。2019年11月,最高人民法院印发《关于依法妥善审理高空抛物、坠物案件的意见》,明确对于故意高空抛物者,根据具体情形按照以危险方法危害公共安全罪、故意伤害罪或故意杀人罪论处,同时明确物业服务企业责任。这是对高空抛物产生严重后果的行为的惩处;没有产生严重后果的,依然会受到治安管理处罚。2025年《治安管理处罚法》修订,规定从建筑物或者其他高空抛掷物品,有危害他人人身安全、公私财产安全或者公共安全危险的,处5日以下拘留或者1000元以下罚款;情节严重的,处10日以上15日以下拘留,可以并处1000元以下罚款。这一规定,明确了从建筑物或者其他高空抛掷物品,不需要造成现实的危害后果,只要有危害他人人身安全、公私财产安全或者公共安全危险,即可成立该行为。

50. 发送恐吓或黄色短信的,构成违法吗？应如何处罚？

如果是多次发送淫秽、侮辱、恐吓等信息,已经达到干扰他人正常生活的程度,这样会构成违法,处5日以下拘留或者1000元以下罚款;情节较重的,处5日以上10日以下拘留,可以并处1000元以下罚款。

同时,通过其他方式干扰和影响他人正常生活的,也是会被处以同样的处罚。如给别人写恐吓信或者以其他方法威胁他人人身安全的;公然侮辱他人或捏造事实诽谤他人的;捏造事实诬告陷害他人,企图使他人受到刑事追究或者受到治安管理处罚的;对证人及其近亲属进行威胁、侮辱、殴打或者打击报复的;偷窥、偷拍、窃听、散布他人隐私的。所以如果遭遇这样的事情,受害人不要忍让,可以勇敢地拿起法律武器来保护自己。

51. 对殴打、故意伤害他人的行为,该如何处罚？

殴打他人的,或者故意伤害他人身体的,处5日以上10日以下拘留,并处500元以上1000元以下罚款;情节较轻的,处5日以下拘留或者1000元以下罚款。有结伙殴打、伤害他人,殴打、伤害残疾人、孕妇、不满14周岁的人或者70周岁以上的人,多次殴打、伤害他人或者一次殴打、伤害多人的情形的,处10日以上15日以下拘留,并处1000元以上2000元以下罚款。

其中殴打、伤害残、孕、老、幼的,不要求行为人主观上必须明知殴打、伤害的对象为残疾人、孕妇、不满14周岁的人或者70周岁以上的人。

"结伙"是指2人(含2人)以上;"多次"是指3次(含3次)以上;"多人"是指3人(含3人)以上。

52. 虐待家庭成员,遗弃老人的行为该如何处罚?

虐待、遗弃家庭成员,属于妨害家庭的行为,《治安管理处罚法》中对此作出了相关规定。行为人对家庭成员实施殴打、谩骂、捆绑、冻饿、侮辱、有病不给治、强迫进行超体力劳动、限制自由等虐待行为,被虐待人或者其监护人要求处理的,对未成年人、老年人、患病的人、残疾人等负有监护、看护职责的人虐待被监护、看护的人的,遗弃没有独立生活能力的被扶养人的会被处5日以下拘留或者警告;情节严重的,处5日以上10日以下拘留,可以并处1000元以下罚款。

53. 在市场上横行霸道,强买强卖商品的,如何处罚?

强买强卖明显地破坏了自由、平等的社会主义市场经济秩序。对于这样的违法行为,要严厉制裁,以保证市场经济能够健康、平稳地向前发展。强买强卖商品,强迫他人提供服务或者强迫他人接受服务的,处5日以上10日以下拘留,并处3000元以上5000元以下罚款;情节较轻的,处5日以下拘留或者1000元以下罚款。

54. 违反国家有关规定,向他人出售或者提供个人信息会受到什么处罚?

"公民个人信息",是指以电子或者其他方式记录的能够单独或者与其他信息结合识别特定自然人身份或者反映特定自然人活动情况的各种信息,包括姓名、身份证件号码、通信联系方式、住址、账号密码、财产状况、行踪轨迹等。根据《个人信息保护法》第 10 条的规定,任何组织、个人不得非法收集、使用、加工、传输他人个人信息,不得非法买卖、提供或者公开他人个人信息;不得从事危害国家安全、公共利益的个人信息处理活动。

2025 年《治安管理处罚法》修订后新增了对侵犯公民个人信息行为的处罚。其第 56 条规定,违反国家有关规定,向他人出售或者提供个人信息的,处 10 日以上 15 日以下拘留;情节较轻的,处 5 日以下拘留。窃取或者以其他方法非法获取个人信息的,依照上述的规定处罚。

55. 父母私自开拆或藏匿孩子的信件会构成违法吗?

这是父母侵犯了子女的隐私,属于《治安管理处罚法》的违法行为。虽然是出于保护孩子的目的,但这是不可取的。另外,《未成年人保护法》《民法典》中也均有相应的规定。

冒领、隐匿、毁弃、倒卖、私自开拆或者非法检查他人邮件、快件的,会被处警告或者 1000 元以下罚款;情节较重的,处以 5 日以上 10 日以下拘留。

56. 阻碍执行紧急任务的消防车、救护车、工程抢险车、警车等车辆通行的,构成违法吗?

阻碍这些车辆通过的,会构成违法,处警告或者 500 元以下罚款;

情节严重的,处 5 日以上 10 日以下拘留,可以并处 1000 元以下罚款。

以其他形式影响执行公务的,也会被予以同样的处罚。如拒不执行人民政府在紧急状态情况下依法发布的决定、命令的,阻碍国家机关工作人员依法执行职务的,强行冲闯公安机关设置的警戒带、警戒区或者检查点的。如果是阻碍人民警察依法执行职务,会被从重处罚。

57. 冒充他人身份招摇撞骗的如何处罚?

生活中,有人冒充高干子弟、领导司机等身份,说自己"能帮忙办事",招摇撞骗。这构成了违反治安管理的行为。如果严重还可能构成诈骗罪。

冒充他人身份进行招摇撞骗的,根据冒充的人员身份不同,处罚也不一样。冒充一般人员,即利用虚假身份进行招摇撞骗的,处 5 日以下拘留或者 1000 元以下罚款;情节较重的,处 5 日以上 10 日以下拘留,可以并处 1000 元以下罚款。但如果是冒充国家机关工作人员招摇撞骗的,处 10 日以上 15 日以下拘留,可以并处 1000 元以下罚款;情节较轻的,处 5 日以上 10 日以下拘留。此外,如果是冒充军警人员招摇撞骗的,将会被从重处罚。

58. 伪造、变造国家机关、人民团体公文、证件、证明文件的,如何处罚?

"伪造"是无权限的人仿冒真品制作,是彻底的假冒。而以真实的依据为基础,擅自修改,变更相关内容的,属于变造。伪造、变造国家机关、人民团体、企事业单位或者其他组织的公文、证件、证明文件、印章的;买卖或使用这些伪造、变造的公文、证件、证明文件、印章的,处 10 日以上 15 日以下拘留,可以并处 5000 元以下罚款;情节较轻的,处 5 日以上 10 日以下拘留,可以并处 3000 元以下罚款。

59. 倒卖票、证的"黄牛党"如何处罚？

倒卖车票、船票、航空客票、文艺演出票、体育比赛入场券或者其他有价票证、凭证的，处 10 日以上 15 日以下拘留，可以并处 5000 元以下罚款；情节较轻的，处 5 日以上 10 日以下拘留，可以并处 3000 元以下罚款。

伪造、变造有价票证的行为也会被予以同等的处罚。

60. 对未经许可，擅自经营按照国家规定需要由公安机关许可的行业的，如何处理？

未经许可，擅自经营按照国家规定需要由公安机关许可的行业的，予以取缔，同时处 10 日以上 15 日以下拘留，可以并处 5000 元以下罚款；情节较轻的，处 5 日以上 10 日以下拘留或者 1000 元以上 3000 元以下罚款。

这里的"按照国家规定需要由公安机关许可的行业"，是指按照有关法律、行政法规和国务院决定的有关规定，需要由公安机关许可的旅馆业、典当业、公章刻制业、保安培训业等行业。

取缔应当由违反治安管理行为发生地的县级以上公安机关作出决定，按照《治安管理处罚法》的有关规定采取相应的措施，如责令停止相关经营活动、进入无证经营场所进行检查、扣押与案件有关的需要作为证据的物品等。在取缔的同时，应当依法收缴非法财物、追缴违法所得。

61. 经营旅馆是否必须登记姓名、证件？

根据《治安管理处罚法》和《旅馆业治安管理办法》，旅馆业的工作人员接待住宿的旅客必须登记。不按规定登记姓名、有效身份证件种类和号码，或者为身份不明、拒绝登记身份信息人员提供住宿服的,对其直接负责的主管人员或其他责任人员处 500 元以上 1000 元以下罚款;情节较轻的,处警告或者 500 元以下罚款。

旅馆业的工作人员明知住宿的旅客是犯罪嫌疑人员或者被公安机关通缉的人员,不向公安机关报告的,对其直接负责的主管人员或其他责任人员处 1000 元以上 3000 元以下罚款;情节严重的,处 5 日以下拘留,可以并处 3000 元以上 5000 元以下罚款。

62. 房屋出租人将房屋出租给无身份证件的人居住的应当如何处罚?

将房屋出租给身份不明、拒绝登记身份信息的承租人,或者不按规定登记承租人姓名、有效身份证件种类和号码的,处 500 元以上 1000 元以下罚款;情节较轻的,处警告或者 500 元以下罚款。房屋出租人明知承租人利用出租房屋进行犯罪或者违反治安管理行为,不向公安机关报告的,处 1000 元以上 3000 元以下罚款;情节严重的,处 5 日以下拘留,可以并处 3000 元以上 5000 元以下罚款。

63. 周末在家开派对,音响开得很大,这种行为会受处罚吗?

在家开派对没问题,但是应当控制音量,不要影响邻居的生活。如果因噪声造成扰民,违反关于社会生活噪声污染防治的法律规定,经基层群众性自治组织、业主委员会、物业服务人、有关部门依法劝阻、调解和处理未能停止,持续干扰他人正常生活、工作和学习,处 5 日以下拘留或者 1000 元以下罚款;情节严重的,处 5 日以上 10 日以下拘留,可以并处 1000 元以下罚款。

所谓社会生活噪声,是指人为活动所产生的除工业噪声、建筑施工噪声和交通运输噪声之外的干扰周围生活环境的声音。经营商业的企业和个人、营业性文化娱乐场所等应当采取措施,使其产生的噪声不超过国家规定的环境噪声排放标准。使用家用电器、乐器或者进

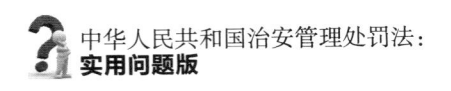

行其他家庭室内娱乐活动,在已竣工交付使用的住宅楼进行室内装修活动,应当控制音量或者采取其他有效措施,避免对周围居民造成环境噪声污染。禁止任何单位、个人在城市市区噪声敏感建筑物集中区域内使用高音广播喇叭。

64. 隐藏、转移、变卖、擅自使用或损毁被扣押、查封、冻结、扣留、先行登记的财物的有何后果?

隐藏、转移、变卖、擅自使用或者损毁行政执法机关依法扣押、查封、冻结、扣留、先行登记的财物的,处5日以上10日以下拘留,并处1000元以下罚款;情节较轻的,处警告或1000元以下罚款。

此外,根据《刑法》第314条的规定,如果是隐藏、转移、变卖或者故意损毁司法机关依法扣押、查封、冻结的财物的,致使判决、裁定的财产部分无法执行的,严重干扰诉讼秩序的,则构成非法处置查封、扣押、冻结的财产罪,处3年以下有期徒刑、拘役或者罚金。

65. 在名胜古迹上刻字留念会构成违法吗?

游客在游览名胜古迹时,要自觉遵守景区的管理规定。刻划、涂污或者以其他方式故意损坏国家保护的文物、名胜古迹或违反国家规定在文物保护单位附近进行爆破、钻探、挖掘等活动,危及文物安全的,处警告或者500元以下罚款;情节较重的,处5日以上10日以下拘留,并处500元以上1000元以下罚款。

66. 偷开他人车辆、船舶出去兜风,违法吗?

偷开他人机动车或航空器、机动船舶的,属于妨害社会管理的行为,处1000元以上2000元以下罚款;情节严重的,处10日以上15日以下拘留,可以并处2000元以下罚款。

67. 卖淫、嫖娼、拉客招嫖及引诱、容留、介绍卖淫的行为,应如何处罚?

卖淫、嫖娼、拉客招嫖及引诱、容留、介绍卖淫的依法应处 10 日以上 15 日以下拘留,可以并处 5000 元以下罚款。卖淫、嫖娼情节较轻的,处 5 日以下拘留或者 1000 元以下罚款。在公共场所拉客招嫖的,处 5 日以下拘留或者 1000 元以下罚款。

68. 售卖淫秽物品、传播淫秽信息的应如何处罚?

制作、运输、复制、出售、出租淫秽的书刊、图片、影片、音像制品等淫秽物品或者利用信息网络、电话以及其他通讯工具传播淫秽信息的,处 10 日以上 15 日以下拘留,可以并处 5000 元以下罚款;情节较轻的,处 5 日以下拘留或者 1000 元以上 3000 元以下罚款。

另外,组织播放淫秽音像、进行淫秽表演、参与聚众淫乱活动的,处 10 日以上 15 日以下拘留,并处 1000 元以上 2000 元以下罚款。明知他人从事这样的活动,还为其提供条件的,也会被处以同样的处罚。

69. 为赌博提供赌具和场地,会构成违法吗?

"赌博"是指以获取金钱或其他物质利益为目的,以投入一定赌资为条件进行的输赢活动。为赌博提供条件是否构成违法,需要考查其是否以营利为目的,是否出于获取金钱或财物等好处为目的。实践中对于进行带有少量财物输赢的娱乐活动,以及提供棋牌室等娱乐场所只收取正常的服务费用的经营行为和纯粹家庭或亲朋好友之间的娱乐活动等,不应视为赌博行为和为赌博提供条件。

以营利为目的,为赌博提供条件的,或者参与赌博赌资较大的,处 5 日以下拘留或者 1000 元以下罚款;情节严重的,处 10 日以上 15 日以下拘留,并处 1000 元以上 5000 元以下罚款。

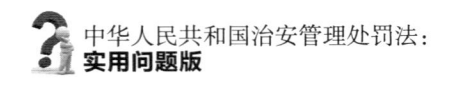

对于参与赌博赌资较大,"赌资较大"标准如何认定,各地的实践操作会有些差异,要依照各地的规定。例如,山东省公安厅2025年修订的《山东省公安机关行政处罚裁量基准》规定,"参与赌博赌资较大的"是指人均参赌金额在500元以上或者当场赌资在2000元以上。

70. 对涉及毒品的违法行为该如何处罚?

涉及毒品的违法行为都应予以严厉打击,刑法将走私、制造、贩卖、运输、携带、持有、种植毒品等行为规定为犯罪。属于治安管理处罚范围的仅是违法行为较轻,尚未构成犯罪的涉及毒品的行为,包括:

(1)非法种植罂粟不满500株或者其他少量毒品原植物的;

(2)非法买卖、运输、携带、持有少量未经灭活的罂粟等毒品原植物种子或者幼苗的;

(3)非法运输、买卖、储存、使用少量罂粟壳的;

(4)非法持有鸦片不满200克、海洛因或者甲基苯丙胺不满10克或者其他少量毒品的;

(5)向他人提供毒品的;

(6)吸食、注射毒品的;

(7)胁迫、欺骗医务人员开具麻醉药品、精神药品的;

(8)引诱、教唆、欺骗或强迫他人吸食、注射毒品的。

对有上述第1~3项行为之一的,处10日以上15日以下拘留,可以并处5000元以下罚款;情节较轻的,处5日以下拘留或者1000元以下罚款。但有上述第1项行为,在成熟前自行铲除的,不予处罚。对有上述第4~7项行为之一的,处10日以上15日以下拘留,可以并处3000元以下罚款;情节较轻的,处5日以下拘留或者1000元以下罚款。对第8项引诱、教唆、欺骗或强迫他人吸食、注射毒品的,处10日以上15日以下拘留,并处1000元以上5000元以下罚款。

71. 宠物惹祸主人要受罚？

家里养着宠物的饲主，要注意不能让宠物滋扰他人，如半夜乱吠、随地大小便或者一些大型犬惊吓路人等。宠物闯祸，饲主会受到处罚。

行为人饲养动物影响他人正常生活的，处以警告；警告后不改正的，或者放任动物恐吓他人的，处1000元以下罚款。驱使动物伤害他人的，属于故意伤害他人身体，处5日以上10日以下拘留，并处500元以上1000元以下罚款；情节较轻的，处5日以下拘留或者1000元以下罚款。

第三章　治安管理处罚程序

72. 公安机关接到报案后，一般如何处理？

公安机关对报案、控告、举报、群众扭送或者违法嫌疑人投案，以及其他国家机关移送的案件，应当及时受理并按照规定进行网上接报案登记。对重复报案、案件正在办理或者已经办结的，应当向报案人、控告人、举报人、扭送人、投案人作出解释，不再登记。

公安机关应当对报案、控告、举报、群众扭送或者违法嫌疑人投案分别作出下列处理，并将处理情况在接报案登记中注明：(1) 对属于本单位管辖范围内的案件，应当立即调查处理，制作受案登记表和受案回执，并将受案回执交报案人、控告人、举报人、扭送人。(2) 对属于公安机关职责范围，但不属于本单位管辖的，应当在二十四小时内移送有管辖权的单位处理，并告知报案人、控告人、举报人、扭送人、投案人。(3) 对不属于公安机关职责范围的事项，在接报案时能够当场判断的，应当立即口头告知报案人、控告人、举报人、扭送人、投案人向其他主管机关报案或者投案，报案人、控告人、举报人、扭送人、投案人对口头告知内容有异议或者不能当场判断的,应当书面告知,但因没有联系方式、身份不明等客观原因无法书面告知的除外。

73. 办理治安案件时哪些情形应当回避？

人民警察在办理治安案件过程中,遇有下列情形之一的,应当回避;违反治安管理的行为人、被侵害人或者其法定代理人也有权要求他们回避:

(1)是本案当事人或者当事人的近亲属的;
(2)本人或者其近亲属与本案有利害关系的;
(3)与本案当事人有其他关系,可能影响案件公正处理的。

人民警察的回避,由其所属的公安机关决定;公安机关负责人的回避,由上一级公安机关决定。

74. 传唤是什么程序？会被询问多长时间？

传唤是为了查明案件事实,公安司法机关采取的通知特定人员在指定的时间和地点到案的措施。需要传唤违反治安管理行为人接受调查的,经公安机关办案部门负责人批准,使用传唤证传唤。对现场发现的违反治安管理行为人,人民警察经出示人民警察证,可以口头传唤,但应当在询问笔录中注明。公安机关应当将传唤的原因和依据告知被传唤人。对无正当理由不接受传唤或者逃避传唤的人,经公安机关办案部门负责人批准,可以强制传唤。

对违反治安管理行为人,公安机关传唤后应当及时询问查证,询问查证的时间不得超过 8 小时;涉案人数众多、违反治安管理行为人身份不明的,询问查证的时间不得超过 12 小时;情况复杂,依照《治安管理处罚法》的规定可能适用行政拘留处罚的,询问查证的时间不得超过 24 小时。公安机关应当及时将传唤的原因和处所通知被传唤人家属。

75. 询问证人在哪里进行？

对被侵害人和其他证人的询问不适用传唤的规定；根据实际情况可以现场询问、到其单位和住所或者其提出的地点询问，必要时也可以通知其到公安机关提供证言。询问被侵害人或者其他证人，应当个别进行；采用暴力、威胁等非法方法收集的被侵害人陈述、其他证人证言，不能作为定案的根据。

76. 被询问人可以确认询问笔录内容吗？

询问笔录应当交被询问人核对；对没有阅读能力的，应当向其宣读。记载有遗漏或者差错的，被询问人可以提出补充或者更正。被询问人确认笔录无误后，应当签名、盖章或者按指印，询问的人民警察也应当在笔录上签名。

77. 如果被询问人是聋哑人或听不懂方言怎么办？

询问聋哑的违反治安管理行为人、被侵害人或者其他证人，应当有通晓手语等交流方式的人提供帮助，并在笔录上注明。

询问不通晓当地通用的语言文字的违反治安管理行为人、被侵害人或者其他证人，应当配备翻译人员，并在笔录上注明。

78. 询问未成年的违反治安管理行为人，有什么特殊规定？

询问不满18周岁的违反治安管理行为人，应当通知其父母或者其他监护人到场；其父母或者其他监护人不能到场的，也可以通知其他成年亲属，所在学校、单位、居住地基层组织或者未成年人保护组织的代表等合适成年人到场，并将有关情况记录在案。确实无法通知或者通知后未到场的，应当在笔录中注明。

79. 治安管理处罚法对公安机关检查程序如何规定的？

检查分为对场所、物品和人身的检查。检查时，人民警察不得少于2人，并应当出示人民警察证。对场所进行检查的，经县级以上人民政府公安机关负责人批准，使用检查证检查；对确有必要立即进行检查的，人民警察经出示人民警察证，可以当场检查，并应当全程同步录音录像。检查公民住所应当出示县级以上人民政府公安机关开具的检查证。其中在检查妇女的身体时，应当由女性工作人员或者医师进行。

检查的情况应当制作检查笔录，由检查人、被检查人和见证人签名、盖章或者按指印，被检查人和见证人拒绝的，人民警察应在笔录上证明。

80. 扣押程序是如何规定的？如果扣押错了能退还吗？

公安机关办理治安案件，对与案件有关的需要作为证据的物品，可以扣押；对被侵害人或者善意第三人合法占有的财产，不得扣押，应当予以登记。对与案件有关的必须鉴定的物品，可以扣押，鉴定后应当立即解除。对与案件无关的物品，不得扣押。

对扣押的物品，应当会同在场见证人和被扣押物品持有人查点清楚，当场开列清单一式二份，由调查人员、见证人和持有人签名或者盖章，一份交给持有人，另一份附卷备查。

实施扣押前应当报经公安机关办案部门负责人批准；因情况紧急，需要当场实施扣押的，人民警察应当及时向其所属公安机关办案部门负责人报告，并补办批准手续。公安机关办案部门负责人认为不应当扣押的，应当立即解除。

对扣押的物品，应当妥善保管，不得挪作他用；对不宜长期保存的物品，按照有关规定处理。经查明与案件无关或者经核实属于被侵害人或者他人合法财产的,应当登记后立即退还;满 6 个月无人对该财产主张权利或者无法查清权利人的,应当公开拍卖或者按照国家有关规定处理,所得款项上缴国库。

81. 治安管理处罚由哪个机关决定?

治安管理处罚由县级以上地方人民政府公安机关或者公安分局决定;其中警告、1000 元以下的罚款可以由公安派出所决定。

其中对县级以上的各级人民代表大会代表予以行政拘留的,作出处罚决定前应当经该级人民代表大会主席团或者人民代表大会常务委员会许可。

82. 对决定给予行政拘留处罚的人,处罚前被限制人身自由的如何处理?

对决定给予行政拘留处罚的人,在处罚前已经采取强制措施限制人身自由的时间,应当折抵。限制人身自由 1 日,折抵行政拘留 1 日。这里的"强制措施限制人身自由的时间",包括被行政拘留人在被行政拘留前因同一行为被依法刑事拘留、逮捕时间。如果被行政拘留人被刑事拘留、逮捕的时间已超过被行政拘留的时间,则行政拘留不再执行,但办案部门必须将《治安管理处罚决定书》送达被处罚人。

83. 违反治安管理行为人有申辩的权利吗?

违反治安管理行为人有权陈述和申辩。而且公安机关不得因违反治安管理行为人的陈述、申辩而加重处罚。

公安机关作出治安管理处罚决定前,应当告知违反治安管理行为人拟作出治安管理处罚的内容及事实、理由、依据,并告知违反治安管理行为人依法享有的权利。

公安机关必须充分听取违反治安管理行为人的意见,对违反治安管理行为人提出的事实、理由和证据,应当进行复核;违反治安管理行为人提出的事实、理由或者证据成立的,公安机关应当采纳。

84. 公安机关办理行政案件的证据种类主要有哪些?

(1)书证;

(2)物证;

(3)被侵害人陈述和其他证人证言;

(4)违法嫌疑人的陈述和申辩;

(5)鉴定意见;

(6)勘验、检查、辨认笔录,现场笔录;

(7)视听资料、电子证据。

证据必须经过查证属实,才能作为定案的根据。

85. 证人需要什么条件和资格?

凡知道案件情况的人,都有作证的义务。

生理上、精神上有缺陷或者年幼,不能辨别是非、不能正确表达的人,不能作为证人。

86. 治安案件调查结束后会怎么处理?

治安案件调查结束后,公安机关会根据不同情况,分别作出以下处理:

(1)确有依法应当给予治安管理处罚的违法行为的,根据情节轻重及具体情况,作出处罚决定;

(2)依法不予处罚的,或者违法事实不能成立的,作出不予处罚决定;

(3)违法行为已涉嫌犯罪的,移送有关主管机关依法追究刑事责任;

（4）发现违反治安管理行为人有其他违法行为的，在对违反治安管理行为作出处罚决定的同时，通知或者移送有关行政主管部门处理。

87. 治安管理处罚决定书应当载明哪些内容？

公安机关作出治安管理处罚决定的，应当制作治安管理处罚决定书。决定书应当载明下列内容：

（1）被处罚人的姓名、性别、年龄、身份证件的名称和号码、住址；

（2）违法事实和证据；

（3）处罚的种类和依据；

（4）处罚的执行方式和期限；

（5）对处罚决定不服，申请行政复议、提起行政诉讼的途径和期限；

（6）作出处罚决定的公安机关的名称和作出决定的日期。

决定书应当由作出处罚决定的公安机关加盖印章。

88. 治安管理处罚决定书如何送达？

公安机关应当向被处罚人宣告治安管理处罚决定书，并当场交付被处罚人；无法当场向被处罚人宣告的，应当在2日内送达被处罚人。决定给予行政拘留处罚的，应当及时通知被处罚人的家属。

有被侵害人的，公安机关应当将决定书送达被侵害人。

89. 在治安管理处罚前，什么情况下要依法举行听证？

公安机关作出吊销许可证、处4000元以上罚款的治安管理处罚决定或者采取责令停业整顿措施前，应当告知违反治安管理行为人有权要求举行听证；违反治安管理行为人要求听证的，公安机关应当及时依法举行听证。

此外，2025年修订后，《治安管理处罚法》增加了另外两种需要听证的情形：(1)对依照《治安管理处罚法》第23条第2款规定可能执行行政拘留的未成年人，公安机关应当告知未成年人和其监护人有权要求举行听证；未成年人和其监护人要求听证的，公安机关应当及时依法举行听证。对未成年人案件的听证不公开举行。(2)案情复杂或者具有重大社会影响的案件，违反治安管理行为人要求听证，公安机关认为必要的，应当及时依法举行听证。

90. 什么情况下公安机关可以当场对违法行为作出行政处罚决定？

当场处罚程序又称简易程序，是公安机关为了提高办案效率，保证及时处理违反治安管理行为而当场进行处罚的行政处罚程序。简易程序的前提必须是案情简单，情节轻微，无须多方查证即能认定违法事实，并且不涉及其他违法犯罪案件的行为。如果当事人对执法人员认定的事实有异议，则应考虑适用一般程序。

对治安案件适用简易程序，《治安管理处罚法》第119条规定，违反治安管理行为事实清楚，证据确凿，处警告或者500元以下罚款的，可以当场作出治安管理处罚决定。

91. 当场作出治安处罚决定的如何执行？

当场作出治安管理处罚决定的，人民警察应当向违反治安管理行为人出示人民警察证，并填写处罚决定书，载明被处罚人的姓名、违法行为、处罚依据、罚款数额、时间、地点以及公安机关名称，并由经办的人民警察签名或者盖章。经办的人民警察应当在24小时内报所属公安机关备案。

处罚决定书应当当场交付被处罚人；有被侵害人的，并应当将决定书送达被侵害人。

92. 公安机关办理治安案件的期限有多长？

公安机关办理治安案件的期限，自立案之日起不得超过 30 日；案情重大、复杂的，经上一级公安机关批准，可以延长 30 日。期限延长以 2 次为限。公安派出所办理的案件需要延长期限的，由所属公安机关批准。

为了查明案情进行鉴定的期间、听证的期间，不计入办理治安案件的期限。

93. 违反治安管理行为人逃跑的治安案件，超过办案期限的如何处理？

对因违反治安管理行为人逃跑等客观原因造成案件不能在法定期限内办结的，公安机关应当继续进行调查取证，及时依法作出处理决定，不能因已超过法定办案期限就不再调查取证。因违反治安管理行为人在逃，导致无法查清案件事实，无法收集足够证据而结不了案的，公安机关应当向被侵害人说明原因。

案件调查终结后要及时依法作出处理决定。对事实清楚、证据确实充分、依法应当给予治安管理处罚的，即使违反治安管理行为人逃跑，公安机关也要依法作出治安管理处罚决定。因被处罚人逃跑而无法将处罚决定书直接送达被处罚人的，公安机关可以交给与其共同居住的具有完全民事行为能力的成年家属或者所在单位代收，并将有关情况记录在案，由代收人签名或者盖章。采取上述方式仍无法送达的，可以邮寄送达。无法邮寄送达的，可以公告送达。公告的范围和方式应当便于公民知晓，公告期限不得少于 30 日。待被处罚人归案时，再依法执行处罚决定。

94. 对超过6个月仍未办结的治安案件是否受违反治安管理行为追究时效的限制？

违反治安管理行为在6个月内没有被公安机关发现的，不再处罚。这就是违反治安管理行为的追溯期，也称追究时效。显然，违反治安管理行为已被公安机关受理调查的，则不应适用上述规定。也就是说，对于公安机关已受理的治安案件，即使自案件受理之日起计算，办理时间已超过6个月仍未办结的，违反治安管理行为人仍然应当依法受到法律追究，而不能因为办案时间已经超过6个月，公安机关就不再进行调查取证。

95. 收到罚款处罚决定书的应如何缴纳罚款？如果逾期或拒不缴纳会有什么后果？

受到罚款处罚的人应当自收到处罚决定书之日起15日内，到指定的银行或通过电子支付系统缴纳罚款。公安机关依法实施罚款处罚，应当依照有关法律、行政法规的规定，实行罚款决定与罚款收缴分离；收缴的罚款应当全部上缴国库。这就是所谓的"罚缴分离"。

但是，有下列情形之一的，人民警察可以当场收缴罚款：

（1）被处200元以下罚款，被处罚人对罚款无异议的；

（2）在边远、水上、交通不便地区，旅客列车上或者口岸，公安机关及其人民警察依照本法的规定作出罚款决定后，被处罚人向指定的银行或通过电子支付系统缴纳罚款确有困难，经被处罚人提出的；

（3）被处罚人在当地没有固定住所，不当场收缴事后难以执行的。

人民警察当场收缴罚款的，应当向被处罚人出具省级以上人民政府财政部门统一制发的专用票据；不出具统一制发的专用票据的，被处罚人有权拒绝缴纳罚款。

96. 如何提出暂缓执行行政拘留的申请？

被处罚人不服行政拘留处罚决定，申请行政复议、提起行政诉讼的，遇有参加升学考试、子女出生或者近亲属病危、死亡等情形的，可以向公安机关提出暂缓执行行政拘留的申请。公安机关认为暂缓执行行政拘留不致发生社会危险的，由被处罚人或者其近亲属提出符合规定条件的担保人，或者按每日行政拘留200元的标准交纳保证金，行政拘留的处罚决定暂缓执行。

正在被执行行政拘留处罚的人遇有参加升学考试、子女出生或者近亲属病危、死亡等情形，被拘留人或者其近亲属申请出所的，由公安机关依照上述规定执行。被拘留人出所的时间不计入拘留期限。

97. 哪些人可以做担保人？如果担保人不履行担保义务，应当如何处理？

担保人应当符合下列条件：①与本案无牵连；②享有政治权利，人身自由未受到限制；③在当地有常住户口和固定住所；④有能力履行担保义务。

担保人的义务是应当保证被担保人不逃避行政拘留处罚的执行。担保人不履行担保义务，致使被担保人逃避行政拘留处罚的执行的，处3000元以下罚款。

98. 担保人交纳的保证金会被如何处理？还能退还吗？

保证金的处理方式有两种情形：

（1）被决定给予行政拘留处罚的人交纳保证金，暂缓行政拘留或者出所后，逃避行政拘留处罚的执行的，保证金予以没收并上缴国库，已经作出的行政拘留决定仍应执行。

（2）行政拘留的处罚决定被撤销，行政拘留处罚开始执行，或者出

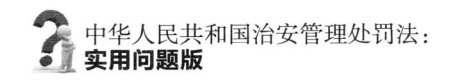

所后继续执行的,公安机关收取的保证金应当及时退还交纳人。

99. 涉外治安管理案件如何处理?

对外国人需要依法适用限期出境、驱逐出境处罚的,由承办案件的公安机关逐级上报公安部或者公安部授权的省级人民政府公安机关决定,由承办案件的公安机关执行。对外国人依法决定行政拘留的,由承办案件的县级以上公安机关决定,不再报上一级公安机关批准。对外国人依法决定警告、罚款、行政拘留,并附加适用限期出境、驱逐出境处罚的,应当在警告、罚款、行政拘留执行完毕后,再执行限期出境、驱逐出境。

100. 什么情况下人民警察可以当场盘问、检查?什么情况下会继续盘问?

为维护社会治安秩序,公安机关的人民警察对有违法犯罪嫌疑的人员,经出示相应证件,可以当场盘问、检查。未穿着制式服装的人民警察在当场盘问、检查前,必须出示执法证件表明人民警察身份。

经当场盘问、检查,不能排除其违法犯罪嫌疑,有下列情形之一的,可以将其带至公安机关,经该公安机关批准,对其继续盘问:

(1)被指控有犯罪行为的;

(2)有现场作案嫌疑的;

(3)有作案嫌疑身份不明的;

(4)携带的物品有可能是赃物的。

继续盘问的时限一般为12小时;对在12小时以内确实难以证实或者排除其违法犯罪嫌疑的,可以延长至24小时;对不讲真实姓名、住址、身份,且在24小时以内仍不能证实或者排除其违法犯罪嫌疑的,可以延长至48小时。应当制作《继续盘问笔录》。对于批准继续盘问的,应当立即通知其家属或者其所在单位。对于不批准继续盘问的,应当立即释放被盘问人。

经继续盘问,公安机关认为对被盘问人需要依法采取拘留或者其他强制措施的,应当在上述规定的期间作出决定;在上述规定的期间不能作出决定的,应当立即释放被盘问人。

101. 人民警察执行公务时可以征用公民的交通工具、通信工具等私人财产吗?

公安机关的人民警察因履行职责的紧急需要,经出示相应证件,可以优先乘坐公共交通工具,遇到交通阻碍时优先通行。公安机关因侦查犯罪的需要,必要时,按照国家有关规定,可以优先使用机关、团体、企业事业组织和个人的交通工具、通信工具、场地和建筑物,用后应当及时归还,并支付适当费用;造成损失的,应当赔偿。

第四章 执法监督

102. 当事人不服公安机关的裁决,如何处理?

被处罚人、被侵害人对治安管理处罚决定不服的,可以依法申请行政复议或者提起行政诉讼。《治安管理处罚法》取消了行政复议前置程序。被处罚人对治安管理处罚决定不服的,既可以申请行政复议,也可以直接提起行政诉讼。

如果要行政复议,被处罚人可以自收到处罚决定书之日起60日内提出行政复议申请,书面或口头形式均可。对县级以上公安机关的做出的决定不服的,由申请人选择,可以向该部门的本级人民政府或上一级公安机关申请行政复议。对派出所依法以自己的名义作出的决定不服,向设立该派出机构的部门(公安机关)或者乡镇人民政府申请行政复议。

被处罚人直接向人民法院提起行政诉讼的,应当在收到治安管理处罚决定书之日起 3 个月内提出。被处罚人不服行政复议决定的,可以在收到复议决定书之日起 15 日内向人民法院提起行政诉讼。复议机关逾期不作决定的,申请人可以在复议期满之日起 15 日内向人民法院提起行政诉讼。

对未经行政复议和经行政复议决定维持原处罚决定的行政诉讼案件,由作出处罚决定的公安机关负责人和原办案部门的承办民警出庭应诉;对经行政复议决定撤销、变更原处罚决定或者责令被申请人重新作出具体行政行为的行政诉讼案件,由行政复议机关负责人和行政复议机构的承办民警出庭应诉。

103. 如果发现公安机关办理治安案件时有违法违纪行为,怎么办?

公安机关及其人民警察办理治安案件,应当自觉接受社会和公民的监督。

如果发现公安机关及其人民警察在办理治安管理案件时,有刑讯逼供、体罚、打骂、虐待、侮辱他人,收受他人财物或者谋取其他利益,私分、侵占、挪用、故意损毁所收缴、追缴、扣押的财物,接到报警不出警、徇私舞弊、玩忽职守、滥用职权等行为,任何单位和个人都有权向公安机关或者人民检察院、监察机关检举、控告;收到检举、控告的机关,应当依据职责及时处理。对直接负责的主管人员和其他直接责任人员给予相应的处分;构成犯罪的,依法追究刑事责任。

104. 公安机关及其人民警察违法行使职权,侵犯公民、组织合法权益的应承担何种责任?

公安机关及其人民警察违法行使职权,侵犯公民、法人和其他组织合法权益的,应当赔礼道歉;造成损害的,应当依法承担赔偿责任。

关联法规

1. 公安机关执行《中华人民共和国治安管理处罚法》有关问题的解释[①]

(公通字〔2006〕12号)

根据全国人大常委会《关于加强法律解释工作的决议》的规定,现对公安机关执行《中华人民共和国治安管理处罚法》(以下简称《治安管理处罚法》)的有关问题解释如下:

一、关于治安案件的调解问题。根据《治安管理处罚法》第9条的规定,对因民间纠纷引起的打架斗殴或者损毁他人财物以及其他违反治安管理行为,情节较轻的,公安机关应当本着化解矛盾纠纷、维护社会稳定、构建和谐社会的要求,依法尽量予以调解处理。特别是对因家庭、邻里、同事之间纠纷引起的违反治安管理行为,情节较轻,双方当事人愿意和解的,如制造噪声、发送信息、饲养动物干扰他人正常生活,放任动物恐吓他人、侮辱、诽谤、诬告陷害、侵犯隐私、偷开机动车等治安案件,公安机关都可以调解处理。同时,为确保调解取得良好效果,调解前应当及时依法做深入细致的调查取证工作,以查明事实、收集证据、分清责任。调解达成协议的,应当制作调解书,交双方当事人签字。

二、关于涉外治安案件的办理问题。《治安管理处罚法》第10条第2款规定:"对违反治安管理的外国人,可以附加适用限期出境或者驱逐出境"。对外国人需要依法适用限期出境、驱逐出境处罚的,由承办案件的公安机关逐级上报公安部或者公安部授权的省级人民政府公安机关决定,由承办案件的公安机关执行。对

[①] 本篇法规中"有关收容教育内容"已被《公安部关于保留废止修改有关收容教育规范性文件的通知》(公法制〔2020〕818号)废止。

外国人依法决定行政拘留的,由承办案件的县级以上(含县级,下同)公安机关决定,不再报上一级公安机关批准。对外国人依法决定警告、罚款、行政拘留,并附加适用限期出境、驱逐出境处罚的,应当在警告、罚款、行政拘留执行完毕后,再执行限期出境、驱逐出境。

三、关于不予处罚问题。《治安管理处罚法》第12条、第13条、第14条、第19条对不予处罚的情形作了明确规定,公安机关对依法不予处罚的违反治安管理行为人,有违法所得的,应当依法予以追缴;有非法财物的,应当依法予以收缴。

《治安管理处罚法》第22条对违反治安管理行为的追究时效作了明确规定,公安机关对超过追究时效的违反治安管理行为不再处罚,但有违禁品的,应当依法予以收缴。

四、关于对单位违反治安管理的处罚问题。《治安管理处罚法》第18条规定,"单位违反治安管理的,对其直接负责的主管人员和其他直接责任人员依照本法的规定处罚。其他法律、行政法规对同一行为规定给予单位处罚的,依照其规定处罚",并在第54条规定可以吊销公安机关发放的许可证。对单位实施《治安管理处罚法》第三章所规定的违反治安管理行为的,应当依法对其直接负责的主管人员和其他直接责任人员予以治安管理处罚;其他法律、行政法规对同一行为明确规定由公安机关给予单位警告、罚款、没收违法所得、没收非法财物等处罚,或者采取责令其限期停业整顿、停业整顿、取缔等强制措施的,应当依照其规定办理。对被依法吊销许可证的单位,应当同时依法收缴非法财物、追缴违法所得。参照刑法的规定,单位是指公司、企业、事业单位、机关、团体。

五、关于不执行行政拘留处罚问题。根据《治安管理处罚法》第21条的规定,对"已满十四周岁不满十六周岁的"、"已满十六周岁不满十八周岁,初次违反治安管理的"、"七十周岁以上的"、"怀孕或者哺乳自己不满一周岁婴儿的"违反治安管理行为人,可以依法作出行政拘留处罚决定,但不投送拘留所执行。被处罚人居住地公安派出所应当会同被处罚人所在单位、学校、家庭、居(村)民委员会、未成年人保护组织和有关社会团体进行帮教。上述未成年人、老年人的年龄、怀孕或者哺乳自己不满1周岁婴儿的妇女的情况,以其实施违反治安管理行为或者正要执行行政拘留时的实际情况确定,即违反治安管理行为人在实施违反治安管理行为时具有上述情形之一的,或者执行行政拘留时符合上述情形之一的,均不再投送拘留所执行行政拘留。

六、关于取缔问题。根据《治安管理处罚法》第 54 条的规定,对未经许可,擅自经营按照国家规定需要由公安机关许可的行业的,予以取缔。这里的"按照国家规定需要由公安机关许可的行业",是指按照有关法律、行政法规和国务院决定的有关规定,需要由公安机关许可的旅馆业、典当业、公章刻制业、保安培训业等行业。取缔应当由违反治安管理行为发生地的县级以上公安机关作出决定,按照《治安管理处罚法》的有关规定采取相应的措施,如责令停止相关经营活动、进入无证经营场所进行检查、扣押与案件有关的需要作为证据的物品等。在取缔的同时,应当依法收缴非法财物、追缴违法所得。

七、关于强制性教育措施问题。《治安管理处罚法》第 76 条规定,对有"引诱、容留、介绍他人卖淫","制作、运输、复制、出售、出租淫秽的书刊、图片、影片、音像制品等淫秽物品或者利用计算机信息网络、电话以及其他通讯工具传播淫秽信息","以营利为目的,为赌博提供条件的,或者参与赌博赌资较大的"行为,"屡教不改,可以按照国家规定采取强制性教育措施"。这里的"强制性教育措施"目前是指劳动教养;"按照国家规定"是指按照《治安管理处罚法》和其他有关劳动教养的法律、行政法规的规定;"屡教不改"是指有上述行为被依法判处刑罚执行期满后五年内又实施前述行为之一,或者被依法予以罚款、行政拘留、收容教育、劳动教养执行期满后三年内实施前述行为之一,情节较重,但尚不够刑事处罚的情形。

八、关于询问查证时间问题。《治安管理处罚法》第 83 条第 1 款规定,"对违反治安管理行为人,公安机关传唤后应当及时询问查证,询问查证的时间不得超过八小时;情况复杂,依照本法规定可能适用行政拘留处罚的,询问查证的时间不得超过二十四小时"。这里的"依照本法规定可能适用行政拘留处罚",是指本法第三章对行为人实施的违反治安管理行为设定了行政拘留处罚,且根据其行为的性质和情节轻重,可能依法对违反治安管理行为人决定予以行政拘留的案件。

根据《治安管理处罚法》第 82 条和第 83 条的规定,公安机关或者办案部门负责人在审批书面传唤时,可以一并审批询问查证时间。对经过询问查证,属于"情况复杂",且"依照本法规定可能适用行政拘留处罚"的案件,需要对违反治安管理行为人适用超过 8 小时询问查证时间的,需口头或者书面报经公安机关或者其办案部门负责人批准。对口头报批的,办案民警应当记录在案。

九、关于询问不满 16 周岁的未成年人问题。《治安管理处罚法》第 84 条、第

85条规定,询问不满16周岁的违反治安管理行为人、被侵害人或者其他证人,应当通知其父母或者其他监护人到场。上述人员父母双亡,又没有其他监护人的,因种种原因无法找到其父母或者其他监护人的,以及其父母或者其他监护人收到通知后拒不到场或者不能及时到场的,办案民警应当将有关情况在笔录中注明。为保证询问的合法性和证据的有效性,在被询问人的父母或者其他监护人不能到场时,可以邀请办案地居(村)民委员会的人员,或者被询问人在办案地有完全行为能力的亲友,或者所在学校的教师,或者其他见证人到场。询问笔录应当由办案民警、被询问人、见证人签名或者盖章。有条件的地方,还可以对询问过程进行录音、录像。

十、关于铁路、交通、民航、森林公安机关和海关侦查走私犯罪公安机构以及新疆生产建设兵团公安局的治安管理处罚权问题。《治安管理处罚法》第91条规定:"治安管理处罚由县级以上人民政府公安机关决定;其中警告、五百元以下罚款可以由公安派出所决定。"根据有关法律,铁路、交通、民航、森林公安机关依法负责其管辖范围内的治安管理工作,《中华人民共和国海关行政处罚实施条例》第6条赋予了海关侦查走私犯罪公安机构对阻碍海关缉私警察依法执行职务的治安案件的查处权。为有效维护社会治安,县级以上铁路、交通、民航、森林公安机关对其管辖的治安案件,可以依法作出治安管理处罚决定,铁路、交通、民航、森林公安派出所可以作出警告、500元以下罚款的治安管理处罚决定;海关系统相当于县级以上公安机关的侦查走私犯罪公安机构可以依法查处阻碍缉私警察依法执行职务的治安案件,并依法作出治安管理处罚决定。

新疆生产建设兵团系统的县级以上公安局应当视为"县级以上人民政府公安机关",可以依法作出治安管理处罚决定;其所属的公安派出所可以依法作出警告、500元以下罚款的治安管理处罚决定。

十一、关于限制人身自由的强制措施折抵行政拘留问题。《治安管理处罚法》第92条规定:"对决定给予行政拘留处罚的人,在处罚前已经采取强制措施限制人身自由的时间,应当折抵。限制人身自由一日,折抵行政拘留一日。"这里的"强制措施限制人身自由的时间",包括被行政拘留人在被行政拘留前因同一行为被依法刑事拘留、逮捕时间。如果被行政拘留人被刑事拘留、逮捕的时间已超过被行政拘留的时间的,则行政拘留不再执行,但办案部门必须将《治安管理处罚决定书》送达被处罚人。

十二、关于办理治安案件期限问题。《治安管理处罚法》第99条规定:"公安机关办理治安案件的期限,自受理之日起不得超过三十日;案情重大、复杂的,经上一级公安机关批准,可以延长三十日。为了查明案情进行鉴定的期间,不计入办理治安案件的期限。"这里的"鉴定期间",是指公安机关提交鉴定之日起至鉴定机构作出鉴定结论并送达公安机关的期间。公安机关应当切实提高办案效率,保证在法定期限内办结治安案件。对因违反治安管理行为人逃跑等客观原因造成案件不能在法定期限内办结的,公安机关应当继续进行调查取证,及时依法作出处理决定,不能因已超过法定办案期限就不再调查取证。因违反治安管理行为人在逃,导致无法查清案件事实,无法收集足够证据而结不了案的,公安机关应当向被侵害人说明原因。对调解未达成协议或者达成协议后不履行的治安案件的办案期限,应当从调解未达成协议或者达成协议后不履行之日起开始计算。

公安派出所承办的案情重大、复杂的案件,需要延长办案期限的,应当报所属县级以上公安机关负责人批准。

十三、关于将被拘留人送达拘留所执行问题。《治安管理处罚法》第103条规定:"对被决定给予行政拘留处罚的人,由作出决定的公安机关送达拘留所执行。"这里的"送达拘留所执行",是指作出行政拘留决定的公安机关将被决定行政拘留的人送到拘留所并交付执行,拘留所依法办理入所手续后即为送达。

十四、关于治安行政诉讼案件的出庭应诉问题。《治安管理处罚法》取消了行政复议前置程序。被处罚人对治安管理处罚决定不服的,既可以申请行政复议,也可以直接提起行政诉讼。对未经行政复议和经行政复议决定维持原处罚决定的行政诉讼案件,由作出处罚决定的公安机关负责人和原办案部门的承办民警出庭应诉;对经行政复议决定撤销、变更原处罚决定或者责令被申请人重新作出具体行政行为的行政诉讼案件,由行政复议机关负责人和行政复议机构的承办民警出庭应诉。

十五、关于《治安管理处罚法》的溯及力问题。按照《中华人民共和国立法法》第84条的规定,《治安管理处罚法》不溯及既往。《治安管理处罚法》施行后,对其施行前发生且尚未作出处罚决定的违反治安管理行为,适用《中华人民共和国治安管理处罚条例》;但是,如果《治安管理处罚法》不认为是违反治安管理行为或者处罚较轻的,适用《治安管理处罚法》。

2. 公安机关执行《中华人民共和国治安管理处罚法》有关问题的解释(二)

(2007年1月26日)

为正确、有效地执行《中华人民共和国治安管理处罚法》(以下简称《治安管理处罚法》),根据全国人民代表大会常务委员会《关于加强法律解释工作的决议》的规定,现对公安机关执行《治安管理处罚法》的有关问题解释如下:

一、关于制止违反治安管理行为的法律责任问题

为了免受正在进行的违反治安管理行为的侵害而采取的制止违法侵害行为,不属于违反治安管理行为。但对事先挑拨、故意挑逗他人对自己进行侵害,然后以制止违法侵害为名对他人加以侵害的行为,以及互相斗殴的行为,应当予以治安管理处罚。

二、关于未达目的违反治安管理行为的法律责任问题

行为人为实施违反治安管理行为准备工具、制造条件的,不予处罚。

行为人自动放弃实施违反治安管理行为或者自动有效地防止违反治安管理行为结果发生,没有造成损害的,不予处罚;造成损害的,应当减轻处罚。

行为人已经着手实施违反治安管理行为,但由于本人意志以外的原因而未得逞的,应当从轻处罚、减轻处罚或者不予处罚。

三、关于未达到刑事责任年龄不予刑事处罚的,能否予以治安管理处罚问题

对已满十四周岁不满十六周岁不予刑事处罚的,应当责令其家长或者监护人加以管教;必要时,可以依照《治安管理处罚法》的相关规定予以治安管理处罚,或者依照《中华人民共和国刑法》第十七条的规定予以收容教养。

四、关于减轻处罚的适用问题

违反治安管理行为人具有《治安管理处罚法》第十二条、第十四条、第十九条减轻处罚情节的,按下列规定适用:

(一)法定处罚种类只有一种,在该法定处罚种类的幅度以下减轻处罚;

(二)法定处罚种类只有一种,在该法定处罚种类的幅度以下无法再减轻处罚的,不予处罚;

(三)规定拘留并处罚款的,在法定处罚幅度以下单独或者同时减轻拘留和罚款,或者在法定处罚幅度内单处拘留;

(四)规定拘留可以并处罚款的,在拘留的法定处罚幅度以下减轻处罚;在拘留的法定处罚幅度以下无法再减轻处罚的,不予处罚。

五、关于"初次违反治安管理"的认定问题

《治安管理处罚法》第二十一条第二项规定的"初次违反治安管理",是指行为人的违反治安管理行为第一次被公安机关发现或者查处。但具有下列情形之一的,不属于"初次违反治安管理":

(一)曾违反治安管理,虽未被公安机关发现或者查处,但仍在法定追究时效内的;

(二)曾因不满十六周岁违反治安管理,不执行行政拘留的;

(三)曾违反治安管理,经公安机关调解结案的;

(四)曾被收容教养、劳动教养的;

(五)曾因实施扰乱公共秩序,妨害公共安全,侵犯人身权利、财产权利,妨害社会管理的行为被人民法院判处刑罚或者免除刑事处罚的。

六、关于扰乱居(村)民委员会秩序和破坏居(村)民委员会选举秩序行为的法律适用问题

对扰乱居(村)民委员会秩序的行为,应当根据其具体表现形式,如侮辱、诽谤、殴打他人、故意伤害、故意损毁财物等,依照《治安管理处罚法》的相关规定予以处罚。

对破坏居(村)民委员会选举秩序的行为,应当依照《治安管理处罚法》第二十三条第一款第五项的规定予以处罚。

七、关于殴打、伤害特定对象的处罚问题

对违反《治安管理处罚法》第四十三条第二款第二项规定行为的处罚,不要求行为人主观上必须明知殴打、伤害的对象为残疾人、孕妇、不满十四周岁的人或者六十周岁以上的人。

八、关于"结伙"、"多次"、"多人"的认定问题

《治安管理处罚法》中规定的"结伙"是指两人(含两人)以上;"多次"是指三次(含三次)以上;"多人"是指三人(含三人)以上。

九、关于运送他人偷越国(边)境、偷越国(边)境和吸食、注射毒品行为的法律适用问题

对运送他人偷越国(边)境、偷越国(边)境和吸食、注射毒品行为的行政处罚,适用《治安管理处罚法》第六十一条、第六十二条第二款和第七十二条第三项的规定,不再适用全国人民代表大会常务委员会《关于严惩组织、运送他人偷越国(边)境犯罪的补充规定》和《关于禁毒的决定》的规定。

十、关于居住场所与经营场所合一的检查问题

违反治安管理行为人的居住场所与其在工商行政管理部门注册登记的经营场所合一的,在经营时间内对其检查时,应当按照检查经营场所办理相关手续;在非经营时间内对其检查时,应当按照检查公民住所办理相关手续。

十一、关于被侵害人是否有权申请行政复议问题

根据《中华人民共和国行政复议法》第二条的规定,治安案件的被侵害人认为公安机关依据《治安管理处罚法》作出的具体行政行为侵犯其合法权益的,可以依法申请行政复议。

3. 中华人民共和国行政处罚法

（1996年3月17日第八届全国人民代表大会第四次会议通过　根据2009年8月27日第十一届全国人民代表大会常务委员会第十次会议《关于修改部分法律的决定》第一次修正　根据2017年9月1日第十二届全国人民代表大会常务委员会第二十九次会议《关于修改〈中华人民共和国法官法〉等八部法律的决定》第二次修正　2021年1月22日第十三届全国人民代表大会常务委员会第二十五次会议修订）

第一章　总　　则

第一条　为了规范行政处罚的设定和实施，保障和监督行政机关有效实施行政管理，维护公共利益和社会秩序，保护公民、法人或者其他组织的合法权益，根据宪法，制定本法。

第二条　行政处罚是指行政机关依法对违反行政管理秩序的公民、法人或者其他组织，以减损权益或者增加义务的方式予以惩戒的行为。

第三条　行政处罚的设定和实施，适用本法。

第四条　公民、法人或者其他组织违反行政管理秩序的行为，应当给予行政处罚的，依照本法由法律、法规、规章规定，并由行政机关依照本法规定的程序实施。

第五条　行政处罚遵循公正、公开的原则。

设定和实施行政处罚必须以事实为依据，与违法行为的事实、性质、情节以及社会危害程度相当。

对违法行为给予行政处罚的规定必须公布；未经公布的，不得作为行政处罚的依据。

第六条　实施行政处罚，纠正违法行为，应当坚持处罚与教育相结合，教育公民、法人或者其他组织自觉守法。

第七条 公民、法人或者其他组织对行政机关所给予的行政处罚,享有陈述权、申辩权;对行政处罚不服的,有权依法申请行政复议或者提起行政诉讼。

公民、法人或者其他组织因行政机关违法给予行政处罚受到损害的,有权依法提出赔偿要求。

第八条 公民、法人或者其他组织因违法行为受到行政处罚,其违法行为对他人造成损害的,应当依法承担民事责任。

违法行为构成犯罪,应当依法追究刑事责任的,不得以行政处罚代替刑事处罚。

第二章 行政处罚的种类和设定

第九条 行政处罚的种类:

(一)警告、通报批评;

(二)罚款、没收违法所得、没收非法财物;

(三)暂扣许可证件、降低资质等级、吊销许可证件;

(四)限制开展生产经营活动、责令停产停业、责令关闭、限制从业;

(五)行政拘留;

(六)法律、行政法规规定的其他行政处罚。

第十条 法律可以设定各种行政处罚。

限制人身自由的行政处罚,只能由法律设定。

第十一条 行政法规可以设定除限制人身自由以外的行政处罚。

法律对违法行为已经作出行政处罚规定,行政法规需要作出具体规定的,必须在法律规定的给予行政处罚的行为、种类和幅度的范围内规定。

法律对违法行为未作出行政处罚规定,行政法规为实施法律,可以补充设定行政处罚。拟补充设定行政处罚的,应当通过听证会、论证会等形式广泛听取意见,并向制定机关作出书面说明。行政法规报送备案时,应当说明补充设定行政处罚的情况。

第十二条 地方性法规可以设定除限制人身自由、吊销营业执照以外的行政处罚。

法律、行政法规对违法行为已经作出行政处罚规定,地方性法规需要作出具体规定的,必须在法律、行政法规规定的给予行政处罚的行为、种类和幅度的范围内规定。

法律、行政法规对违法行为未作出行政处罚规定,地方性法规为实施法律、行政法规,可以补充设定行政处罚。拟补充设定行政处罚的,应当通过听证会、论证会等形式广泛听取意见,并向制定机关作出书面说明。地方性法规报送备案时,应当说明补充设定行政处罚的情况。

第十三条 国务院部门规章可以在法律、行政法规规定的给予行政处罚的行为、种类和幅度的范围内作出具体规定。

尚未制定法律、行政法规的,国务院部门规章对违反行政管理秩序的行为,可以设定警告、通报批评或者一定数额罚款的行政处罚。罚款的限额由国务院规定。

第十四条 地方政府规章可以在法律、法规规定的给予行政处罚的行为、种类和幅度的范围内作出具体规定。

尚未制定法律、法规的,地方政府规章对违反行政管理秩序的行为,可以设定警告、通报批评或者一定数额罚款的行政处罚。罚款的限额由省、自治区、直辖市人民代表大会常务委员会规定。

第十五条 国务院部门和省、自治区、直辖市人民政府及其有关部门应当定期组织评估行政处罚的实施情况和必要性,对不适当的行政处罚事项及种类、罚款数额等,应当提出修改或者废止的建议。

第十六条 除法律、法规、规章外,其他规范性文件不得设定行政处罚。

第三章 行政处罚的实施机关

第十七条 行政处罚由具有行政处罚权的行政机关在法定职权范围内实施。

第十八条 国家在城市管理、市场监管、生态环境、文化市场、交通运输、应急管理、农业等领域推行建立综合行政执法制度,相对集中行政处罚权。

国务院或者省、自治区、直辖市人民政府可以决定一个行政机关行使有关行政机关的行政处罚权。

限制人身自由的行政处罚权只能由公安机关和法律规定的其他机关行使。

第十九条 法律、法规授权的具有管理公共事务职能的组织可以在法定授权范围内实施行政处罚。

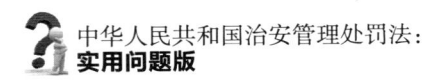

第二十条　行政机关依照法律、法规、规章的规定，可以在其法定权限内书面委托符合本法第二十一条规定条件的组织实施行政处罚。行政机关不得委托其他组织或者个人实施行政处罚。

委托书应当载明委托的具体事项、权限、期限等内容。委托行政机关和受委托组织应当将委托书向社会公布。

委托行政机关对受委托组织实施行政处罚的行为应当负责监督，并对该行为的后果承担法律责任。

受委托组织在委托范围内，以委托行政机关名义实施行政处罚；不得再委托其他组织或者个人实施行政处罚。

第二十一条　受委托组织必须符合以下条件：

（一）依法成立并具有管理公共事务职能；

（二）有熟悉有关法律、法规、规章和业务并取得行政执法资格的工作人员；

（三）需要进行技术检查或者技术鉴定的，应当有条件组织进行相应的技术检查或者技术鉴定。

第四章　行政处罚的管辖和适用

第二十二条　行政处罚由违法行为发生地的行政机关管辖。法律、行政法规、部门规章另有规定的，从其规定。

第二十三条　行政处罚由县级以上地方人民政府具有行政处罚权的行政机关管辖。法律、行政法规另有规定的，从其规定。

第二十四条　省、自治区、直辖市根据当地实际情况，可以决定将基层管理迫切需要的县级人民政府部门的行政处罚权交由能够有效承接的乡镇人民政府、街道办事处行使，并定期组织评估。决定应当公布。

承接行政处罚权的乡镇人民政府、街道办事处应当加强执法能力建设，按照规定范围、依照法定程序实施行政处罚。

有关地方人民政府及其部门应当加强组织协调、业务指导、执法监督，建立健全行政处罚协调配合机制，完善评议、考核制度。

第二十五条　两个以上行政机关都有管辖权的，由最先立案的行政机关管辖。

对管辖发生争议的，应当协商解决，协商不成的，报请共同的上一级行政机关指定管辖;也可以直接由共同的上一级行政机关指定管辖。

第二十六条 行政机关因实施行政处罚的需要,可以向有关机关提出协助请求。协助事项属于被请求机关职权范围内的,应当依法予以协助。

第二十七条 违法行为涉嫌犯罪的,行政机关应当及时将案件移送司法机关,依法追究刑事责任。对依法不需要追究刑事责任或者免予刑事处罚,但应当给予行政处罚的,司法机关应当及时将案件移送有关行政机关。

行政处罚实施机关与司法机关之间应当加强协调配合,建立健全案件移送制度,加强证据材料移交、接收衔接,完善案件处理信息通报机制。

第二十八条 行政机关实施行政处罚时,应当责令当事人改正或者限期改正违法行为。

当事人有违法所得,除依法应当退赔的外,应当予以没收。违法所得是指实施违法行为所取得的款项。法律、行政法规、部门规章对违法所得的计算另有规定的,从其规定。

第二十九条 对当事人的同一个违法行为,不得给予两次以上罚款的行政处罚。同一个违法行为违反多个法律规范应当给予罚款处罚的,按照罚款数额高的规定处罚。

第三十条 不满十四周岁的未成年人有违法行为的,不予行政处罚,责令监护人加以管教;已满十四周岁不满十八周岁的未成年人有违法行为的,应当从轻或者减轻行政处罚。

第三十一条 精神病人、智力残疾人在不能辨认或者不能控制自己行为时有违法行为的,不予行政处罚,但应当责令其监护人严加看管和治疗。间歇性精神病人在精神正常时有违法行为的,应当给予行政处罚。尚未完全丧失辨认或者控制自己行为能力的精神病人、智力残疾人有违法行为的,可以从轻或者减轻行政处罚。

第三十二条 当事人有下列情形之一,应当从轻或者减轻行政处罚:

(一)主动消除或者减轻违法行为危害后果的;

(二)受他人胁迫或者诱骗实施违法行为的;

(三)主动供述行政机关尚未掌握的违法行为的;

(四)配合行政机关查处违法行为有立功表现的;

(五)法律、法规、规章规定其他应当从轻或者减轻行政处罚的。

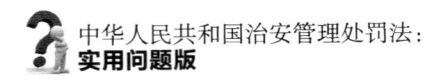

第三十三条 违法行为轻微并及时改正,没有造成危害后果的,不予行政处罚。初次违法且危害后果轻微并及时改正的,可以不予行政处罚。

当事人有证据足以证明没有主观过错的,不予行政处罚。法律、行政法规另有规定的,从其规定。

对当事人的违法行为依法不予行政处罚的,行政机关应当对当事人进行教育。

第三十四条 行政机关可以依法制定行政处罚裁量基准,规范行使行政处罚裁量权。行政处罚裁量基准应当向社会公布。

第三十五条 违法行为构成犯罪,人民法院判处拘役或者有期徒刑时,行政机关已经给予当事人行政拘留的,应当依法折抵相应刑期。

违法行为构成犯罪,人民法院判处罚金时,行政机关已经给予当事人罚款的,应当折抵相应罚金;行政机关尚未给予当事人罚款的,不再给予罚款。

第三十六条 违法行为在二年内未被发现的,不再给予行政处罚;涉及公民生命健康安全、金融安全且有危害后果的,上述期限延长至五年。法律另有规定的除外。

前款规定的期限,从违法行为发生之日起计算;违法行为有连续或者继续状态的,从行为终了之日起计算。

第三十七条 实施行政处罚,适用违法行为发生时的法律、法规、规章的规定。但是,作出行政处罚决定时,法律、法规、规章已被修改或者废止,且新的规定处罚较轻或者不认为是违法的,适用新的规定。

第三十八条 行政处罚没有依据或者实施主体不具有行政主体资格的,行政处罚无效。

违反法定程序构成重大且明显违法的,行政处罚无效。

第五章 行政处罚的决定

第一节 一般规定

第三十九条 行政处罚的实施机关、立案依据、实施程序和救济渠道等信息应当公示。

第四十条 公民、法人或者其他组织违反行政管理秩序的行为,依法应当给予行政处罚的,行政机关必须查明事实;违法事实不清、证据不足的,不得给予行政处罚。

第四十一条 行政机关依照法律、行政法规规定利用电子技术监控设备收集、固定违法事实的,应当经过法制和技术审核,确保电子技术监控设备符合标准、设置合理、标志明显,设置地点应当向社会公布。

电子技术监控设备记录违法事实应当真实、清晰、完整、准确。行政机关应当审核记录内容是否符合要求;未经审核或者经审核不符合要求的,不得作为行政处罚的证据。

行政机关应当及时告知当事人违法事实,并采取信息化手段或者其他措施,为当事人查询、陈述和申辩提供便利。不得限制或者变相限制当事人享有的陈述权、申辩权。

第四十二条 行政处罚应当由具有行政执法资格的执法人员实施。执法人员不得少于两人,法律另有规定的除外。

执法人员应当文明执法,尊重和保护当事人合法权益。

第四十三条 执法人员与案件有直接利害关系或者有其他关系可能影响公正执法的,应当回避。

当事人认为执法人员与案件有直接利害关系或者有其他关系可能影响公正执法的,有权申请回避。

当事人提出回避申请的,行政机关应当依法审查,由行政机关负责人决定。决定作出之前,不停止调查。

第四十四条 行政机关在作出行政处罚决定之前,应当告知当事人拟作出的行政处罚内容及事实、理由、依据,并告知当事人依法享有的陈述、申辩、要求听证等权利。

第四十五条 当事人有权进行陈述和申辩。行政机关必须充分听取当事人的意见,对当事人提出的事实、理由和证据,应当进行复核;当事人提出的事实、理由或者证据成立的,行政机关应当采纳。

行政机关不得因当事人陈述、申辩而给予更重的处罚。

第四十六条 证据包括:

(一)书证;

(二)物证;

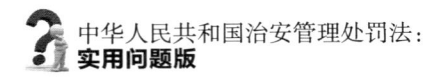

（三）视听资料；

（四）电子数据；

（五）证人证言；

（六）当事人的陈述；

（七）鉴定意见；

（八）勘验笔录、现场笔录。

证据必须经查证属实，方可作为认定案件事实的根据。

以非法手段取得的证据，不得作为认定案件事实的根据。

第四十七条 行政机关应当依法以文字、音像等形式，对行政处罚的启动、调查取证、审核、决定、送达、执行等进行全过程记录，归档保存。

第四十八条 具有一定社会影响的行政处罚决定应当依法公开。

公开的行政处罚决定被依法变更、撤销、确认违法或者确认无效的，行政机关应当在三日内撤回行政处罚决定信息并公开说明理由。

第四十九条 发生重大传染病疫情等突发事件，为了控制、减轻和消除突发事件引起的社会危害，行政机关对违反突发事件应对措施的行为，依法快速、从重处罚。

第五十条 行政机关及其工作人员对实施行政处罚过程中知悉的国家秘密、商业秘密或者个人隐私，应当依法予以保密。

第二节 简易程序

第五十一条 违法事实确凿并有法定依据，对公民处以二百元以下、对法人或者其他组织处以三千元以下罚款或者警告的行政处罚的，可以当场作出行政处罚决定。法律另有规定的，从其规定。

第五十二条 执法人员当场作出行政处罚决定的，应当向当事人出示执法证件，填写预定格式、编有号码的行政处罚决定书，并当场交付当事人。当事人拒绝签收的，应当在行政处罚决定书上注明。

前款规定的行政处罚决定书应当载明当事人的违法行为，行政处罚的种类和依据、罚款数额、时间、地点，申请行政复议、提起行政诉讼的途径和期限以及行政机关名称，并由执法人员签名或者盖章。

执法人员当场作出的行政处罚决定，应当报所属行政机关备案。

第五十三条 对当场作出的行政处罚决定,当事人应当依照本法第六十七条至第六十九条的规定履行。

第三节 普通程序

第五十四条 除本法第五十一条规定的可以当场作出的行政处罚外,行政机关发现公民、法人或者其他组织有依法应当给行政处罚的行为的,必须全面、客观、公正地调查,收集有关证据;必要时,依照法律、法规的规定,可以进行检查。

符合立案标准的,行政机关应当及时立案。

第五十五条 执法人员在调查或者进行检查时,应当主动向当事人或者有关人员出示执法证件。当事人或者有关人员有权要求执法人员出示执法证件。执法人员不出示执法证件的,当事人或者有关人员有权拒绝接受调查或者检查。

当事人或者有关人员应当如实回答询问,并协助调查或者检查,不得拒绝或者阻挠。询问或者检查应当制作笔录。

第五十六条 行政机关在收集证据时,可以采取抽样取证的方法;在证据可能灭失或者以后难以取得的情况下,经行政机关负责人批准,可以先行登记保存,并应当在七日内及时作出处理决定,在此期间,当事人或者有关人员不得销毁或者转移证据。

第五十七条 调查终结,行政机关负责人应当对调查结果进行审查,根据不同情况,分别作出如下决定:

(一)确有应受行政处罚的违法行为的,根据情节轻重及具体情况,作出行政处罚决定;

(二)违法行为轻微,依法可以不予行政处罚的,不予行政处罚;

(三)违法事实不能成立的,不予行政处罚;

(四)违法行为涉嫌犯罪的,移送司法机关。

对情节复杂或者重大违法行为给予行政处罚,行政机关负责人应当集体讨论决定。

第五十八条 有下列情形之一,在行政机关负责人作出行政处罚的决定之前,应当由从事行政处罚决定法制审核的人员进行法制审核;未经法制审核或者审核未通过的,不得作出决定:

(一)涉及重大公共利益的;

（二）直接关系当事人或者第三人重大权益，经过听证程序的；

（三）案件情况疑难复杂、涉及多个法律关系的；

（四）法律、法规规定应当进行法制审核的其他情形。

行政机关中初次从事行政处罚决定法制审核的人员，应当通过国家统一法律职业资格考试取得法律职业资格。

第五十九条 行政机关依照本法第五十七条的规定给予行政处罚，应当制作行政处罚决定书。行政处罚决定书应当载明下列事项：

（一）当事人的姓名或者名称、地址；

（二）违反法律、法规、规章的事实和证据；

（三）行政处罚的种类和依据；

（四）行政处罚的履行方式和期限；

（五）申请行政复议、提起行政诉讼的途径和期限；

（六）作出行政处罚决定的行政机关名称和作出决定的日期。

行政处罚决定书必须盖有作出行政处罚决定的行政机关的印章。

第六十条 行政机关应当自行政处罚案件立案之日起九十日内作出行政处罚决定。法律、法规、规章另有规定的，从其规定。

第六十一条 行政处罚决定书应当在宣告后当场交付当事人；当事人不在场的，行政机关应当在七日内依照《中华人民共和国民事诉讼法》的有关规定，将行政处罚决定书送达当事人。

当事人同意并签订确认书的，行政机关可以采用传真、电子邮件等方式，将行政处罚决定书等送达当事人。

第六十二条 行政机关及其执法人员在作出行政处罚决定之前，未依照本法第四十四条、第四十五条的规定向当事人告知拟作出的行政处罚内容及事实、理由、依据，或者拒绝听取当事人的陈述、申辩，不得作出行政处罚决定；当事人明确放弃陈述或者申辩权利的除外。

第四节 听证程序

第六十三条 行政机关拟作出下列行政处罚决定，应当告知当事人有要求听证的权利，当事人要求听证的，行政机关应当组织听证：

（一）较大数额罚款；

(二)没收较大数额违法所得、没收较大价值非法财物;

(三)降低资质等级、吊销许可证件;

(四)责令停产停业、责令关闭、限制从业;

(五)其他较重的行政处罚;

(六)法律、法规、规章规定的其他情形。

当事人不承担行政机关组织听证的费用。

第六十四条　听证应当依照以下程序组织:

(一)当事人要求听证的,应当在行政机关告知后五日内提出;

(二)行政机关应当在举行听证的七日前,通知当事人及有关人员听证的时间、地点;

(三)除涉及国家秘密、商业秘密或者个人隐私依法予以保密外,听证公开举行;

(四)听证由行政机关指定的非本案调查人员主持;当事人认为主持人与本案有直接利害关系的,有权申请回避;

(五)当事人可以亲自参加听证,也可以委托一至二人代理;

(六)当事人及其代理人无正当理由拒不出席听证或者未经许可中途退出听证的,视为放弃听证权利,行政机关终止听证;

(七)举行听证时,调查人员提出当事人违法的事实、证据和行政处罚建议,当事人进行申辩和质证;

(八)听证应当制作笔录。笔录应当交当事人或者其代理人核对无误后签字或者盖章。当事人或者其代理人拒绝签字或者盖章的,由听证主持人在笔录中注明。

第六十五条　听证结束后,行政机关应当根据听证笔录,依照本法第五十七条的规定,作出决定。

第六章　行政处罚的执行

第六十六条　行政处罚决定依法作出后,当事人应当在行政处罚决定书载明的期限内,予以履行。

当事人确有经济困难,需要延期或者分期缴纳罚款的,经当事人申请和行政机关批准,可以暂缓或者分期缴纳。

第六十七条　作出罚款决定的行政机关应当与收缴罚款的机构分离。

除依照本法第六十八条、第六十九条的规定当场收缴的罚款外,作出行政处罚决定的行政机关及其执法人员不得自行收缴罚款。

当事人应当自收到行政处罚决定书之日起十五日内,到指定的银行或者通过电子支付系统缴纳罚款。银行应当收受罚款,并将罚款直接上缴国库。

第六十八条　依照本法第五十一条的规定当场作出行政处罚决定,有下列情形之一,执法人员可以当场收缴罚款:

(一)依法给予一百元以下罚款的;

(二)不当场收缴事后难以执行的。

第六十九条　在边远、水上、交通不便地区,行政机关及其执法人员依照本法第五十一条、第五十七条的规定作出罚款决定后,当事人到指定的银行或者通过电子支付系统缴纳罚款确有困难,经当事人提出,行政机关及其执法人员可以当场收缴罚款。

第七十条　行政机关及其执法人员当场收缴罚款的,必须向当事人出具国务院财政部门或者省、自治区、直辖市人民政府财政部门统一制发的专用票据;不出具财政部门统一制发的专用票据的,当事人有权拒绝缴纳罚款。

第七十一条　执法人员当场收缴的罚款,应当自收缴罚款之日起二日内,交至行政机关;在水上当场收缴的罚款,应当自抵岸之日起二日内交至行政机关;行政机关应当在二日内将罚款缴付指定的银行。

第七十二条　当事人逾期不履行行政处罚决定的,作出行政处罚决定的行政机关可以采取下列措施:

(一)到期不缴纳罚款的,每日按罚款数额的百分之三加处罚款,加处罚款的数额不得超出罚款的数额;

(二)根据法律规定,将查封、扣押的财物拍卖、依法处理或者将冻结的存款、汇款划拨抵缴罚款;

(三)根据法律规定,采取其他行政强制执行方式;

(四)依照《中华人民共和国行政强制法》的规定申请人民法院强制执行。

行政机关批准延期、分期缴纳罚款的,申请人民法院强制执行的期限,自暂缓或者分期缴纳罚款期限结束之日起计算。

第七十三条　当事人对行政处罚决定不服,申请行政复议或者提起行政诉讼的,行政处罚不停止执行,法律另有规定的除外。

当事人对限制人身自由的行政处罚决定不服,申请行政复议或者提起行政诉讼的,可以向作出决定的机关提出暂缓执行申请。符合法律规定情形的,应当暂缓执行。

当事人申请行政复议或者提起行政诉讼的,加处罚款的数额在行政复议或者行政诉讼期间不予计算。

第七十四条 除依法应当予以销毁的物品外,依法没收的非法财物必须按照国家规定公开拍卖或者按照国家有关规定处理。

罚款、没收的违法所得或者没收非法财物拍卖的款项,必须全部上缴国库,任何行政机关或者个人不得以任何形式截留、私分或者变相私分。

罚款、没收的违法所得或者没收非法财物拍卖的款项,不得同作出行政处罚决定的行政机关及其工作人员的考核、考评直接或者变相挂钩。除依法应当退还、退赔的外,财政部门不得以任何形式向作出行政处罚决定的行政机关返还罚款、没收的违法所得或者没收非法财物拍卖的款项。

第七十五条 行政机关应当建立健全对行政处罚的监督制度。县级以上人民政府应当定期组织开展行政执法评议、考核,加强对行政处罚的监督检查,规范和保障行政处罚的实施。

行政机关实施行政处罚应当接受社会监督。公民、法人或者其他组织对行政机关实施行政处罚的行为,有权申诉或者检举;行政机关应当认真审查,发现有错误的,应当主动改正。

第七章 法律责任

第七十六条 行政机关实施行政处罚,有下列情形之一,由上级行政机关或者有关机关责令改正,对直接负责的主管人员和其他直接责任人员依法给予处分:

(一)没有法定的行政处罚依据的;

(二)擅自改变行政处罚种类、幅度的;

(三)违反法定的行政处罚程序的;

(四)违反本法第二十条关于委托处罚的规定的;

(五)执法人员未取得执法证件的。

行政机关对符合立案标准的案件不及时立案的,依照前款规定予以处理。

第七十七条　行政机关对当事人进行处罚不使用罚款、没收财物单据或者使用非法定部门制发的罚款、没收财物单据的,当事人有权拒绝,并有权予以检举,由上级行政机关或者有关机关对使用的非法单据予以收缴销毁,对直接负责的主管人员和其他直接责任人员依法给予处分。

第七十八条　行政机关违反本法第六十七条的规定自行收缴罚款的,财政部门违反本法第七十四条的规定向行政机关返还罚款、没收的违法所得或者拍卖款项的,由上级行政机关或者有关机关责令改正,对直接负责的主管人员和其他直接责任人员依法给予处分。

第七十九条　行政机关截留、私分或者变相私分罚款、没收的违法所得或者财物的,由财政部门或者有关机关予以追缴,对直接负责的主管人员和其他直接责任人员依法给予处分;情节严重构成犯罪的,依法追究刑事责任。

执法人员利用职务上的便利,索取或者收受他人财物,将收缴罚款据为己有,构成犯罪的,依法追究刑事责任;情节轻微不构成犯罪的,依法给予处分。

第八十条　行政机关使用或者损毁查封、扣押的财物,对当事人造成损失的,应当依法予以赔偿,对直接负责的主管人员和其他直接责任人员依法给予处分。

第八十一条　行政机关违法实施检查措施或者执行措施,给公民人身或者财产造成损害、给法人或者其他组织造成损失的,应当依法予以赔偿,对直接负责的主管人员和其他直接责任人员依法给予处分;情节严重构成犯罪的,依法追究刑事责任。

第八十二条　行政机关对应当依法移交司法机关追究刑事责任的案件不移交,以行政处罚代替刑事处罚,由上级行政机关或者有关机关责令改正,对直接负责的主管人员和其他直接责任人员依法给予处分;情节严重构成犯罪的,依法追究刑事责任。

第八十三条　行政机关对应当予以制止和处罚的违法行为不予制止、处罚,致使公民、法人或者其他组织的合法权益、公共利益和社会秩序遭受损害的,对直接负责的主管人员和其他直接责任人员依法给予处分;情节严重构成犯罪的,依法追究刑事责任。

第八章　附　　则

第八十四条　外国人、无国籍人、外国组织在中华人民共和国领域内有违法行为,应当给予行政处罚的,适用本法,法律另有规定的除外。

第八十五条 本法中"二日""三日""五日""七日"的规定是指工作日,不含法定节假日。

第八十六条 本法自 2021 年 7 月 15 日起施行。

4. 公安机关办理行政案件程序规定

(2012 年 12 月 19 日公安部令第 125 号修订发布 根据 2014 年 6 月 29 日公安部令第 132 号《公安部关于修改部分部门规章的决定》第一次修正 根据 2018 年 11 月 25 日公安部令第 149 号《公安部关于修改〈公安机关办理行政案件程序规定〉的决定》第二次修正 根据 2020 年 8 月 6 日公安部令第 160 号《公安部关于废止和修改部分规章的决定》第三次修正)

目　　录

第一章　总　　则

第二章　管　　辖

第三章　回　　避

第四章　证　　据

第五章　期间与送达

第六章　简易程序和快速办理

　第一节　简易程序

　第二节　快速办理

第七章　调查取证

　第一节　一般规定

第二节　受　　案

　　第三节　询　　问

　　第四节　勘验、检查

　　第五节　鉴　　定

　　第六节　辨　　认

　　第七节　证据保全

　　第八节　办案协作

第八章　听证程序

　　第一节　一般规定

　　第二节　听证人员和听证参加人

　　第三节　听证的告知、申请和受理

　　第四节　听证的举行

第九章　行政处理决定

　　第一节　行政处罚的适用

　　第二节　行政处理的决定

第十章　治安调解

第十一章　涉案财物的管理和处理

第十二章　执　　行

　　第一节　一般规定

　　第二节　罚款的执行

　　第三节　行政拘留的执行

　　第四节　其他处理决定的执行

第十三章　涉外行政案件的办理

第十四章　案件终结

第十五章　附　　则

第一章　总　　则

第一条　为了规范公安机关办理行政案件程序,保障公安机关在办理行政案件中正确履行职责,保护公民、法人和其他组织的合法权益,根据《中华人民共和国行政处罚法》《中华人民共和国行政强制法》《中华人民共和国治安管理处罚法》等有关法律、行政法规,制定本规定。

第二条　本规定所称行政案件,是指公安机关依照法律、法规和规章的规定对违法行为人决定行政处罚以及强制隔离戒毒等处理措施的案件。

本规定所称公安机关,是指县级以上公安机关、公安派出所、依法具有独立执法主体资格的公安机关业务部门以及出入境边防检查站。

第三条　办理行政案件应当以事实为根据,以法律为准绳。

第四条　办理行政案件应当遵循合法、公正、公开、及时的原则,尊重和保障人权,保护公民的人格尊严。

第五条　办理行政案件应当坚持教育与处罚相结合的原则,教育公民、法人和其他组织自觉守法。

第六条　办理未成年人的行政案件,应当根据未成年人的身心特点,保障其合法权益。

第七条　办理行政案件,在少数民族聚居或者多民族共同居住的地区,应当使用当地通用的语言进行询问。对不通晓当地通用语言文字的当事人,应当为他们提供翻译。

第八条　公安机关及其人民警察在办理行政案件时,对涉及的国家秘密、商业秘密或者个人隐私,应当保密。

第九条　公安机关人民警察在办案中玩忽职守、徇私舞弊、滥用职权、索取或者收受他人财物的,依法给予处分;构成犯罪的,依法追究刑事责任。

第二章　管　辖

第十条　行政案件由违法行为地的公安机关管辖。由违法行为人居住地公安机关管辖更为适宜的,可以由违法行为人居住地公安机关管辖,但是涉及卖淫、嫖娼、赌博、毒品的案件除外。

违法行为地包括违法行为发生地和违法结果发生地。违法行为发生地,包括违法行为的实施地以及开始地、途经地、结束地等与违法行为有关的地点;违法行为有连续、持续或者继续状态的,违法行为连续、持续或者继续实施的地方都属于违法行为发生地。违法结果发生地,包括违法对象被侵害地、违法所得的实际取得地、藏匿地、转移地、使用地、销售地。

居住地包括户籍所在地、经常居住地。经常居住地是指公民离开户籍所在地

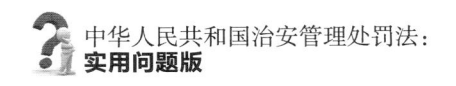

最后连续居住一年以上的地方,但在医院住院就医的除外。

移交违法行为人居住地公安机关管辖的行政案件,违法行为地公安机关在移交前应当及时收集证据,并配合违法行为人居住地公安机关开展调查取证工作。

第十一条 针对或者利用网络实施的违法行为,用于实施违法行为的网站服务器所在地、网络接入地以及网站建立者或者管理者所在地,被侵害的网络及其运营者所在地,违法过程中违法行为人、被侵害人使用的网络及其运营者所在地,被侵害人被侵害时所在地,以及被侵害人财产遭受损失地公安机关可以管辖。

第十二条 行驶中的客车上发生的行政案件,由案发后客车最初停靠地公安机关管辖;必要时,始发地、途经地、到达地公安机关也可以管辖。

第十三条 行政案件由县级公安机关及其公安派出所、依法具有独立执法主体资格的公安机关业务部门以及出入境边防检查站按照法律、行政法规、规章授权和管辖分工办理,但法律、行政法规、规章规定由设区的市级以上公安机关办理的除外。

第十四条 几个公安机关都有权管辖的行政案件,由最初受理的公安机关管辖。必要时,可以由主要违法行为地公安机关管辖。

第十五条 对管辖权发生争议的,报请共同的上级公安机关指定管辖。

对于重大、复杂的案件,上级公安机关可以直接办理或者指定管辖。

上级公安机关直接办理或者指定管辖的,应当书面通知被指定管辖的公安机关和其他有关的公安机关。

原受理案件的公安机关自收到上级公安机关书面通知之日起不再行使管辖权,并立即将案卷材料移送被指定管辖的公安机关或者办理的上级公安机关,及时书面通知当事人。

第十六条 铁路公安机关管辖列车上、火车站工作区域内、铁路系统的机关、厂、段、所、队等单位内发生的行政案件,以及在铁路线上放置障碍物或者损毁、移动铁路设施等可能影响铁路运输安全、盗窃铁路设施的行政案件。对倒卖、伪造、变造火车票案件,由最初受理的铁路或者地方公安机关管辖。必要时,可以移送主要违法行为发生地的铁路或者地方公安机关管辖。

交通公安机关管辖港航管理机构管理的轮船上、港口、码头工作区域内和港航系统的机关、厂、所、队等单位内发生的行政案件。

民航公安机关管辖民航管理机构管理的机场工作区域以及民航系统的机关、

厂、所、队等单位内和民航飞机上发生的行政案件。

国有林区的森林公安机关管辖林区内发生的行政案件。

海关缉私机构管辖阻碍海关缉私警察依法执行职务的治安案件。

第三章 回 避

第十七条 公安机关负责人、办案人民警察有下列情形之一的,应当自行提出回避申请,案件当事人及其法定代理人有权要求他们回避：

(一)是本案的当事人或者当事人近亲属的；

(二)本人或者其近亲属与本案有利害关系的；

(三)与本案当事人有其他关系,可能影响案件公正处理的。

第十八条 公安机关负责人、办案人民警察提出回避申请的,应当说明理由。

第十九条 办案人民警察的回避,由其所属的公安机关决定；公安机关负责人的回避,由上一级公安机关决定。

第二十条 当事人及其法定代理人要求公安机关负责人、办案人民警察回避的,应当提出申请,并说明理由。口头提出申请的,公安机关应当记录在案。

第二十一条 对当事人及其法定代理人提出的回避申请,公安机关应当在收到申请之日起二日内作出决定并通知申请人。

第二十二条 公安机关负责人、办案人民警察具有应当回避的情形之一,本人没有申请回避,当事人及其法定代理人也没有申请其回避的,有权决定其回避的公安机关可以指令其回避。

第二十三条 在行政案件调查过程中,鉴定人和翻译人员需要回避的,适用本章的规定。

鉴定人、翻译人员的回避,由指派或者聘请的公安机关决定。

第二十四条 在公安机关作出回避决定前,办案人民警察不得停止对行政案件的调查。

作出回避决定后,公安机关负责人、办案人民警察不得再参与该行政案件的调查和审核、审批工作。

第二十五条 被决定回避的公安机关负责人、办案人民警察、鉴定人和翻译人员,在回避决定作出前所进行的与案件有关的活动是否有效,由作出回避决定的公安机关根据是否影响案件依法公正处理等情况决定。

第四章 证　据

第二十六条 可以用于证明案件事实的材料,都是证据。公安机关办理行政案件的证据包括:

(一)物证;

(二)书证;

(三)被侵害人陈述和其他证人证言;

(四)违法嫌疑人的陈述和申辩;

(五)鉴定意见;

(六)勘验、检查、辨认笔录,现场笔录;

(七)视听资料、电子数据。

证据必须经过查证属实,才能作为定案的根据。

第二十七条 公安机关必须依照法定程序,收集能够证实违法嫌疑人是否违法、违法情节轻重的证据。

严禁刑讯逼供和以威胁、欺骗等非法方法收集证据。采用刑讯逼供等非法方法收集的违法嫌疑人的陈述和申辩以及采用暴力、威胁等非法方法收集的被侵害人陈述、其他证人证言,不能作为定案的根据。收集物证、书证不符合法定程序,可能严重影响执法公正的,应当予以补正或者作出合理解释;不能补正或者作出合理解释的,不能作为定案的根据。

第二十八条 公安机关向有关单位和个人收集、调取证据时,应当告知其必须如实提供证据,并告知其伪造、隐匿、毁灭证据,提供虚假证词应当承担的法律责任。

需要向有关单位和个人调取证据的,经公安机关办案部门负责人批准,开具调取证据通知书,明确调取的证据和提供时限。被调取人应当在通知书上盖章或者签名,被调取人拒绝的,公安机关应当注明。必要时,公安机关应当采用录音、录像等方式固定证据内容及取证过程。

需要向有关单位紧急调取证据的,公安机关可以在电话告知人民警察身份的同时,将调取证据通知书连同办案人民警察的人民警察证复印件通过传真、互联网通讯工具等方式送达有关单位。

第二十九条 收集调取的物证应当是原物。在原物不便搬运、不易保存或者依法应当由有关部门保管、处理或者依法应当返还时,可以拍摄或者制作足以反映原物外形或者内容的照片、录像。

物证的照片、录像,经与原物核实无误或者经鉴定证明为真实的,可以作为证据使用。

第三十条 收集、调取的书证应当是原件。在取得原件确有困难时,可以使用副本或者复制件。

书证的副本、复制件,经与原件核实无误或者经鉴定证明为真实的,可以作为证据使用。书证有更改或者更改迹象不能作出合理解释的,或者书证的副本、复制件不能反映书证原件及其内容的,不能作为证据使用。

第三十一条 物证的照片、录像,书证的副本、复制件,视听资料的复制件,应当附有关制作过程及原件、原物存放处的文字说明,并由制作人和物品持有人或者持有单位有关人员签名。

第三十二条 收集电子数据,能够扣押电子数据原始存储介质的,应当扣押。

无法扣押原始存储介质的,可以提取电子数据。提取电子数据,应当制作笔录,并附电子数据清单,由办案人民警察、电子数据持有人签名。持有人无法或者拒绝签名的,应当在笔录中注明。

由于客观原因无法或者不宜依照前两款规定收集电子数据的,可以采取打印、拍照或者录像等方式固定相关证据,并附有关原因、过程等情况的文字说明,由办案人民警察、电子数据持有人签名。持有人无法或者拒绝签名的,应当注明情况。

第三十三条 刑事案件转为行政案件办理的,刑事案件办理过程中收集的证据材料,可以作为行政案件的证据使用。

第三十四条 凡知道案件情况的人,都有作证的义务。

生理上、精神上有缺陷或者年幼,不能辨别是非、不能正确表达的人,不能作为证人。

第五章 期间与送达

第三十五条 期间以时、日、月、年计算,期间开始之时或者日不计算在内。法律文书送达的期间不包括路途上的时间。期间的最后一日是节假日的,以节假日后的第一日为期满日期,但违法行为人被限制人身自由的期间,应当至期满之

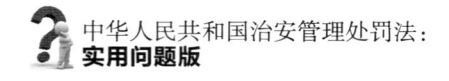

日为止,不得因节假日而延长。

第三十六条 送达法律文书,应当遵守下列规定:

(一)依照简易程序作出当场处罚决定的,应当将决定书当场交付被处罚人,并由被处罚人在备案的决定书上签名或者捺指印;被处罚人拒绝的,由办案人民警察在备案的决定书上注明;

(二)除本款第一项规定外,作出行政处罚决定和其他行政处理决定,应当在宣告后将决定书当场交付被处理人,并由被处理人在附卷的决定书上签名或者捺指印,即为送达;被处理人拒绝的,由办案人民警察在附卷的决定书上注明;被处理人不在场的,公安机关应当在作出决定的七日内将决定书送达被处理人,治安管理处罚决定应当在二日内送达。

送达法律文书应当首先采取直接送达方式,交给受送达人本人;受送达人不在的,可以交付其成年家属、所在单位的负责人员或者其居住地居(村)民委员会代收。受送达人本人或者代收人拒绝接收或者拒绝签名和捺指印的,送达人可以邀请其邻居或者其他见证人到场,说明情况,也可以对拒收情况进行录音录像,把文书留在受送达人处,在附卷的法律文书上注明拒绝的事由、送达日期,由送达人、见证人签名或者捺指印,即视为送达。

无法直接送达的,委托其他公安机关代为送达,或者邮寄送达。经受送达人同意,可以采用传真、互联网通讯工具等能够确认其收悉的方式送达。

经采取上述送达方式仍无法送达的,可以公告送达。公告的范围和方式应当便于公民知晓,公告期限不得少于六十日。

第六章 简易程序和快速办理

第一节 简易程序

第三十七条 违法事实确凿,且具有下列情形之一的,人民警察可以当场作出处罚决定,有违禁品的,可以当场收缴:

(一)对违反治安管理行为人或者道路交通违法行为人处二百元以下罚款或者警告的;

(二)出入境边防检查机关对违反出境入境管理行为人处五百元以下罚款或者警告的;

(三)对有其他违法行为的个人处五十元以下罚款或者警告、对单位处一千元以下罚款或者警告的;

(四)法律规定可以当场处罚的其他情形。

涉及卖淫、嫖娼、赌博、毒品的案件,不适用当场处罚。

第三十八条 当场处罚,应当按照下列程序实施:

(一)向违法行为人表明执法身份;

(二)收集证据;

(三)口头告知违法行为人拟作出行政处罚决定的事实、理由和依据,并告知违法行为人依法享有的陈述权和申辩权;

(四)充分听取违法行为人的陈述和申辩。违法行为人提出的事实、理由或者证据成立的,应当采纳;

(五)填写当场处罚决定书并当场交付被处罚人;

(六)当场收缴罚款的,同时填写罚款收据,交付被处罚人;未当场收缴罚款的,应当告知被处罚人在规定期限内到指定的银行缴纳罚款。

第三十九条 适用简易程序处罚的,可以由人民警察一人作出行政处罚决定。

人民警察当场作出行政处罚决定的,应当于作出决定后的二十四小时内将当场处罚决定书报所属公安机关备案,交通警察应当于作出决定后的二日内报所属公安机关交通管理部门备案。在旅客列车、民航飞机、水上作出行政处罚决定的,应当在返回后的二十四小时内报所属公安机关备案。

第二节 快速办理

第四十条 对不适用简易程序,但事实清楚,违法嫌疑人自愿认错认罚,且对违法事实和法律适用没有异议的行政案件,公安机关可以通过简化取证方式和审核审批手续等措施快速办理。

第四十一条 行政案件具有下列情形之一的,不适用快速办理:

(一)违法嫌疑人系盲、聋、哑人,未成年人或者疑似精神病人的;

(二)依法应当适用听证程序的;

(三)可能作出十日以上行政拘留处罚的;

(四)其他不宜快速办理的。

第四十二条　快速办理行政案件前,公安机关应当书面告知违法嫌疑人快速办理的相关规定,征得其同意,并由其签名确认。

第四十三条　对符合快速办理条件的行政案件,违法嫌疑人在自行书写材料或者询问笔录中承认违法事实、认错认罚,并有视音频记录、电子数据、检查笔录等关键证据能够相互印证的,公安机关可以不再开展其他调查取证工作。

第四十四条　对适用快速办理的行政案件,可以由专兼职法制员或者办案部门负责人审核后,报公安机关负责人审批。

第四十五条　对快速办理的行政案件,公安机关可以根据不同案件类型,使用简明扼要的格式询问笔录,尽量减少需要文字记录的内容。

被询问人自行书写材料的,办案单位可以提供样式供其参考。

使用执法记录仪等设备对询问过程录音录像的,可以替代书面询问笔录,必要时,对视听资料的关键内容和相应时间段等作文字说明。

第四十六条　对快速办理的行政案件,公安机关可以根据违法行为人认错悔改、纠正违法行为、赔偿损失以及被侵害人谅解情况等情节,依法对违法行为人从轻、减轻处罚或者不予行政处罚。

对快速办理的行政案件,公安机关可以采用口头方式履行处罚前告知程序,由办案人民警察在案卷材料中注明告知情况,并由被告知人签名确认。

第四十七条　对快速办理的行政案件,公安机关应当在违法嫌疑人到案后四十八小时内作出处理决定。

第四十八条　公安机关快速办理行政案件时,发现不适宜快速办理的,转为一般案件办理。快速办理阶段依法收集的证据,可以作为定案的根据。

第七章　调查取证

第一节　一般规定

第四十九条　对行政案件进行调查时,应当合法、及时、客观、全面地收集、调取证据材料,并予以审查、核实。

第五十条　需要调查的案件事实包括:

(一)违法嫌疑人的基本情况;

(二)违法行为是否存在;

(三)违法行为是否为违法嫌疑人实施;

(四)实施违法行为的时间、地点、手段、后果以及其他情节;

(五)违法嫌疑人有无法定从重、从轻、减轻以及不予行政处罚的情形;

(六)与案件有关的其他事实。

第五十一条 公安机关调查取证时,应当防止泄露工作秘密。

第五十二条 公安机关进行询问、辨认、检查、勘验,实施行政强制措施等调查取证工作时,人民警察不得少于二人,并表明执法身份。

接报案、受案登记、接受证据、信息采集、调解、送达文书等工作,可以由一名人民警察带领警务辅助人员进行,但应当全程录音录像。

第五十三条 对查获或者到案的违法嫌疑人应当进行安全检查,发现违禁品或者管制器具、武器、易燃易爆等危险品以及与案件有关的需要作为证据的物品的,应当立即扣押;对违法嫌疑人随身携带的与案件无关的物品,应当按照有关规定予以登记、保管、退还。安全检查不需要开具检查证。

前款规定的扣押适用本规定第五十五条和第五十六条以及本章第七节的规定。

第五十四条 办理行政案件时,可以依法采取下列行政强制措施:

(一)对物品、设施、场所采取扣押、扣留、查封、先行登记保存、抽样取证、封存文件资料等强制措施,对恐怖活动嫌疑人的存款、汇款、债券、股票、基金份额等财产还可以采取冻结措施;

(二)对违法嫌疑人采取保护性约束措施、继续盘问、强制传唤、强制检测、拘留审查、限制活动范围,对恐怖活动嫌疑人采取约束措施等强制措施。

第五十五条 实施行政强制措施应当遵守下列规定:

(一)实施前须依法向公安机关负责人报告并经批准。

(二)通知当事人到场,当场告知当事人采取行政强制措施的理由、依据以及当事人依法享有的权利、救济途径。当事人不到场的,邀请见证人到场,并在现场笔录中注明。

(三)听取当事人的陈述和申辩。

(四)制作现场笔录,由当事人和办案人民警察签名或者盖章,当事人拒绝的,在笔录中注明。当事人不在场的,由见证人和办案人民警察在笔录上签名或者盖章。

（五）实施限制公民人身自由的行政强制措施的,应当当场告知当事人家属实施强制措施的公安机关、理由、地点和期限;无法当场告知的,应当在实施强制措施后立即通过电话、短信、传真等方式通知;身份不明、拒不提供家属联系方式或者因自然灾害等不可抗力导致无法通知的,可以不予通知。告知、通知家属情况或者无法通知家属的原因应当在询问笔录中注明。

（六）法律、法规规定的其他程序。

勘验、检查时实施行政强制措施,制作勘验、检查笔录的,不再制作现场笔录。

实施行政强制措施的全程录音录像,已经具备本条第一款第二项、第三项规定的实质要素的,可以替代书面现场笔录,但应当对视听资料的关键内容和相应时间段等作文字说明。

第五十六条 情况紧急,当场实施行政强制措施的,办案人民警察应当在二十四小时内依法向其所属的公安机关负责人报告,并补办批准手续。当场实施限制公民人身自由的行政强制措施的,办案人民警察应当在返回单位后立即报告,并补办批准手续。公安机关负责人认为不应当采取行政强制措施的,应当立即解除。

第五十七条 为维护社会秩序,人民警察对有违法嫌疑的人员,经表明执法身份后,可以当场盘问、检查。对当场盘问、检查后,不能排除其违法嫌疑,依法可以适用继续盘问的,可以将其带至公安机关,经公安派出所负责人批准,对其继续盘问。对违反出境入境管理的嫌疑人依法适用继续盘问的,应当经县级以上公安机关或者出入境边防检查机关负责人批准。

继续盘问的时限一般为十二小时;对在十二小时以内确实难以证实或者排除其违法犯罪嫌疑的,可以延长至二十四小时;对不讲真实姓名、住址、身份,且在二十四小时以内仍不能证实或者排除其违法犯罪嫌疑的,可以延长至四十八小时。

第五十八条 违法嫌疑人在醉酒状态中,对本人有危险或者对他人的人身、财产或者公共安全有威胁的,可以对其采取保护性措施约束至酒醒,也可以通知其家属、亲友或者所属单位将其领回看管,必要时,应当送医院醒酒。对行为举止失控的醉酒人,可以使用约束带或者警绳等进行约束,但是不得使用手铐、脚镣等警械。

约束过程中,应当指定专人严加看护。确认醉酒人酒醒后,应当立即解除约束,并进行询问。约束时间不计算在询问查证时间内。

第五十九条 对恐怖活动嫌疑人实施约束措施,应当遵守下列规定:

(一)实施前须经县级以上公安机关负责人批准;

(二)告知嫌疑人采取约束措施的理由、依据以及其依法享有的权利、救济途径;

(三)听取嫌疑人的陈述和申辩;

(四)出具决定书。

公安机关可以采取电子监控、不定期检查等方式对被约束人遵守约束措施的情况进行监督。

约束措施的期限不得超过三个月。对不需要继续采取约束措施的,应当及时解除并通知被约束人。

第二节 受 案

第六十条 县级公安机关及其公安派出所、依法具有独立执法主体资格的公安机关业务部门以及出入境边防检查站对报案、控告、举报、群众扭送或者违法嫌疑人投案,以及其他国家机关移送的案件,应当及时受理并按照规定进行网上接报案登记。对重复报案、案件正在办理或者已经办结的,应当向报案人、控告人、举报人、扭送人、投案人作出解释,不再登记。

第六十一条 公安机关应当对报案、控告、举报、群众扭送或者违法嫌疑人投案分别作出下列处理,并将处理情况在接报案登记中注明:

(一)对属于本单位管辖范围内的案件,应当立即调查处理,制作受案登记表和受案回执,并将受案回执交报案人、控告人、举报人、扭送人;

(二)对属于公安机关职责范围,但不属于本单位管辖的,应当在二十四小时内移送有管辖权的单位处理,并告知报案人、控告人、举报人、扭送人、投案人;

(三)对不属于公安机关职责范围的事项,在接报案时能够当场判断的,应当立即口头告知报案人、控告人、举报人、扭送人、投案人向其他主管机关报案或者投案,报案人、控告人、举报人、扭送人、投案人对口头告知内容有异议或者不能当场判断的,应当书面告知,但因没有联系方式、身份不明等客观原因无法书面告知的除外。

在日常执法执勤中发现的违法行为,适用前款规定。

第六十二条 属于公安机关职责范围但不属于本单位管辖的案件,具有下列情形之一的,受理案件或者发现案件的公安机关及其人民警察应当依法先行采取必要的强制措施或者其他处置措施,再移送有管辖权的单位处理:

(一)违法嫌疑人正在实施危害行为的;

(二)正在实施违法行为或者违法后即时被发现的现行犯被扭送至公安机关的;

(三)在逃的违法嫌疑人已被抓获或者被发现的;

(四)有人员伤亡,需要立即采取救治措施的;

(五)其他应当采取紧急措施的情形。

行政案件移送管辖的,询问查证时间和扣押等措施的期限重新计算。

第六十三条 报案人不愿意公开自己的姓名和报案行为的,公安机关应当在受案登记时注明,并为其保密。

第六十四条 对报案人、控告人、举报人、扭送人、投案人提供的有关证据材料、物品等应当登记,出具接受证据清单,并妥善保管。必要时,应当拍照、录音、录像。移送案件时,应当将有关证据材料和物品一并移交。

第六十五条 对发现或者受理的案件暂时无法确定为刑事案件或者行政案件的,可以按照行政案件的程序办理。在办理过程中,认为涉嫌构成犯罪的,应当按照《公安机关办理刑事案件程序规定》办理。

第三节 询 问

第六十六条 询问违法嫌疑人,可以到违法嫌疑人住处或者单位进行,也可以将违法嫌疑人传唤到其所在市、县内的指定地点进行。

第六十七条 需要传唤违法嫌疑人接受调查的,经公安派出所、县级以上公安机关办案部门或者出入境边防检查机关负责人批准,使用传唤证传唤。对现场发现的违法嫌疑人,人民警察经出示人民警察证,可以口头传唤,并在询问笔录中注明违法嫌疑人到案经过、到案时间和离开时间。

单位违反公安行政管理规定,需要传唤其直接负责的主管人员和其他直接责任人员的,适用前款规定。

对无正当理由不接受传唤或者逃避传唤的违反治安管理、出境入境管理的嫌疑人以及法律规定可以强制传唤的其他违法嫌疑人,经公安派出所、县级以上公安机关办案部门或者出入境边防检查机关负责人批准,可以强制传唤。强制传唤时,可以依法使用手铐、警绳等约束性警械。

公安机关应当将传唤的原因和依据告知被传唤人,并通知其家属。公安机关通知被传唤人家属适用本规定第五十五条第一款第五项的规定。

第六十八条 使用传唤证传唤的,违法嫌疑人被传唤到案后和询问查证结束后,应当由其在传唤证上填写到案和离开时间并签名。拒绝填写或者签名的,办案人民警察应当在传唤证上注明。

第六十九条 对被传唤的违法嫌疑人,应当及时询问查证,询问查证的时间不得超过八小时;案情复杂、违法行为依法可能适用行政拘留处罚的,询问查证的时间不得超过二十四小时。

不得以连续传唤的形式变相拘禁违法嫌疑人。

第七十条 对于投案自首或者群众扭送的违法嫌疑人,公安机关应当立即进行询问查证,并在询问笔录中记明违法嫌疑人到案经过、到案和离开时间。询问查证时间适用本规定第六十九条第一款的规定。

对于投案自首或者群众扭送的违法嫌疑人,公安机关应当适用本规定第五十五条第一款第五项的规定通知其家属。

第七十一条 在公安机关询问违法嫌疑人,应当在办案场所进行。

询问查证期间应当保证违法嫌疑人的饮食和必要的休息时间,并在询问笔录中注明。

在询问查证的间隙期间,可以将违法嫌疑人送入候问室,并按照候问室的管理规定执行。

第七十二条 询问违法嫌疑人、被侵害人或者其他证人,应当个别进行。

第七十三条 首次询问违法嫌疑人时,应当问明违法嫌疑人的姓名、出生日期、户籍所在地、现住址、身份证件种类及号码,是否为各级人民代表大会代表,是否受过刑事处罚或者行政拘留、强制隔离戒毒、社区戒毒、收容教养等情况。必要时,还应当问明其家庭主要成员、工作单位、文化程度、民族、身体状况等情况。

违法嫌疑人为外国人的,首次询问时还应当问明其国籍、出入境证件种类及号码、签证种类、入境时间、入境事由等情况。必要时,还应当问明其在华关系人等情况。

第七十四条 询问时,应当告知被询问人必须如实提供证据、证言和故意作伪证或者隐匿证据应负的法律责任,对与本案无关的问题有拒绝回答的权利。

第七十五条　询问未成年人时,应当通知其父母或者其他监护人到场,其父母或者其他监护人不能到场的,也可以通知未成年人的其他成年亲属,所在学校、单位、居住地基层组织或者未成年人保护组织的代表到场,并将有关情况记录在案。确实无法通知或者通知后未到场的,应当在询问笔录中注明。

第七十六条　询问聋哑人,应当有通晓手语的人提供帮助,并在询问笔录中注明被询问人的聋哑情况以及翻译人员的姓名、住址、工作单位和联系方式。

对不通晓当地通用的语言文字的被询问人,应当为其配备翻译人员,并在询问笔录中注明翻译人员的姓名、住址、工作单位和联系方式。

第七十七条　询问笔录应当交被询问人核对,对没有阅读能力的,应当向其宣读。记录有误或者遗漏的,应当允许被询问人更正或者补充,并要求其在修改处捺指印。被询问人确认笔录无误后,应当在询问笔录上逐页签名或者捺指印。拒绝签名和捺指印的,办案人民警察应当在询问笔录中注明。

办案人民警察应当在询问笔录上签名,翻译人员应当在询问笔录的结尾处签名。

询问时,可以全程录音、录像,并保持录音、录像资料的完整性。

第七十八条　询问违法嫌疑人时,应当听取违法嫌疑人的陈述和申辩。对违法嫌疑人的陈述和申辩,应当核查。

第七十九条　询问被侵害人或者其他证人,可以在现场进行,也可以到其单位、学校、住所、其居住地居(村)民委员会或者其提出的地点进行。必要时,也可以书面、电话或者当场通知其到公安机关提供证言。

在现场询问的,办案人民警察应当出示人民警察证。

询问前,应当了解被询问人的身份以及其与被侵害人、其他证人、违法嫌疑人之间的关系。

第八十条　违法嫌疑人、被侵害人或者其他证人请求自行提供书面材料的,应当准许。必要时,办案人民警察也可以要求违法嫌疑人、被侵害人或者其他证人自行书写。违法嫌疑人、被侵害人或者其他证人应当在其提供的书面材料的结尾处签名或者捺指印。对打印的书面材料,违法嫌疑人、被侵害人或者其他证人应当逐页签名或者捺指印。办案人民警察收到书面材料后,应当在首页注明收到日期,并签名。

第四节　勘验、检查

第八十一条　对于违法行为案发现场,必要时应当进行勘验,提取与案件有关的证据材料,判断案件性质,确定调查方向和范围。

现场勘验参照刑事案件现场勘验的有关规定执行。

第八十二条　对与违法行为有关的场所、物品、人身可以进行检查。检查时,人民警察不得少于二人,并应当出示人民警察证和县级以上公安机关开具的检查证。对确有必要立即进行检查的,人民警察经出示人民警察证,可以当场检查;但检查公民住所的,必须有证据表明或者有群众报警公民住所内正在发生危害公共安全或者公民人身安全的案(事)件,或者违法存放危险物质,不立即检查可能会对公共安全或者公民人身、财产安全造成重大危害。

对机关、团体、企业、事业单位或者公共场所进行日常执法监督检查,依照有关法律、法规和规章执行,不适用前款规定。

第八十三条　对违法嫌疑人,可以依法提取或者采集肖像、指纹等人体生物识别信息;涉嫌酒后驾驶机动车、吸毒、从事恐怖活动等违法行为的,可以依照《中华人民共和国道路交通安全法》《中华人民共和国禁毒法》《中华人民共和国反恐怖主义法》等规定提取或者采集血液、尿液、毛发、脱落细胞等生物样本。人身安全检查和当场检查时已经提取、采集的信息,不再提取、采集。

第八十四条　对违法嫌疑人进行检查时,应当尊重被检查人的人格尊严,不得以有损人格尊严的方式进行检查。

检查妇女的身体,应当由女性工作人员进行。

依法对卖淫、嫖娼人员进行性病检查,应当由医生进行。

第八十五条　检查场所或者物品时,应当注意避免对物品造成不必要的损坏。

检查场所时,应当有被检查人或者见证人在场。

第八十六条　检查情况应当制作检查笔录。检查笔录由检查人员、被检查人或者见证人签名;被检查人不在场或者拒绝签名的,办案人民警察应当在检查笔录中注明。

检查时的全程录音录像可以替代书面检查笔录,但应当对视听资料的关键内容和相应时间段等作文字说明。

第五节 鉴　　定

第八十七条　为了查明案情,需要对专门性技术问题进行鉴定的,应当指派或者聘请具有专门知识的人员进行。

需要聘请本公安机关以外的人进行鉴定的,应当经公安机关办案部门负责人批准后,制作鉴定聘请书。

第八十八条　公安机关应当为鉴定提供必要的条件,及时送交有关检材和比对样本等原始材料,介绍与鉴定有关的情况,并且明确提出要求鉴定解决的问题。

办案人民警察应当做好检材的保管和送检工作,并注明检材送检环节的责任人,确保检材在流转环节中的同一性和不被污染。

禁止强迫或者暗示鉴定人作出某种鉴定意见。

第八十九条　对人身伤害的鉴定由法医进行。

卫生行政主管部门许可的医疗机构具有执业资格的医生出具的诊断证明,可以作为公安机关认定人身伤害程度的依据,但具有本规定第九十条规定情形的除外。

对精神病的鉴定,由有精神病鉴定资格的鉴定机构进行。

第九十条　人身伤害案件具有下列情形之一的,公安机关应当进行伤情鉴定:

(一)受伤程度较重,可能构成轻伤以上伤害程度的;

(二)被侵害人要求作伤情鉴定的;

(三)违法嫌疑人、被侵害人对伤害程度有争议的。

第九十一条　对需要进行伤情鉴定的案件,被侵害人拒绝提供诊断证明或者拒绝进行伤情鉴定的,公安机关应当将有关情况记录在案,并可以根据已认定的事实作出处理决定。

经公安机关通知,被侵害人无正当理由未在公安机关确定的时间内作伤情鉴定的,视为拒绝鉴定。

第九十二条　对电子数据涉及的专门性问题难以确定的,由司法鉴定机构出具鉴定意见,或者由公安部指定的机构出具报告。

第九十三条　涉案物品价值不明或者难以确定的,公安机关应当委托价格鉴证机构估价。

根据当事人提供的购买发票等票据能够认定价值的涉案物品,或者价值明显不够刑事立案标准的涉案物品,公安机关可以不进行价格鉴证。

第九十四条 对涉嫌吸毒的人员,应当进行吸毒检测,被检测人员应当配合;对拒绝接受检测的,经县级以上公安机关或者其派出机构负责人批准,可以强制检测。采集女性被检测人检测样本,应当由女性工作人员进行。

对涉嫌服用国家管制的精神药品、麻醉药品驾驶机动车的人员,可以对其进行体内国家管制的精神药品、麻醉药品含量检验。

第九十五条 对有酒后驾驶机动车嫌疑的人,应当对其进行呼气酒精测试,对具有下列情形之一的,应当立即提取血样,检验血液酒精含量:

(一)当事人对呼气酒精测试结果有异议的;

(二)当事人拒绝配合呼气酒精测试的;

(三)涉嫌醉酒驾驶机动车的;

(四)涉嫌饮酒后驾驶机动车发生交通事故的。

当事人对呼气酒精测试结果无异议的,应当签字确认。事后提出异议的,不予采纳。

第九十六条 鉴定人鉴定后,应当出具鉴定意见。鉴定意见应当载明委托人、委托鉴定的事项、提交鉴定的相关材料、鉴定的时间、依据和结论性意见等内容,并由鉴定人签名或者盖章。通过分析得出鉴定意见的,应当有分析过程的说明。鉴定意见应当附有鉴定机构和鉴定人的资质证明或者其他证明文件。

鉴定人对鉴定意见负责,不受任何机关、团体、企业、事业单位和个人的干涉。多人参加鉴定,对鉴定意见有不同意见的,应当注明。

鉴定人故意作虚假鉴定的,应当承担法律责任。

第九十七条 办案人民警察应当对鉴定意见进行审查。

对经审查作为证据使用的鉴定意见,公安机关应当在收到鉴定意见之日起五日内将鉴定意见复印件送达违法嫌疑人和被侵害人。

医疗机构出具的诊断证明作为公安机关认定人身伤害程度的依据的,应当将诊断证明结论书面告知违法嫌疑人和被侵害人。

违法嫌疑人或者被侵害人对鉴定意见有异议的,可以在收到鉴定意见复印件之日起三日内提出重新鉴定的申请,经县级以上公安机关批准后,进行重新鉴定。同一行政案件的同一事项重新鉴定以一次为限。

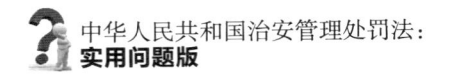

当事人是否申请重新鉴定，不影响案件的正常办理。

公安机关认为必要时，也可以直接决定重新鉴定。

第九十八条 具有下列情形之一的，应当进行重新鉴定：

（一）鉴定程序违法或者违反相关专业技术要求，可能影响鉴定意见正确性的；

（二）鉴定机构、鉴定人不具备鉴定资质和条件的；

（三）鉴定意见明显依据不足的；

（四）鉴定人故意作虚假鉴定的；

（五）鉴定人应当回避而没有回避的；

（六）检材虚假或者被损坏的；

（七）其他应当重新鉴定的。

不符合前款规定情形的，经县级以上公安机关负责人批准，作出不准予重新鉴定的决定，并在作出决定之日起的三日以内书面通知申请人。

第九十九条 重新鉴定，公安机关应当另行指派或者聘请鉴定人。

第一百条 鉴定费用由公安机关承担，但当事人自行鉴定的除外。

第六节 辨　　认

第一百零一条 为了查明案情，办案人民警察可以让违法嫌疑人、被侵害人或者其他证人对与违法行为有关的物品、场所或者违法嫌疑人进行辨认。

第一百零二条 辨认由二名以上办案人民警察主持。

组织辨认前，应当向辨认人详细询问辨认对象的具体特征，并避免辨认人见到辨认对象。

第一百零三条 多名辨认人对同一辨认对象或者一名辨认人对多名辨认对象进行辨认时，应当个别进行。

第一百零四条 辨认时，应当将辨认对象混杂在特征相类似的其他对象中，不得给辨认人任何暗示。

辨认违法嫌疑人时，被辨认的人数不得少于七人；对违法嫌疑人照片进行辨认的，不得少于十人的照片。

辨认每一件物品时，混杂的同类物品不得少于五件。

同一辨认人对与同一案件有关的辨认对象进行多组辨认的，不得重复使用陪衬照片或者陪衬人。

第一百零五条 辨认人不愿意暴露身份的,对违法嫌疑人的辨认可以在不暴露辨认人的情况下进行,公安机关及其人民警察应当为其保守秘密。

第一百零六条 辨认经过和结果,应当制作辨认笔录,由办案人民警察和辨认人签名或者捺指印。必要时,应当对辨认过程进行录音、录像。

第七节 证据保全

第一百零七条 对下列物品,经公安机关负责人批准,可以依法扣押或者扣留:

（一）与治安案件、违反出境入境管理的案件有关的需要作为证据的物品;

（二）道路交通安全法律、法规规定适用扣留的车辆、机动车驾驶证;

（三）《中华人民共和国反恐怖主义法》等法律、法规规定适用扣押或者扣留的物品。

对下列物品,不得扣押或者扣留:

（一）与案件无关的物品;

（二）公民个人及其所扶养家属的生活必需品;

（三）被侵害人或者善意第三人合法占有的财产。

对具有本条第二款第二项、第三项情形的,应当予以登记,写明登记财物的名称、规格、数量、特征,并由占有人签名或者捺指印。必要时,可以进行拍照。但是,与案件有关必须鉴定的,可以依法扣押,结束后应当立即解除。

第一百零八条 办理下列行政案件时,对专门用于从事无证经营活动的场所、设施、物品,经公安机关负责人批准,可以依法查封。但对与违法行为无关的场所、设施,公民个人及其扶养家属的生活必需品不得查封:

（一）擅自经营按照国家规定需要由公安机关许可的行业的;

（二）依照《娱乐场所管理条例》可以由公安机关采取取缔措施的;

（三）《中华人民共和国反恐怖主义法》等法律、法规规定适用查封的其他公安行政案件。

场所、设施、物品已被其他国家机关依法查封的,不得重复查封。

第一百零九条 收集证据时,经公安机关办案部门负责人批准,可以采取抽样取证的方法。

抽样取证应当采取随机的方式,抽取样品的数量以能够认定本品的品质特征为限。

抽样取证时,应当对抽样取证的现场、被抽样物品及被抽取的样品进行拍照或者对抽样过程进行录像。

对抽取的样品应当及时进行检验。经检验,能够作为证据使用的,应当依法扣押、先行登记保存或者登记;不属于证据的,应当及时返还样品。样品有减损的,应当予以补偿。

第一百一十条　在证据可能灭失或者以后难以取得的情况下,经公安机关办案部门负责人批准,可以先行登记保存。

先行登记保存期间,证据持有人及其他人员不得损毁或者转移证据。

对先行登记保存的证据,应当在七日内作出处理决定。逾期不作出处理决定的,视为自动解除。

第一百一十一条　实施扣押、扣留、查封、抽样取证、先行登记保存等证据保全措施时,应当会同当事人查点清楚,制作并当场交付证据保全决定书。必要时,应当对采取证据保全措施的证据进行拍照或者对采取证据保全的过程进行录像。证据保全决定书应当载明下列事项:

(一)当事人的姓名或者名称、地址;

(二)抽样取证、先行登记保存、扣押、扣留、查封的理由、依据和期限;

(三)申请行政复议或者提起行政诉讼的途径和期限;

(四)作出决定的公安机关的名称、印章和日期。

证据保全决定书应当附清单,载明被采取证据保全措施的场所、设施、物品的名称、规格、数量、特征等,由办案人民警察和当事人签名后,一份交当事人,一份附卷。有见证人的,还应当由见证人签名。当事人或者见证人拒绝签名的,办案人民警察应当在证据保全清单上注明。

对可以作为证据使用的录音带、录像带,在扣押时应当予以检查,记明案由、内容以及录取和复制的时间、地点等,并妥为保管。

对扣押的电子数据原始存储介质,应当封存,保证在不解除封存状态的情况下,无法增加、删除、修改电子数据,并在证据保全清单中记录封存状态。

第一百一十二条　扣押、扣留、查封期限为三十日,情况复杂的,经县级以上公安机关负责人批准,可以延长三十日;法律、行政法规另有规定的除外。延长扣押、扣留、查封期限的,应当及时书面告知当事人,并说明理由。

对物品需要进行鉴定的,鉴定期间不计入扣押、扣留、查封期间,但应当将鉴定的期间书面告知当事人。

第一百一十三条 公安机关对恐怖活动嫌疑人的存款、汇款、债券、股票、基金份额等财产采取冻结措施的,应当经县级以上公安机关负责人批准,向金融机构交付冻结通知书。

作出冻结决定的公安机关应当在三日内向恐怖活动嫌疑人交付冻结决定书。冻结决定书应当载明下列事项:

(一)恐怖活动嫌疑人的姓名或者名称、地址;

(二)冻结的理由、依据和期限;

(三)冻结的账号和数额;

(四)申请行政复议或者提起行政诉讼的途径和期限;

(五)公安机关的名称、印章和日期。

第一百一十四条 自被冻结之日起二个月内,公安机关应当作出处理决定或者解除冻结;情况复杂的,经上一级公安机关负责人批准,可以延长一个月。

延长冻结的决定应当及时书面告知恐怖活动嫌疑人,并说明理由。

第一百一十五条 有下列情形之一的,公安机关应当立即退还财物,并由当事人签名确认;不涉及财物退还的,应当书面通知当事人解除证据保全:

(一)当事人没有违法行为的;

(二)被采取证据保全的场所、设施、物品、财产与违法行为无关的;

(三)已经作出处理决定,不再需要采取证据保全措施的;

(四)采取证据保全措施的期限已经届满的;

(五)其他不再需要采取证据保全措施的。

作出解除冻结决定的,应当及时通知金融机构。

第一百一十六条 行政案件变更管辖时,与案件有关的财物及其孳息应当随案移交,并书面告知当事人。移交时,由接收人、移交人当面查点清楚,并在交接单据上共同签名。

第八节 办案协作

第一百一十七条 办理行政案件需要异地公安机关协作的,应当制作办案协作函件。负责协作的公安机关接到请求协作的函件后,应当办理。

第一百一十八条　需要到异地执行传唤的,办案人民警察应当持传唤证、办案协作函件和人民警察证,与协作地公安机关联系,在协作地公安机关的协作下进行传唤。协作地公安机关应当协助将违法嫌疑人传唤到其所在市、县内的指定地点或者到其住处、单位进行询问。

第一百一十九条　需要异地办理检查、查询,查封、扣押或者冻结与案件有关的财物、文件的,应当持相关的法律文书、办案协作函件和人民警察证,与协作地公安机关联系,协作地公安机关应当协助执行。

在紧急情况下,可以将办案协作函件和相关的法律文书传真或者通过执法办案信息系统发送至协作地公安机关,协作地公安机关应当及时采取措施。办案地公安机关应当立即派员前往协作地办理。

第一百二十条　需要进行远程视频询问、处罚前告知的,应当由协作地公安机关事先核实被询问、告知人的身份。办案地公安机关应当制作询问、告知笔录并传输至协作地公安机关。询问、告知笔录经被询问、告知人确认并逐页签名或者捺指印后,由协作地公安机关协作人员签名或者盖章,并将原件或者电子签名笔录提供给办案地公安机关。办案地公安机关负责询问、告知的人民警察应当在首页注明收到日期,并签名或者盖章。询问、告知过程应当全程录音录像。

第一百二十一条　办案地公安机关可以委托异地公安机关代为询问、向有关单位和个人调取电子数据、接收自行书写材料、进行辨认、履行处罚前告知程序、送达法律文书等工作。

委托代为询问、辨认、处罚前告知的,办案地公安机关应当列出明确具体的询问、辨认、告知提纲,提供被辨认对象的照片和陪衬照片。

委托代为向有关单位和个人调取电子数据的,办案地公安机关应当将办案协作函件和相关法律文书传真或者通过执法办案信息系统发送至协作地公安机关,由协作地公安机关办案部门审核确认后办理。

第一百二十二条　协作地公安机关依照办案地公安机关的要求,依法履行办案协作职责所产生的法律责任,由办案地公安机关承担。

第八章 听证程序

第一节 一般规定

第一百二十三条 在作出下列行政处罚决定之前,应当告知违法嫌疑人有要求举行听证的权利:

(一)责令停产停业;

(二)吊销许可证或者执照;

(三)较大数额罚款;

(四)法律、法规和规章规定违法嫌疑人可以要求举行听证的其他情形。

前款第三项所称"较大数额罚款",是指对个人处以二千元以上罚款,对单位处以一万元以上罚款,对违反边防出境入境管理法律、法规和规章的个人处以六千元以上罚款。对依据地方性法规或者地方政府规章作出的罚款处罚,适用听证的罚款数额按照地方规定执行。

第一百二十四条 听证由公安机关法制部门组织实施。

依法具有独立执法主体资格的公安机关业务部门以及出入境边防检查站依法作出行政处罚决定的,由其非本案调查人员组织听证。

第一百二十五条 公安机关不得因违法嫌疑人提出听证要求而加重处罚。

第一百二十六条 听证人员应当就行政案件的事实、证据、程序、适用法律等方面全面听取当事人陈述和申辩。

第二节 听证人员和听证参加人

第一百二十七条 听证设听证主持人一名,负责组织听证;记录员一名,负责制作听证笔录。必要时,可以设听证员一至二名,协助听证主持人进行听证。

本案调查人员不得担任听证主持人、听证员或者记录员。

第一百二十八条 听证主持人决定或者开展下列事项:

(一)举行听证的时间、地点;

(二)听证是否公开举行;

(三)要求听证参加人到场参加听证,提供或者补充证据;

(四)听证的延期、中止或者终止;

（五）主持听证，就案件的事实、理由、证据、程序、适用法律等组织质证和辩论；

（六）维持听证秩序，对违反听证纪律的行为予以制止；

（七）听证员、记录员的回避；

（八）其他有关事项。

第一百二十九条 听证参加人包括：

（一）当事人及其代理人；

（二）本案办案人民警察；

（三）证人、鉴定人、翻译人员；

（四）其他有关人员。

第一百三十条 当事人在听证活动中享有下列权利：

（一）申请回避；

（二）委托一至二人代理参加听证；

（三）进行陈述、申辩和质证；

（四）核对、补正听证笔录；

（五）依法享有的其他权利。

第一百三十一条 与听证案件处理结果有直接利害关系的其他公民、法人或者其他组织，作为第三人申请参加听证的，应当允许。为查明案情，必要时，听证主持人也可以通知其参加听证。

第三节 听证的告知、申请和受理

第一百三十二条 对适用听证程序的行政案件，办案部门在提出处罚意见后，应当告知违法嫌疑人拟作出的行政处罚和有要求举行听证的权利。

第一百三十三条 违法嫌疑人要求听证的，应当在公安机关告知后三日内提出申请。

第一百三十四条 违法嫌疑人放弃听证或者撤回听证要求后，处罚决定作出前，又提出听证要求的，只要在听证申请有效期限内，应当允许。

第一百三十五条 公安机关收到听证申请后，应当在二日内决定是否受理。认为听证申请人的要求不符合听证条件，决定不予受理的，应当制作不予受理听证通知书，告知听证申请人。逾期不通知听证申请人的，视为受理。

第一百三十六条 公安机关受理听证后,应当在举行听证的七日前将举行听证通知书送达听证申请人,并将举行听证的时间、地点通知其他听证参加人。

第四节 听证的举行

第一百三十七条 听证应当在公安机关收到听证申请之日起十日内举行。除涉及国家秘密、商业秘密、个人隐私的行政案件外,听证应当公开举行。

第一百三十八条 听证申请人不能按期参加听证的,可以申请延期,是否准许,由听证主持人决定。

第一百三十九条 二个以上违法嫌疑人分别对同一行政案件提出听证要求的,可以合并举行。

第一百四十条 同一行政案件中有二个以上违法嫌疑人,其中部分违法嫌疑人提出听证申请的,应当在听证举行后一并作出处理决定。

第一百四十一条 听证开始时,听证主持人核对听证参加人;宣布案由;宣布听证员、记录员和翻译人员名单;告知当事人在听证中的权利和义务;询问当事人是否提出回避申请;对不公开听证的行政案件,宣布不公开听证的理由。

第一百四十二条 听证开始后,首先由办案人民警察提出听证申请人违法的事实、证据和法律依据及行政处罚意见。

第一百四十三条 办案人民警察提出证据时,应当向听证会出示。对证人证言、鉴定意见、勘验笔录和其他作为证据的文书,应当当场宣读。

第一百四十四条 听证申请人可以就办案人民警察提出的违法事实、证据和法律依据以及行政处罚意见进行陈述、申辩和质证,并可以提出新的证据。

第三人可以陈述事实,提出新的证据。

第一百四十五条 听证过程中,当事人及其代理人有权申请通知新的证人到会作证,调取新的证据。对上述申请,听证主持人应当当场作出是否同意的决定;申请重新鉴定的,按照本规定第七章第五节有关规定办理。

第一百四十六条 听证申请人、第三人和办案人民警察可以围绕案件的事实、证据、程序、适用法律、处罚种类和幅度等问题进行辩论。

第一百四十七条 辩论结束后,听证主持人应当听取听证申请人、第三人、办案人民警察各方最后陈述意见。

第一百四十八条 听证过程中,遇有下列情形之一,听证主持人可以中止

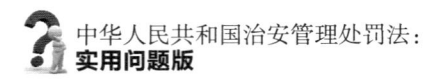

听证：

（一）需要通知新的证人到会、调取新的证据或者需要重新鉴定或者勘验的；

（二）因回避致使听证不能继续进行的；

（三）其他需要中止听证的。

中止听证的情形消除后，听证主持人应当及时恢复听证。

第一百四十九条 听证过程中，遇有下列情形之一，应当终止听证：

（一）听证申请人撤回听证申请的；

（二）听证申请人及其代理人无正当理由拒不出席或者未经听证主持人许可中途退出听证的；

（三）听证申请人死亡或者作为听证申请人的法人或者其他组织被撤销、解散的；

（四）听证过程中，听证申请人或者其代理人扰乱听证秩序，不听劝阻，致使听证无法正常进行的；

（五）其他需要终止听证的。

第一百五十条 听证参加人和旁听人员应当遵守听证会场纪律。对违反听证会场纪律的，听证主持人应当警告制止；对不听制止，干扰听证正常进行的旁听人员，责令其退场。

第一百五十一条 记录员应当将举行听证的情况记入听证笔录。听证笔录应当载明下列内容：

（一）案由；

（二）听证的时间、地点和方式；

（三）听证人员和听证参加人的身份情况；

（四）办案人民警察陈述的事实、证据和法律依据以及行政处罚意见；

（五）听证申请人或者其代理人的陈述和申辩；

（六）第三人陈述的事实和理由；

（七）办案人民警察、听证申请人或者其代理人、第三人质证、辩论的内容；

（八）证人陈述的事实；

（九）听证申请人、第三人、办案人民警察的最后陈述意见；

（十）其他事项。

第一百五十二条 听证笔录应当交听证申请人阅读或者向其宣读。听证笔录中的证人陈述部分,应当交证人阅读或者向其宣读。听证申请人或者证人认为听证笔录有误的,可以请求补充或者改正。听证申请人或者证人审核无误后签名或者捺指印。听证申请人或者证人拒绝的,由记录员在听证笔录中记明情况。

听证笔录经听证主持人审阅后,由听证主持人、听证员和记录员签名。

第一百五十三条 听证结束后,听证主持人应当写出听证报告书,连同听证笔录一并报送公安机关负责人。

听证报告书应当包括下列内容:

(一)案由;

(二)听证人员和听证参加人的基本情况;

(三)听证的时间、地点和方式;

(四)听证会的基本情况;

(五)案件事实;

(六)处理意见和建议。

第九章 行政处理决定

第一节 行政处罚的适用

第一百五十四条 违反治安管理行为在六个月内没有被公安机关发现,其他违法行为在二年内没有被公安机关发现的,不再给予行政处罚。

前款规定的期限,从违法行为发生之日起计算,违法行为有连续、继续或者持续状态的,从行为终了之日起计算。

被侵害人在违法行为追究时效内向公安机关控告,公安机关应当受理而不受理的,不受本条第一款追究时效的限制。

第一百五十五条 实施行政处罚时,应当责令违法行为人当场或者限期改正违法行为。

第一百五十六条 对违法行为人的同一个违法行为,不得给予两次以上罚款的行政处罚。

第一百五十七条 不满十四周岁的人有违法行为的,不予行政处罚,但是应当责令其监护人严加管教,并在不予行政处罚决定书中载明。已满十四周岁不满十八周岁的人有违法行为的,从轻或者减轻行政处罚。

第一百五十八条 精神病人在不能辨认或者不能控制自己行为时有违法行为的,不予行政处罚,但应当责令其监护人严加看管和治疗,并在不予行政处罚决定书中载明。间歇性精神病人在精神正常时有违法行为的,应当给予行政处罚。尚未完全丧失辨认或者控制自己行为能力的精神病人有违法行为的,应当予以行政处罚,但可以从轻或者减轻行政处罚。

第一百五十九条 违法行为人有下列情形之一的,应当从轻、减轻处罚或者不予行政处罚:

(一)主动消除或者减轻违法行为危害后果,并取得被侵害人谅解的;

(二)受他人胁迫或者诱骗的;

(三)有立功表现的;

(四)主动投案,向公安机关如实陈述自己的违法行为的;

(五)其他依法应当从轻、减轻或者不予行政处罚的。

违法行为轻微并及时纠正,没有造成危害后果的,不予行政处罚。

盲人或者又聋又哑的人违反治安管理的,可以从轻、减轻或者不予行政处罚;醉酒的人违反治安管理的,应当给予处罚。

第一百六十条 违法行为人有下列情形之一的,应当从重处罚:

(一)有较严重后果的;

(二)教唆、胁迫、诱骗他人实施违法行为的;

(三)对报案人、控告人、举报人、证人等打击报复的;

(四)六个月内曾受过治安管理处罚或者一年内因同类违法行为受到两次以上公安行政处罚的;

(五)刑罚执行完毕三年内,或者在缓刑期间,违反治安管理的。

第一百六十一条 一人有两种以上违法行为的,分别决定,合并执行,可以制作一份决定书,分别写明对每种违法行为的处理内容和合并执行的内容。

一个案件有多个违法行为人的,分别决定,可以制作一式多份决定书,写明给予每个人的处理决定,分别送达每一个违法行为人。

第一百六十二条 行政拘留处罚合并执行的,最长不超过二十日。

行政拘留处罚执行完毕前,发现违法行为人有其他违法行为,公安机关依法作出行政拘留决定的,与正在执行的行政拘留合并执行。

第一百六十三条 对决定给予行政拘留处罚的人,在处罚前因同一行为已经被采取强制措施限制人身自由的时间应当折抵。限制人身自由一日,折抵执行行政拘留一日。询问查证、继续盘问和采取约束措施的时间不予折抵。

被采取强制措施限制人身自由的时间超过决定的行政拘留期限的,行政拘留决定不再执行。

第一百六十四条 违法行为人具有下列情形之一,依法应当给予行政拘留处罚的,应当作出处罚决定,但不送拘留所执行:

(一)已满十四周岁不满十六周岁的;

(二)已满十六周岁不满十八周岁,初次违反治安管理或者其他公安行政管理的。但是,曾被收容教养、被行政拘留依法不执行行政拘留或者曾因实施扰乱公共秩序,妨害公共安全,侵犯人身权利、财产权利,妨害社会管理的行为被人民法院判决有罪的除外;

(三)七十周岁以上的;

(四)孕妇或者正在哺乳自己婴儿的妇女。

第二节 行政处理的决定

第一百六十五条 公安机关办理治安案件的期限,自受理之日起不得超过三十日;案情重大、复杂的,经上一级公安机关批准,可以延长三十日。办理其他行政案件,有法定办案期限的,按照相关法律规定办理。

为了查明案情进行鉴定的期间,不计入办案期限。

对因违反治安管理行为人不明或者逃跑等客观原因造成案件在法定期限内无法作出行政处理决定的,公安机关应当继续进行调查取证,并向被侵害人说明情况,及时依法作出处理决定。

第一百六十六条 违法嫌疑人不讲真实姓名、住址,身份不明,但只要违法事实清楚、证据确实充分的,可以按其自报的姓名并贴附照片作出处理决定,并在相关法律文书中注明。

第一百六十七条 在作出行政处罚决定前,应当告知违法嫌疑人拟作出行政处罚决定的事实、理由及依据,并告知违法嫌疑人依法享有陈述权和申辩权。单位违法的,应当告知其法定代表人、主要负责人或者其授权的人员。

适用一般程序作出行政处罚决定的,采用书面形式或者笔录形式告知。

依照本规定第一百七十二条第一款第三项作出不予行政处罚决定的,可以不履行本条第一款规定的告知程序。

第一百六十八条 对违法行为事实清楚,证据确实充分,依法应当予以行政处罚,因违法行为人逃跑等原因无法履行告知义务的,公安机关可以采取公告方式予以告知。自公告之日起七日内,违法嫌疑人未提出申辩的,可以依法作出行政处罚决定。

第一百六十九条 违法嫌疑人有权进行陈述和申辩。对违法嫌疑人提出的新的事实、理由和证据,公安机关应当进行复核。

公安机关不得因违法嫌疑人申辩而加重处罚。

第一百七十条 对行政案件进行审核、审批时,应当审查下列内容:

(一)违法嫌疑人的基本情况;

(二)案件事实是否清楚,证据是否确实充分;

(三)案件定性是否准确;

(四)适用法律、法规和规章是否正确;

(五)办案程序是否合法;

(六)拟作出的处理决定是否适当。

第一百七十一条 法制员或者办案部门指定的人员、办案部门负责人、法制部门的人员可以作为行政案件审核人员。

初次从事行政处罚决定审核的人员,应当通过国家统一法律职业资格考试取得法律职业资格。

第一百七十二条 公安机关根据行政案件的不同情况分别作出下列处理决定:

(一)确有违法行为,应当给予行政处罚的,根据其情节和危害后果的轻重,作出行政处罚决定;

(二)确有违法行为,但有依法不予行政处罚情形的,作出不予行政处罚决定;有违法所得和非法财物、违禁品、管制器具的,应当予以追缴或者收缴;

(三)违法事实不能成立的,作出不予行政处罚决定;

(四)对需要给予社区戒毒、强制隔离戒毒、收容教养等处理的,依法作出决定;

(五)违法行为涉嫌构成犯罪的,转为刑事案件办理或者移送有权处理的主管机关、部门办理,无需撤销行政案件。公安机关已经作出行政处理决定的,应当附卷；

（六）发现违法行为人有其他违法行为的，在依法作出行政处理决定的同时，通知有关行政主管部门处理。

对已经依照前款第三项作出不予行政处罚决定的案件，又发现新的证据的，应当依法及时调查；违法行为能够认定的，依法重新作出处理决定，并撤销原不予行政处罚决定。

治安案件有被侵害人的，公安机关应当在作出不予行政处罚或者处罚决定之日起二日内将决定书复印件送达被侵害人。无法送达的，应当注明。

第一百七十三条 行政拘留处罚由县级以上公安机关或者出入境边防检查机关决定。依法应当对违法行为人予以行政拘留的，公安派出所、依法具有独立执法主体资格的公安机关业务部门应当报其所属的县级以上公安机关决定。

第一百七十四条 对县级以上的各级人民代表大会代表予以行政拘留的，作出处罚决定前应当经该级人民代表大会主席团或者人民代表大会常务委员会许可。

对乡、民族乡、镇的人民代表大会代表予以行政拘留的，作出决定的公安机关应当立即报告乡、民族乡、镇的人民代表大会。

第一百七十五条 作出行政处罚决定的，应当制作行政处罚决定书。决定书应当载明下列内容：

（一）被处罚人的姓名、性别、出生日期、身份证件种类及号码、户籍所在地、现住址、工作单位、违法经历以及被处罚单位的名称、地址和法定代表人；

（二）违法事实和证据以及从重、从轻、减轻等情节；

（三）处罚的种类、幅度和法律依据；

（四）处罚的执行方式和期限；

（五）对涉案财物的处理结果及对被处罚人的其他处理情况；

（六）对处罚决定不服，申请行政复议、提起行政诉讼的途径和期限；

（七）作出决定的公安机关的名称、印章和日期。

作出罚款处罚的，行政处罚决定书应当载明逾期不缴纳罚款依法加处罚款的标准和最高限额；对涉案财物作出处理的，行政处罚决定书应当附没收、收缴、追缴物品清单。

第一百七十六条 作出行政拘留处罚决定的，应当及时将处罚情况和执行场所或者依法不执行的情况通知被处罚人家属。

作出社区戒毒决定的,应当通知被决定人户籍所在地或者现居住地的城市街道办事处、乡镇人民政府。作出强制隔离戒毒、收容教养决定的,应当在法定期限内通知被决定人的家属、所在单位、户籍所在地公安派出所。

被处理人拒不提供家属联系方式或者不讲真实姓名、住址,身份不明的,可以不予通知,但应当在附卷的决定书中注明。

第一百七十七条 公安机关办理的刑事案件,尚不够刑事处罚,依法应当给予公安行政处理的,经县级以上公安机关负责人批准,依照本章规定作出处理决定。

第十章 治安调解

第一百七十八条 对于因民间纠纷引起的殴打他人、故意伤害、侮辱、诽谤、诬告陷害、故意损毁财物、干扰他人正常生活、侵犯隐私、非法侵入住宅等违反治安管理行为,情节较轻,且具有下列情形之一的,可以调解处理:

(一)亲友、邻里、同事、在校学生之间因琐事发生纠纷引起的;

(二)行为人的侵害行为系由被侵害人事前的过错行为引起的;

(三)其他适用调解处理更易化解矛盾的。

对不构成违反治安管理行为的民间纠纷,应当告知当事人向人民法院或者人民调解组织申请处理。

对情节轻微、事实清楚、因果关系明确,不涉及医疗费用、物品损失或者双方当事人对医疗费用和物品损失的赔付无争议,符合治安调解条件,双方当事人同意当场调解并当场履行的治安案件,可以当场调解,并制作调解协议书。当事人基本情况、主要违法事实和协议内容在现场录音录像中明确记录的,不再制作调解协议书。

第一百七十九条 具有下列情形之一的,不适用调解处理:

(一)雇凶伤害他人的;

(二)结伙斗殴或者其他寻衅滋事的;

(三)多次实施违反治安管理行为的;

(四)当事人明确表示不愿意调解处理的;

(五)当事人在治安调解过程中又针对对方实施违反治安管理行为的;

（六）调解过程中，违法嫌疑人逃跑的；

（七）其他不宜调解处理的。

第一百八十条 调解处理案件，应当查明事实，收集证据，并遵循合法、公正、自愿、及时的原则，注重教育和疏导，化解矛盾。

第一百八十一条 当事人中有未成年人的，调解时应当通知其父母或者其他监护人到场。但是，当事人为年满十六周岁以上的未成年人，以自己的劳动收入为主要生活来源，本人同意不通知的，可以不通知。

被侵害人委托其他人参加调解的，应当向公安机关提交委托书，并写明委托权限。违法嫌疑人不得委托他人参加调解。

第一百八十二条 对因邻里纠纷引起的治安案件进行调解时，可以邀请当事人居住地的居（村）民委员会的人员或者双方当事人熟悉的人员参加帮助调解。

第一百八十三条 调解一般为一次。对一次调解不成，公安机关认为有必要或者当事人申请的，可以再次调解，并应当在第一次调解后的七个工作日内完成。

第一百八十四条 调解达成协议的，在公安机关主持下制作调解协议书，双方当事人应当在调解协议书上签名，并履行调解协议。

调解协议书应当包括调解机关名称、主持人、双方当事人和其他在场人员的基本情况，案件发生时间、地点、人员、起因、经过、情节、结果等情况、协议内容、履行期限和方式等内容。

对调解达成协议的，应当保存案件证据材料，与其他文书材料和调解协议书一并归入案卷。

第一百八十五条 调解达成协议并履行的，公安机关不再处罚。对调解未达成协议或者达成协议后不履行的，应当对违反治安管理行为人依法予以处罚；对违法行为造成的损害赔偿纠纷，公安机关可以进行调解，调解不成的，应当告知当事人向人民法院提起民事诉讼。

调解案件的办案期限从调解未达成协议或者调解达成协议不履行之日起开始计算。

第一百八十六条 对符合本规定第一百七十八条规定的治安案件，当事人申请人民调解或者自行和解，达成协议并履行后，双方当事人书面申请并经公安机关认可的，公安机关不予治安管理处罚，但公安机关已依法作出处理决定的除外。

第十一章 涉案财物的管理和处理

第一百八十七条 对于依法扣押、扣留、查封、抽样取证、追缴、收缴的财物以及由公安机关负责保管的先行登记保存的财物,公安机关应当妥善保管,不得使用、挪用、调换或者损毁。造成损失的,应当承担赔偿责任。

涉案财物的保管费用由作出决定的公安机关承担。

第一百八十八条 县级以上公安机关应当指定一个内设部门作为涉案财物管理部门,负责对涉案财物实行统一管理,并设立或者指定专门保管场所,对涉案财物进行集中保管。涉案财物集中保管的范围,由地方公安机关根据本地区实际情况确定。

对价值较低、易于保管,或者需要作为证据继续使用,以及需要先行返还被侵害人的涉案财物,可以由办案部门设置专门的场所进行保管。办案部门应当指定不承担办案工作的民警负责本部门涉案财物的接收、保管、移交等管理工作;严禁由办案人员自行保管涉案财物。

对查封的场所、设施、财物,可以委托第三人保管,第三人不得损毁或者擅自转移、处置。因第三人的原因造成的损失,公安机关先行赔付后,有权向第三人追偿。

第一百八十九条 公安机关涉案财物管理部门和办案部门应当建立电子台账,对涉案财物逐一编号登记,载明案由、来源、保管状态、场所和去向。

第一百九十条 办案人民警察应当在依法提取涉案财物后的二十四小时内将财物移交涉案财物管理人员,并办理移交手续。对查封、冻结、先行登记保存的涉案财物,应当在采取措施后的二十四小时内,将法律文书复印件及涉案财物的情况送交涉案财物管理人员予以登记。

在异地或者在偏远、交通不便地区提取涉案财物的,办案人民警察应当在返回单位后的二十四小时内移交。

对情况紧急,需要在提取涉案财物后的二十四小时内进行鉴定、辨认、检验、检查等工作的,经办案部门负责人批准,可以在完成上述工作后的二十四小时内移交。

在提取涉案财物后的二十四小时内已将涉案财物处理完毕的,不再移交,但应当将处理涉案财物的相关手续附卷保存。

因询问、鉴定、辨认、检验、检查等办案需要,经办案部门负责人批准,办案人民警察可以调用涉案财物,并及时归还。

第一百九十一条 对容易腐烂变质及其他不易保管的物品、危险物品,经公安机关负责人批准,在拍照或者录像后依法变卖或者拍卖,变卖或者拍卖的价款暂予保存,待结案后按有关规定处理。

对易燃、易爆、毒害性、放射性等危险物品应当存放在符合危险物品存放条件的专门场所。

对属于被侵害人或者善意第三人合法占有的财物,应当在登记、拍照或者录像、估价后及时返还,并在案卷中注明返还的理由,将原物照片、清单和领取手续存卷备查。

对不宜入卷的物证,应当拍照入卷,原物在结案后按照有关规定处理。

第一百九十二条 有关违法行为查证属实后,对有证据证明权属明确且无争议的被侵害人合法财物及其孳息,凡返还不损害其他被侵害人或者利害关系人的利益,不影响案件正常办理的,应当在登记、拍照或者录像和估价后,及时发还被侵害人。办案人民警察应当在案卷材料中注明返还的理由,并将原物照片、清单和被侵害人的领取手续附卷。

第一百九十三条 在作出行政处理决定时,应当对涉案财物一并作出处理。

第一百九十四条 对在办理行政案件中查获的下列物品应当依法收缴:

(一)毒品、淫秽物品等违禁品;

(二)赌具和赌资;

(三)吸食、注射毒品的用具;

(四)伪造、变造的公文、证件、证明文件、票证、印章等;

(五)倒卖的车船票、文艺演出票、体育比赛入场券等有价票证;

(六)主要用于实施违法行为的本人所有的工具以及直接用于实施毒品违法行为的资金;

(七)法律、法规规定可以收缴的其他非法财物。

前款第六项所列的工具,除非有证据表明属于他人合法所有,可以直接认定为违法行为人本人所有。对明显无价值的,可以不作出收缴决定,但应当在证据保全文书中注明处理情况。

违法所得应当依法予以追缴或者没收。

多名违法行为人共同实施违法行为,违法所得或者非法财物无法分清所有人的,作为共同违法所得或者非法财物予以处理。

第一百九十五条 收缴由县级以上公安机关决定。但是,违禁品,管制器具,吸食、注射毒品的用具以及非法财物价值在五百元以下且当事人对财物价值无异议的,公安派出所可以收缴。

追缴由县级以上公安机关决定。但是,追缴的财物应当退还被侵害人的,公安派出所可以追缴。

第一百九十六条 对收缴和追缴的财物,经原决定机关负责人批准,按照下列规定分别处理:

(一)属于被侵害人或者善意第三人的合法财物,应当及时返还;

(二)没有被侵害人的,登记造册,按照规定上缴国库或者依法变卖、拍卖后,将所得款项上缴国库;

(三)违禁品、没有价值的物品,或者价值轻微、无法变卖、拍卖的物品,统一登记造册后销毁;

(四)对无法变卖或者拍卖的危险物品,由县级以上公安机关主管部门组织销毁或者交有关厂家回收。

第一百九十七条 对应当退还原主或者当事人的财物,通知原主或者当事人在六个月内来领取;原主不明确的,应当采取公告方式告知原主认领。在通知原主、当事人或者公告后六个月内,无人认领的,按无主财物处理,登记后上缴国库,或者依法变卖或者拍卖后,将所得款项上缴国库。遇有特殊情况的,可酌情延期处理,延长期限最长不超过三个月。

第十二章 执 行

第一节 一 般 规 定

第一百九十八条 公安机关依法作出行政处理决定后,被处理人应当在行政处理决定的期限内予以履行。逾期不履行的,作出行政处理决定的公安机关可以依法强制执行或者申请人民法院强制执行。

第一百九十九条 被处理人对行政处理决定不服申请行政复议或者提起行政诉讼的,行政处理决定不停止执行,但法律另有规定的除外。

第二百条 公安机关在依法作出强制执行决定或者申请人民法院强制执行前,应当事先催告被处理人履行行政处理决定。催告以书面形式作出,并直接送达被处理人。被处理人拒绝接受或者无法直接送达被处理人的,依照本规定第五章的有关规定送达。

催告书应当载明下列事项:

(一)履行行政处理决定的期限和方式;

(二)涉及金钱给付的,应当有明确的金额和给付方式;

(三)被处理人依法享有的陈述权和申辩权。

第二百零一条 被处理人收到催告书后有权进行陈述和申辩。公安机关应当充分听取并记录、复核。被处理人提出的事实、理由或者证据成立的,公安机关应当采纳。

第二百零二条 经催告,被处理人无正当理由逾期仍不履行行政处理决定,法律规定由公安机关强制执行的,公安机关可以依法作出强制执行决定。

在催告期间,对有证据证明有转移或者隐匿财物迹象的,公安机关可以作出立即强制执行决定。

强制执行决定应当以书面形式作出,并载明下列事项:

(一)被处理人的姓名或者名称、地址;

(二)强制执行的理由和依据;

(三)强制执行的方式和时间;

(四)申请行政复议或者提起行政诉讼的途径和期限;

(五)作出决定的公安机关名称、印章和日期。

第二百零三条 依法作出要求被处理人履行排除妨碍、恢复原状等义务的行政处理决定,被处理人逾期不履行,经催告仍不履行,其后果已经或者将危害交通安全的,公安机关可以代履行,或者委托没有利害关系的第三人代履行。

代履行应当遵守下列规定:

(一)代履行前送达决定书,代履行决定书应当载明当事人的姓名或者名称、地址,代履行的理由和依据、方式和时间、标的、费用预算及代履行人;

(二)代履行三日前,催告当事人履行,当事人履行的,停止代履行;

(三)代履行时,作出决定的公安机关应当派员到场监督;

(四)代履行完毕,公安机关到场监督人员、代履行人和当事人或者见证人应当在执行文书上签名或者盖章。

代履行的费用由当事人承担。但是,法律另有规定的除外。

第二百零四条 需要立即清理道路的障碍物,当事人不能清除的,或者有其他紧急情况需要立即履行的,公安机关可以决定立即实施代履行。当事人不在场的,公安机关应当在事后立即通知当事人,并依法作出处理。

第二百零五条 实施行政强制执行,公安机关可以在不损害公共利益和他人合法权益的情况下,与当事人达成执行协议。执行协议可以约定分阶段履行;当事人采取补救措施的,可以减免加处的罚款。

执行协议应当履行。被处罚人不履行执行协议的,公安机关应当恢复强制执行。

第二百零六条 当事人在法定期限内不申请行政复议或者提起行政诉讼,又不履行行政处理决定的,法律没有规定公安机关强制执行的,作出行政处理决定的公安机关可以自期限届满之日起三个月内,向所在地有管辖权的人民法院申请强制执行。因情况紧急,为保障公共安全,公安机关可以申请人民法院立即执行。

强制执行的费用由被执行人承担。

第二百零七条 申请人民法院强制执行前,公安机关应当催告被处理人履行义务,催告书送达十日后被处理人仍未履行义务的,公安机关可以向人民法院申请强制执行。

第二百零八条 公安机关向人民法院申请强制执行,应当提供下列材料:

(一)强制执行申请书;

(二)行政处理决定书及作出决定的事实、理由和依据;

(三)当事人的意见及公安机关催告情况;

(四)申请强制执行标的情况;

(五)法律、法规规定的其他材料。

强制执行申请书应当由作出处理决定的公安机关负责人签名,加盖公安机关印章,并注明日期。

第二百零九条 公安机关对人民法院不予受理强制执行申请、不予强制执行的裁定有异议的,可以在十五日内向上一级人民法院申请复议。

第二百一十条 具有下列情形之一的,中止强制执行:

(一)当事人暂无履行能力的;

（二）第三人对执行标的主张权利，确有理由的；

（三）执行可能对他人或者公共利益造成难以弥补的重大损失的；

（四）其他需要中止执行的。

中止执行的情形消失后，公安机关应当恢复执行。对没有明显社会危害，当事人确无能力履行，中止执行满三年未恢复执行的，不再执行。

第二百一十一条　具有下列情形之一的，终结强制执行：

（一）公民死亡，无遗产可供执行，又无义务承受人的；

（二）法人或者其他组织终止，无财产可供执行，又无义务承受人的；

（三）执行标的灭失的；

（四）据以执行的行政处理决定被撤销的；

（五）其他需要终结执行的。

第二百一十二条　在执行中或者执行完毕后，据以执行的行政处理决定被撤销、变更，或者执行错误，应当恢复原状或者退还财物；不能恢复原状或者退还财物的，依法给予赔偿。

第二百一十三条　除依法应当销毁的物品外，公安机关依法没收或者收缴、追缴的违法所得和非法财物，必须按照国家有关规定处理或者上缴国库。

罚款、没收或者收缴的违法所得和非法财物拍卖或者变卖的款项和没收的保证金，必须全部上缴国库，不得以任何形式截留、私分或者变相私分。

第二节　罚款的执行

第二百一十四条　公安机关作出罚款决定，被处罚人应当自收到行政处罚决定书之日起十五日内，到指定的银行缴纳罚款。具有下列情形之一的，公安机关及其办案人民警察可以当场收缴罚款，法律另有规定的，从其规定：

（一）对违反治安管理行为人处五十元以下罚款和对违反交通管理的行人、乘车人和非机动车驾驶人处罚款，被处罚人没有异议的；

（二）对违反治安管理、交通管理以外的违法行为人当场处二十元以下罚款的；

（三）在边远、水上、交通不便地区、旅客列车上或者口岸，被处罚人向指定银行缴纳罚款确有困难，经被处罚人提出的；

（四）被处罚人在当地没有固定住所，不当场收缴事后难以执行的。

对具有前款第一项和第三项情形之一的,办案人民警察应当要求被处罚人签名确认。

第二百一十五条 公安机关及其人民警察当场收缴罚款的,应当出具省级或者国家财政部门统一制发的罚款收据。对不出具省级或者国家财政部门统一制发的罚款收据的,被处罚人有权拒绝缴纳罚款。

第二百一十六条 人民警察应当自收缴罚款之日起二日内,将当场收缴的罚款交至其所属公安机关;在水上当场收缴的罚款,应当自抵岸之日起二日内将当场收缴的罚款交至其所属公安机关;在旅客列车上当场收缴的罚款,应当自返回之日起二日内将当场收缴的罚款交至其所属公安机关。

公安机关应当自收到罚款之日起二日内将罚款缴付指定的银行。

第二百一十七条 被处罚人确有经济困难,经被处罚人申请和作出处罚决定的公安机关批准,可以暂缓或者分期缴纳罚款。

第二百一十八条 被处罚人未在本规定第二百一十四条规定的期限内缴纳罚款的,作出行政处罚决定的公安机关可以采取下列措施:

(一)将依法查封、扣押的被处罚人的财物拍卖或者变卖抵缴罚款。拍卖或者变卖的价款超过罚款数额的,余额部分应当及时退还被处罚人;

(二)不能采取第一项措施的,每日按罚款数额的百分之三加处罚款,加处罚款总额不得超出罚款数额。

拍卖财物,由公安机关委托拍卖机构依法办理。

第二百一十九条 依法加处罚款超过三十日,经催告被处罚人仍不履行的,作出行政处罚决定的公安机关可以按照本规定第二百零六条的规定向所在地有管辖权的人民法院申请强制执行。

第三节 行政拘留的执行

第二百二十条 对被决定行政拘留的人,由作出决定的公安机关送达拘留所执行。对抗拒执行的,可以使用约束性警械。

对被决定行政拘留的人,在异地被抓获或者具有其他有必要在异地拘留所执行情形的,经异地拘留所主管公安机关批准,可以在异地执行。

第二百二十一条 对同时被决定行政拘留和社区戒毒或者强制隔离戒毒的人员,应当先执行行政拘留,由拘留所给予必要的戒毒治疗,强制隔离戒毒期限连续计算。

拘留所不具备戒毒治疗条件的,行政拘留决定机关可以直接将被行政拘留人送公安机关管理的强制隔离戒毒所代为执行行政拘留,强制隔离戒毒期限连续计算。

第二百二十二条 被处罚人不服行政拘留处罚决定,申请行政复议或者提起行政诉讼的,可以向作出行政拘留决定的公安机关提出暂缓执行行政拘留的申请;口头提出申请的,公安机关人民警察应当予以记录,并由申请人签名或者捺指印。

被处罚人在行政拘留执行期间,提出暂缓执行行政拘留申请的,拘留所应当立即将申请转交作出行政拘留决定的公安机关。

第二百二十三条 公安机关应当在收到被处罚人提出暂缓执行行政拘留申请之时起二十四小时内作出决定。

公安机关认为暂缓执行行政拘留不致发生社会危险,且被处罚人或者其近亲属提出符合条件的担保人,或者按每日行政拘留二百元的标准交纳保证金的,应当作出暂缓执行行政拘留的决定。

对同一被处罚人,不得同时责令其提出保证人和交纳保证金。

被处罚人已送达拘留所执行的,公安机关应当立即将暂缓执行行政拘留决定送达拘留所,拘留所应当立即释放被处罚人。

第二百二十四条 被处罚人具有下列情形之一的,应当作出不暂缓执行行政拘留的决定,并告知申请人:

(一)暂缓执行行政拘留后可能逃跑的;

(二)有其他违法犯罪嫌疑,正在被调查或者侦查的;

(三)不宜暂缓执行行政拘留的其他情形。

第二百二十五条 行政拘留并处罚款的,罚款不因暂缓执行行政拘留而暂缓执行。

第二百二十六条 在暂缓执行行政拘留期间,被处罚人应当遵守下列规定:

(一)未经决定机关批准不得离开所居住的市、县;

(二)住址、工作单位和联系方式发生变动的,在二十四小时以内向决定机关报告;

(三)在行政复议和行政诉讼中不得干扰证人作证、伪造证据或者串供;

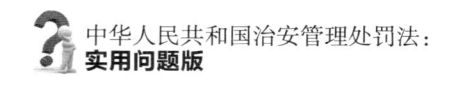

(四)不得逃避、拒绝或者阻碍处罚的执行。

在暂缓执行行政拘留期间,公安机关不得妨碍被处罚人依法行使行政复议和行政诉讼权利。

第二百二十七条 暂缓执行行政拘留的担保人应当符合下列条件：

(一)与本案无牵连；

(二)享有政治权利,人身自由未受到限制或者剥夺；

(三)在当地有常住户口和固定住所；

(四)有能力履行担保义务。

第二百二十八条 公安机关经过审查认为暂缓执行行政拘留的担保人符合条件的,由担保人出具保证书,并到公安机关将被担保人领回。

第二百二十九条 暂缓执行行政拘留的担保人应当履行下列义务：

(一)保证被担保人遵守本规定第二百二十六条的规定；

(二)发现被担保人伪造证据、串供或者逃跑的,及时向公安机关报告。

暂缓执行行政拘留的担保人不履行担保义务,致使被担保人逃避行政拘留处罚执行的,公安机关可以对担保人处以三千元以下罚款,并对被担保人恢复执行行政拘留。

暂缓执行行政拘留的担保人履行了担保义务,但被担保人仍逃避行政拘留处罚执行的,或者被处罚人逃跑后,担保人积极帮助公安机关抓获被处罚人的,可以从轻或者不予行政处罚。

第二百三十条 暂缓执行行政拘留的担保人在暂缓执行行政拘留期间,不愿继续担保或者丧失担保条件的,行政拘留的决定机关应当责令被处罚人重新提出担保人或者交纳保证金。不提出担保人又不交纳保证金的,行政拘留的决定机关应当将被处罚人送拘留所执行。

第二百三十一条 保证金应当由银行代收。在银行非营业时间,公安机关可以先行收取,并在收到保证金后的三日内存入指定的银行账户。

公安机关应当指定办案部门以外的法制、装备财务等部门负责管理保证金。严禁截留、坐支、挪用或者以其他任何形式侵吞保证金。

第二百三十二条 行政拘留处罚被撤销或者开始执行时,公安机关应当将保证金退还交纳人。

被决定行政拘留的人逃避行政拘留处罚执行的,由决定行政拘留的公安机关作出没收或者部分没收保证金的决定,行政拘留的决定机关应当将被处罚人送拘留所执行。

第二百三十三条 被处罚人对公安机关没收保证金的决定不服的,可以依法申请行政复议或者提起行政诉讼。

第四节 其他处理决定的执行

第二百三十四条 作出吊销公安机关发放的许可证或者执照处罚的,应当在被吊销的许可证或者执照上加盖吊销印章后缴销。被处罚人拒不缴销证件的,公安机关可以公告宣布作废。吊销许可证或者执照的机关不是发证机关的,作出决定的机关应当在处罚决定生效后及时通知发证机关。

第二百三十五条 作出取缔决定的,可以采取在经营场所张贴公告等方式予以公告,责令被取缔者立即停止经营活动;有违法所得的,依法予以没收或者追缴。拒不停止经营活动的,公安机关可以依法没收或者收缴其专门用于从事非法经营活动的工具、设备。已经取得营业执照的,公安机关应当通知工商行政管理部门依法撤销其营业执照。

第二百三十六条 对拒不执行公安机关依法作出的责令停产停业决定的,公安机关可以依法强制执行或者申请人民法院强制执行。

第二百三十七条 对被决定强制隔离戒毒、收容教养的人员,由作出决定的公安机关送强制隔离戒毒场所、收容教养场所执行。

对被决定社区戒毒的人员,公安机关应当责令其到户籍所在地接受社区戒毒,在户籍所在地以外的现居住地有固定住所的,可以责令其在现居住地接受社区戒毒。

第十三章 涉外行政案件的办理

第二百三十八条 办理涉外行政案件,应当维护国家主权和利益,坚持平等互利原则。

第二百三十九条 对外国人国籍的确认,以其入境时有效证件上所表明的国籍为准;国籍有疑问或者国籍不明的,由公安机关出入境管理部门协助查明。

对无法查明国籍、身份不明的外国人,按照其自报的国籍或者无国籍人对待。

第二百四十条 违法行为人为享有外交特权和豁免权的外国人的,办案公安机关应当将其身份、证件及违法行为等基本情况记录在案,保存有关证据,并尽快将有关情况层报省级公安机关,由省级公安机关商请同级人民政府外事部门通过外交途径处理。

对享有外交特权和豁免权的外国人,不得采取限制人身自由和查封、扣押的强制措施。

第二百四十一条 办理涉外行政案件,应当使用中华人民共和国通用的语言文字。对不通晓我国语言文字的,公安机关应当为其提供翻译;当事人通晓我国语言文字,不需要他人翻译的,应当出具书面声明。

经县级以上公安机关负责人批准,外国籍当事人可以自己聘请翻译,翻译费由其个人承担。

第二百四十二条 外国人具有下列情形之一,经当场盘问或者继续盘问后不能排除嫌疑,需要作进一步调查的,经县级以上公安机关或者出入境边防检查机关负责人批准,可以拘留审查:

(一)有非法出境入境嫌疑的;

(二)有协助他人非法出境入境嫌疑的;

(三)有非法居留、非法就业嫌疑的;

(四)有危害国家安全和利益,破坏社会公共秩序或者从事其他违法犯罪活动嫌疑的。

实施拘留审查,应当出示拘留审查决定书,并在二十四小时内进行询问。

拘留审查的期限不得超过三十日,案情复杂的,经上一级公安机关或者出入境边防检查机关批准可以延长至六十日。对国籍、身份不明的,拘留审查期限自查清其国籍、身份之日起计算。

第二百四十三条 具有下列情形之一的,应当解除拘留审查:

(一)被决定遣送出境、限期出境或者驱逐出境的;

(二)不应当拘留审查的;

(三)被采取限制活动范围措施的;

(四)案件移交其他部门处理的;

(五)其他应当解除拘留审查的。

第二百四十四条 外国人具有下列情形之一的,不适用拘留审查,经县级以上公安机关或者出入境边防检查机关负责人批准,可以限制其活动范围:

（一）患有严重疾病的；

（二）怀孕或者哺乳自己婴儿的；

（三）未满十六周岁或者已满七十周岁的；

（四）不宜适用拘留审查的其他情形。

被限制活动范围的外国人，应当按照要求接受审查，未经公安机关批准，不得离开限定的区域。限制活动范围的期限不得超过六十日。对国籍、身份不明的，限制活动范围期限自查清其国籍、身份之日起计算。

第二百四十五条　被限制活动范围的外国人应当遵守下列规定：

（一）未经决定机关批准，不得变更生活居所，超出指定的活动区域；

（二）在传唤的时候及时到案；

（三）不得以任何形式干扰证人作证；

（四）不得毁灭、伪造证据或者串供。

第二百四十六条　外国人具有下列情形之一的，经县级以上公安机关或者出入境边防检查机关负责人批准，可以遣送出境：

（一）被处限期出境，未在规定期限内离境的；

（二）有不准入境情形的；

（三）非法居留、非法就业的；

（四）违反法律、行政法规需要遣送出境的。

其他境外人员具有前款所列情形之一的，可以依法遣送出境。

被遣送出境的人员，自被遣送出境之日起一至五年内不准入境。

第二百四十七条　被遣送出境的外国人可以被遣送至下列国家或者地区：

（一）国籍国；

（二）入境前的居住国或者地区；

（三）出生地国或者地区；

（四）入境前的出境口岸的所属国或者地区；

（五）其他允许被遣送出境的外国人入境的国家或者地区。

第二百四十八条　具有下列情形之一的外国人，应当羁押在拘留所或者遣返场所：

（一）被拘留审查的；

（二）被决定遣送出境或者驱逐出境但因天气、交通运输工具班期、当事人健康状况等客观原因或者国籍、身份不明,不能立即执行的。

第二百四十九条 外国人对继续盘问、拘留审查、限制活动范围、遣送出境措施不服的,可以依法申请行政复议,该行政复议决定为最终决定。

其他境外人员对遣送出境措施不服,申请行政复议的,适用前款规定。

第二百五十条 外国人具有下列情形之一的,经县级以上公安机关或者出入境边防检查机关决定,可以限期出境:

(一)违反治安管理的;

(二)从事与停留居留事由不相符的活动的;

(三)违反中国法律、法规规定,不适宜在中国境内继续停留居留的。

对外国人决定限期出境的,应当规定外国人离境的期限,注销其有效签证或者停留居留证件。限期出境的期限不得超过三十日。

第二百五十一条 外国人违反治安管理或者出境入境管理,情节严重,尚不构成犯罪的,承办的公安机关可以层报公安部处以驱逐出境。公安部作出的驱逐出境决定为最终决定,由承办机关宣布并执行。

被驱逐出境的外国人,自被驱逐出境之日起十年内不准入境。

第二百五十二条 对外国人处以罚款或者行政拘留并处限期出境或者驱逐出境的,应当于罚款或者行政拘留执行完毕后执行限期出境或者驱逐出境。

第二百五十三条 办理涉外行政案件,应当按照国家有关办理涉外案件的规定,严格执行请示报告、内部通报、对外通知等各项制度。

第二百五十四条 对外国人作出行政拘留、拘留审查或者其他限制人身自由以及限制活动范围的决定后,决定机关应当在四十八小时内将外国人的姓名、性别、入境时间、护照或者其他身份证件号码,案件发生的时间、地点及有关情况,违法的主要事实,已采取的措施及其法律依据等情况报告省级公安机关;省级公安机关应当在规定期限内,将有关情况通知该外国人所属国家的驻华使馆、领馆,并通报同级人民政府外事部门。当事人要求不通知使馆、领馆,且我国与当事人国籍国未签署双边协议规定必须通知的,可以不通知,但应当由其本人提出书面请求。

第二百五十五条 外国人在被行政拘留、拘留审查或者其他限制人身自由以及限制活动范围期间死亡的,有关省级公安机关应当通知该外国人所属国家驻华使馆、领馆,同时报告公安部并通报同级人民政府外事部门。

第二百五十六条 外国人在被行政拘留、拘留审查或者其他限制人身自由以及限制活动范围期间,其所属国家驻华外交、领事官员要求探视的,决定机关应当及时安排。该外国人拒绝其所属国家驻华外交、领事官员探视的,公安机关可以不予安排,但应当由其本人出具书面声明。

第二百五十七条 办理涉外行政案件,本章未作规定的,适用其他各章的有关规定。

第十四章 案件终结

第二百五十八条 行政案件具有下列情形之一的,应当予以结案:

(一)作出不予行政处罚决定的;

(二)按照本规定第十章的规定达成调解、和解协议并已履行的;

(三)作出行政处罚等处理决定,且已执行的;

(四)违法行为涉嫌构成犯罪,转为刑事案件办理的;

(五)作出处理决定后,因执行对象灭失、死亡等客观原因导致无法执行或者无需执行的。

第二百五十九条 经过调查,发现行政案件具有下列情形之一的,经公安派出所、县级公安机关办案部门或者出入境边防检查机关以上负责人批准,终止调查:

(一)没有违法事实的;

(二)违法行为已过追究时效的;

(三)违法嫌疑人死亡的;

(四)其他需要终止调查的情形。

终止调查时,违法嫌疑人已被采取行政强制措施的,应当立即解除。

第二百六十条 对在办理行政案件过程中形成的文书材料,应当按照一案一卷原则建立案卷,并按照有关规定在结案或者终止案件调查后将案卷移交档案部门保管或者自行保管。

第二百六十一条 行政案件的案卷应当包括下列内容:

(一)受案登记表或者其他发现案件的记录;

(二)证据材料;

(三)决定文书;

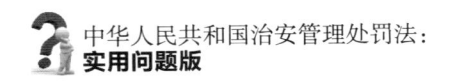

（四）在办理案件中形成的其他法律文书。

第二百六十二条 行政案件的法律文书及定性依据材料应当齐全完整，不得损毁、伪造。

第十五章 附 则

第二百六十三条 省级公安机关应当建立并不断完善统一的执法办案信息系统。

办案部门应当按照有关规定将行政案件的受理、调查取证、采取强制措施、处理等情况以及相关文书材料录入执法办案信息系统，并进行网上审核审批。

公安机关可以使用电子签名、电子指纹捺印技术制作电子笔录等材料，可以使用电子印章制作法律文书。对案件当事人进行电子签名、电子指纹捺印的过程，公安机关应当同步录音录像。

第二百六十四条 执行本规定所需要的法律文书式样，由公安部制定。公安部没有制定式样，执法工作中需要的其他法律文书，省级公安机关可以制定式样。

第二百六十五条 本规定所称"以上"、"以下"、"内"皆包括本数或者本级。

第二百六十六条 本规定自2013年1月1日起施行，依照《中华人民共和国出境入境管理法》新设定的制度自2013年7月1日起施行。2006年8月24日发布的《公安机关办理行政案件程序规定》同时废止。

公安部其他规章对办理行政案件程序有特别规定的，按照特别规定办理；没有特别规定的，按照本规定办理。

5. 公安机关治安调解工作规范

（公通字〔2007〕81号）

第一条 为进一步规范公安机关治安调解工作，最大限度地增加和谐因素，最大限度地减少不和谐因素，化解社会矛盾，促进社会稳定，根据《中华人民共和国治安管理处罚法》和《公安机关办理行政案件程序规定》等规定,制定本规范。

第二条 本规范所称治安调解,是指对于因民间纠纷引起的打架斗殴或者损毁他人财物等违反治安管理、情节较轻的治安案件,在公安机关的主持下,以国家法律、法规和规章为依据,在查清事实、分清责任的基础上,劝说、教育并促使双方交换意见,达成协议,对治安案件做出处理的活动。

第三条 对于因民间纠纷引起的殴打他人、故意伤害、侮辱、诽谤、诬告陷害、故意损毁财物、干扰他人正常生活、侵犯隐私等违反治安管理行为,情节较轻的,经双方当事人同意,公安机关可以治安调解。

民间纠纷是指公民之间、公民和单位之间,在生活、工作、生产经营等活动中产生的纠纷。对不构成违反治安管理行为的民间纠纷,应当告知当事人向人民法院或者人民调解组织申请处理。

第四条 违反治安管理行为有下列情形之一的,不适用治安调解:

(一)雇凶伤害他人的;

(二)结伙斗殴的;

(三)寻衅滋事的;

(四)多次实施违反治安管理行为的;

(五)当事人在治安调解过程中又挑起事端的;

(六)其他不宜治安调解的。

第五条 治安调解应当依法进行调查询问,收集证据,在查明事实的基础上实施。

第六条 治安调解应当遵循以下原则:

(一)合法原则。治安调解应当按照法律规定的程序进行,双方当事人达成的协议必须符合法律规定。

(二)公正原则。治安调解应当分清责任,实事求是地提出调解意见,不得偏袒一方。

(三)公开原则。治安调解应当公开进行,涉及国家机密、商业秘密或者个人隐私,以及双方当事人都要求不公开的除外。

(四)自愿原则。治安调解应当在当事人双方自愿的基础上进行。达成协议的内容,必须是双方当事人真实意思表示。

(五)及时原则。治安调解应当及时进行,使当事人尽快达成协议,解决纠纷。

治安调解不成应当在法定的办案期限内及时依法处罚,不得久拖不决。

(六)教育原则。治安调解应当通过查清事实,讲明道理,指出当事人的错误和违法之处,教育当事人自觉守法并通过合法途径解决纠纷。

第七条 被侵害人可以亲自参加治安调解,也可以委托其他人参加治安调解。委托他人参加治安调解的,应当向公安机关提交委托书,并注明委托权限。

第八条 公安机关进行治安调解时,可以邀请当地居(村)民委员会的人员或者双方当事人熟悉的人员参加。

当事人中有不满十六周岁未成年人的,调解时应当通知其父母或者其他监护人到场。

第九条 治安调解一般为一次,必要时可以增加一次。

对明显不构成轻伤、不需要伤情鉴定以及损毁财物价值不大,不需要进行价值认定的治安案件,应当在受理案件后的3个工作日内完成调解;对需要伤情鉴定或者价值认定的治安案件,应当在伤情鉴定文书和价值认定结论出具后的3个工作日内完成调解。

对一次调解不成,有必要再次调解的,应当在第一次调解后的7个工作日内完成。

第十条 治安调解达成协议的,在公安机关主持下制作《治安调解协议书》(式样附后),双方当事人应当在协议书上签名,并履行协议。

第十一条 《治安调解协议书》应当包括以下内容:

(一)治安调解机关名称,主持人、双方当事人和其他在场人员的基本情况;

(二)案件发生时间、地点、人员、起因、经过、情节、结果等情况;

(三)协议内容、履行期限和方式;

(四)治安调解机关印章、主持人、双方当事人及其他参加人签名、印章(捺指印)。

《治安调解协议书》一式三份,双方当事人各执一份,治安调解机关留存一份备查。

第十二条 调解协议履行期满三日内,办案民警应当了解协议履行情况。对已经履行调解协议的,应当及时结案,对没有履行协议的,应当及时了解情况,查清原因。对无正当理由不履行协议的,依法对违反治安管理行为人予以处罚,并告知当事人可以就民事争议依法向人民法院提起民事诉讼。

第十三条 治安调解案件的办案期限从未达成协议或者达成协议不履行之日起开始计算。

第十四条 公安机关对情节轻微,事实清楚,因果关系明确、不涉及医疗费用、物品损失或者双方当事人对医疗费用和物品损失的赔付无争议,符合治安调解条件,双方当事人同意现场调解并当场履行的治安案件,可以进行现场调解。

现场调解达成协议的,应当制作《现场治安调解协议书》一式三联(式样附后),由双方当事人签名。

第十五条 经治安调解结案的治安案件应当纳入统计范围,并根据案卷装订要求建立卷宗。

现场治安调解结案的治安案件,可以不制作卷宗,但办案部门应当将《现场治安调解协议书》按编号装订存档。

第十六条 公安机关人民警察在治安调解过程中,有徇私舞弊、滥用职权、不依法履行法定职责等情形的,依法给予行政处分;构成犯罪的,依法追究刑事责任。

第十七条 本规范自下发之日起施行。

×××公安局
治安调解协议书

编号:

主持人_____单位及职务_____调解地点_____

当事人_____性别_____年龄_____身份证件及号码_____

工作单位及职业_____家庭住址_____

当事人_____性别_____年龄_____身份证件及号码_____

工作单位及职业_____家庭住址_____

调解见证人姓名_____家庭住址_____联系方

式_____

主要事实(包括案件发生时间、地点、人员、起因、经过、情节、结果等)：

经调解,双方自愿达成如下协议(包括协议内容、履行方式和期限等)：

本协议自双方签字之时起生效。对已履行协议的,公安机关对违反治安管理行为人不予处罚;对不履行协议的,公安机关依法对违反治安管理行为人给予治安管理处罚,被侵害人可以就民事争议依法向人民法院提起民事诉讼。

本协议书一式三份,双方当事人各执一份,调解机关留存一份备查。

当事人意见： 　　　　　　　签名(盖章)：

当事人意见： 　　　　　　　签名(盖章)：

主持人签名：

见证人签名：

(公安机关印章)

年　　月　　日

×××公安局
现场治安调解协议书

编号：

当事人_____性别_____年龄_____身份证件及号码_____

工作单位及职业_____家庭住址_____

当事人_____性别_____年龄_____身份证件及号码_____

工作单位及职业_____家庭住址_____

主要事实：

经调解,双方自愿达成如下协议：

本协议自双方签字之时起生效,并当场履行,公安机关对违反治安管理行为人不予处罚。

当事人(签名):

当事人(签名):

办案民警:

(公安机关印章)

年　月　日

(第一联:存根;第二联:送当事人;第三联:送当事人)

6.违反公安行政管理行为的名称及其适用意见(节录)

(公通字[2020]8号)

二、治安管理

(二)《中华人民共和国人民警察法》(法律)

21.非法制造、贩卖、持有、使用警用标志、制式服装、警械、证件(《中华人民共和国人民警察法》第36条,《人民警察制式服装及其标志管理规定》第14条、第15条、第16条,《公安机关警戒带使用管理办法》第10条)

对单位或者个人非法生产、销售人民警察制式服装及其标志的,违法行为名称表述为"非法制造、贩卖警用标志、制式服装",法律依据适用《中华人民共和国人民警察法》第36条和《人民警察制式服装及其标志管理规定》第14条。对指定生产企业违反规定,超计划生产或者擅自转让生产任务的,违法行为名称表述为"非法制造警用标志、制式服装",法律依据适用《中华人民共和国人民警察法》第36条和《人民警察制式服装及其标志管理规定》第14条、第15条。对单位或个人非法持有、使用人民警察制式服装及其标志的,违法行为名称表述为"非法持有、使用警用标志、制式服装",法律依据适用《中华人民共和国人民警察法》第36条和《人民警察制式服装及其标志管理规定》第16条。

(三)《人民警察制式服装及其标志管理规定》(部门规章)

22. 生产、销售仿制警用制式服装、标志(第17条)

23. 穿着、佩带仿制警用制式服装、标志(第18条)

(四)《中华人民共和国治安管理处罚法》(法律)

24. 扰乱单位秩序(第23条第1款第1项)

《中华人民共和国军事设施保护法》第43条规定援引《中华人民共和国治安管理处罚法》第23条处罚。对《中华人民共和国军事设施保护法》第43条规定的非法进入军事禁区、军事管理区,不听制止的;在军事禁区外围安全控制范围内,或者在没有划入军事禁区、军事管理区的军事设施一定距离内,进行危害军事设施安全和使用效能的活动,不听制止的;在军用机场净空保护区域内,进行影响飞行安全和机场助航设施使用效能的活动,不听制止的;对军事禁区、军事管理区非法进行摄影、摄像、录音、勘察、测量、描绘和记述,不听制止的;其他扰乱军事禁区、军事管理区管理秩序和危害军事设施安全的行为,情节轻微,尚不够刑事处罚的,违法行为名称表述为"扰乱单位秩序",法律依据适用《中华人民共和国治安管理处罚法》第23条第1款第1项。聚众实施上述行为的,违法行为名称表述为"聚众扰乱单位秩序",法律依据适用《中华人民共和国治安管理处罚法》第23条第1款第1项和第2款。

25. 扰乱公共场所秩序(第23条第1款第2项)

26. 扰乱公共交通工具上的秩序(第23条第1款第3项)

27. 妨碍交通工具正常行驶(第23条第1款第4项)

28. 破坏选举秩序(第23条第1款第5项)

29. 聚众扰乱单位秩序(第23条第2款)

30. 聚众扰乱公共场所秩序(第23条第2款)

31. 聚众扰乱公共交通工具上的秩序(第23条第2款)

32. 聚众妨碍交通工具正常行驶(第23条第2款)

33. 聚众破坏选举秩序(第23条第2款)

34. 强行进入大型活动场内(第24条第1款第1项)

35. 违规在大型活动场内燃放物品(第24条第1款第2项)

36. 在大型活动场内展示侮辱性物品(第24条第1款第3项)

37. 围攻大型活动工作人员(第24条第1款第4项)

38. 向大型活动场内投掷杂物(第24条第1款第5项)

39. 其他扰乱大型活动秩序的行为(第24条第1款第6项)

40. 虚构事实扰乱公共秩序(第25条1项)

对《中华人民共和国消防法》第62条第3项规定的谎报火警,违法行为名称表述为"虚构事实扰乱公共秩序(谎报火警)",法律依据适用《中华人民共和国消防法》第62条第3项和《中华人民共和国治安管理处罚法》第25条第1项。

41. 投放虚假危险物质(第25条第2项)

42. 扬言实施放火、爆炸、投放危险物质(第25条第3项)

43. 寻衅滋事(第26条)

44. 组织、教唆、胁迫、诱骗、煽动从事邪教、会道门活动(第27条第1项)

45. 利用邪教、会道门、迷信活动危害社会(第27条第1项)

46. 冒用宗教、气功名义危害社会(第27条第2项)

47. 故意干扰无线电业务正常进行(第28条)

《中华人民共和国军事设施保护法》第44条规定援引《中华人民共和国治安管理处罚法》第28条处罚。对《中华人民共和国军事设施保护法》第44条规定的违反国家规定,故意干扰军用无线电设施正常工作的,违法行为名称表述为"故意干扰无线电业务正常进行",法律依据适用《中华人民共和国治安管理处罚法》第28条。

48. 拒不消除对无线电台(站)的有害干扰(第28条)

《中华人民共和国军事设施保护法》第44条规定援引《中华人民共和国治安管理处罚法》第28条处罚。对《中华人民共和国军事设施保护法》第44条规定的对军用无线电设施产生有害干扰,拒不按照有关主管部门的要求改正的,违法行为名称表述为"拒不消除对无线电台(站)的有害干扰",法律依据适用《中华人民共和国治安管理处罚法》第28条。

49. 非法侵入计算机信息系统(第29条第1项)

《计算机信息网络国际联网安全保护管理办法》第20条与《中华人民共和国治安管理处罚法》第29条第1项竞合。对单位未经允许,进入计算机信息网络或者使用计算机信息网络资源,构成违反治安管理行为的,违法行为名称表述为"非

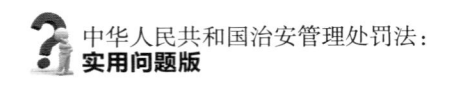

法侵入计算机信息系统"。对单位处罚的法律依据适用《计算机信息网络国际联网安全保护管理办法》第6条第1项和第20条,对其直接负责的主管人员和其他直接责任人员处罚的法律依据适用《中华人民共和国治安管理处罚法》第18条和第29条第1项。

50. 非法改变计算机信息系统功能(第29条第2项)

《计算机信息网络国际联网安全保护管理办法》第20条与《中华人民共和国治安管理处罚法》第29条第2项竞合。对单位未经允许,对计算机信息网络功能进行删除、修改或者增加,构成违反治安管理行为的,违法行为名称表述为"非法改变计算机信息系统功能"。对单位处罚的法律依据适用《计算机信息网络国际联网安全保护管理办法》第6条第2项和第20条,对其直接负责的主管人员和其他直接责任人员处罚的法律依据适用《中华人民共和国治安管理处罚法》第18条和第29条第2项。

51. 非法改变计算机信息系统数据和应用程序(第29条第3项)

《计算机信息网络国际联网安全保护管理办法》第20条与《中华人民共和国治安管理处罚法》第29条第3项竞合。对单位未经允许,对计算机信息网络中存储、处理或者传输的数据和应用程序进行删除、修改或者增加,构成违反治安管理行为的,违法行为名称表述为"非法改变计算机信息系统数据和应用程序"。对单位处罚的法律依据适用《计算机信息网络国际联网安全保护管理办法》第6条第3项和第20条,对其直接负责的主管人员和其他直接责任人员处罚的法律依据适用《中华人民共和国治安管理处罚法》第18条和第29条第3项。

52. 故意制作、传播计算机破坏性程序影响运行(第29条第4项)

《计算机信息网络国际联网安全保护管理办法》第20条与《中华人民共和国治安管理处罚法》第29条第4项竞合。对单位故意制作、传播计算机病毒等破坏性程序,构成违反治安管理行为的,违法行为名称表述为"故意制作、传播计算机破坏性程序影响运行"。对单位处罚的法律依据适用《计算机信息网络国际联网安全保护管理办法》第6条第4项和第20条,对其直接负责的主管人员和其他直接责任人员处罚的法律依据适用《中华人民共和国治安管理处罚法》第18条和第29条第4项。

53. 非法制造、买卖、储存、运输、邮寄、携带、使用、提供、处置危险物质(第30条)

《民用爆炸物品安全管理条例》第44条第4款与《中华人民共和国治安管理

处罚法》第30条竞合。对未经许可购买、运输民用爆炸物品的，违法行为名称表述为"非法购买、运输危险物质（民用爆炸物品）"。对单位处罚的法律依据适用《民用爆炸物品安全管理条例》第44条第4款，对其直接负责的主管人员和其他直接责任人员处罚的法律依据适用《中华人民共和国治安管理处罚法》第18条和第30条。对个人未经许可购买、运输民用爆炸物品的，法律依据适用《中华人民共和国治安管理处罚法》第30条。

《民用爆炸物品安全管理条例》第49条第3项、第4项与《中华人民共和国治安管理处罚法》第30条竞合。对违规储存民用爆炸物品的，违法行为名称表述为"非法储存危险物质（民用爆炸物品）"。对单位处罚的法律依据适用《民用爆炸物品安全管理条例》第49条第3项或者第4项，对其直接负责的主管人员和其他直接责任人员处罚的法律依据适用《中华人民共和国治安管理处罚法》第18条和第30条。对个人非法储存民用爆炸物品的，法律依据适用《中华人民共和国治安管理处罚法》第30条。

《民用爆炸物品安全管理条例》第51条与《中华人民共和国治安管理处罚法》第30条竞合。对携带民用爆炸物品搭乘公共交通工具或者进入公共场所，邮寄或者在托运的货物、行李、包裹、邮件中夹带民用爆炸物品，违法行为名称表述为"非法携带、邮寄危险物质（民用爆炸物品）"，法律依据适用《中华人民共和国治安管理处罚法》第30条和《民用爆炸物品安全管理条例》第51条。

对《中华人民共和国消防法》第62条第1项规定的违反有关消防技术标准和管理规定生产、储存、运输、销售、使用、销毁易燃易爆危险品，违法行为名称表述为"非法制造、买卖、储存、运输、使用、处置危险物质（易燃易爆危险品）"，法律依据适用《中华人民共和国消防法》第62条第1项和《中华人民共和国治安管理处罚法》第30条。

对《中华人民共和国消防法》第62条第2项规定的非法携带易燃易爆危险品进入公共场所或者乘坐公共交通工具的，违法行为名称表述为"非法携带危险物质（易燃易爆危险品）"，法律依据适用《中华人民共和国消防法》第62条第2项和《中华人民共和国治安管理处罚法》第30条。

《烟花爆竹安全管理条例》第36条第2款与《中华人民共和国治安管理处罚法》第30条竞合。对未经许可经由道路运输烟花爆竹的，违法行为名称表述为"非法运输危险物质（烟花爆竹）"。对单位处罚的法律依据适用《烟花爆竹安全管理条例》第36条第2款,对其直接负责的主管人员和其他直接责任人员处罚的法律依据适用《中华人民共和国治安管理处罚法》第18条和第30条。对个人未经许可经由道路运输烟花爆竹的,法律依据适用《中华人民共和国治安管理处罚法》第30条。

《烟花爆竹安全管理条例》第41条和《中华人民共和国治安管理处罚法》第30条竞合。对携带烟花爆竹搭乘公共交通工具的,或者邮寄烟花爆竹以及在托运的行李、包裹、邮件中夹带烟花爆竹的,违法行为名称表述为"非法邮寄、携带危险物质(烟花爆竹)"。情节较轻的,法律依据适用《烟花爆竹安全管理条例》第41条;情节较重,构成违反治安管理的,法律依据适用《中华人民共和国治安管理处罚法》第30条。

《危险化学品安全管理条例》第88条第4项和《剧毒化学品购买和公路运输许可证件管理办法》第20条、第21条第3款与《中华人民共和国治安管理处罚法》第30条竞合。对未取得或者利用骗取的剧毒化学品道路运输通行证,通过道路运输剧毒化学品的,违法行为名称表述为"非法运输危险物质(剧毒化学品)"。对单位处罚的法律依据相应适用《危险化学品安全管理条例》第88条第4项和《剧毒化学品购买和公路运输许可证件管理办法》第20条,或者《危险化学品安全管理条例》第88条第4项和《剧毒化学品购买和公路运输许可证件管理办法》第21条第3款,对其直接负责的主管人员和其他直接责任人员处罚的法律依据适用《中华人民共和国治安管理处罚法》第18条和第30条。对个人未取得剧毒化学品道路运输通行证经由道路运输剧毒化学品的,法律依据适用《中华人民共和国治安管理处罚法》第30条。

《剧毒化学品购买和公路运输许可证件管理办法》第20条与《中华人民共和国治安管理处罚法》第30条竞合。对未申领剧毒化学品购买凭证[《国务院关于第五批取消和下放管理层级行政审批项目的决定》(国发〔2010〕21号)已取消剧毒化学品准购证核发审批],擅自购买剧毒化学品的,违法行为名称表述为"非法购买危险物质(剧毒化学品)"。对单位处罚的法律依据适用《剧毒化学品购买和公路运输许可证件管理办法》第20条,对其直接负责的主管人员和其他直接责任人员处罚的法律依据适用《中华人民共和国治安管理处罚法》第18条和第30条。对个人非法购买剧毒化学品的,法律依据适用《中华人民共和国治安管理处罚法》第30条。

《放射性物品运输安全管理条例》第62条第1项与《中华人民共和国治安管理处罚法》第30条竞合。未经公安机关批准通过道路运输放射性物品的,违法行为名称表述为"非法运输危险物质(放射性物品)"。对单位处罚的法律依据适用《放射性物品运输安全管理条例》第62条第1项,对其直接负责的主管人员和其他直接责任人员处罚的法律依据适用《中华人民共和国治安管理处罚法》第18条和第30条。对个人未经公安机关批准通过道路运输放射性物品的,法律依据适用《中华人民共和国治安管理处罚法》第30条。

54. 危险物质被盗、被抢、丢失不报(第31条)

《民用爆炸物品安全管理条例》第50条第2项与《中华人民共和国治安管理处罚法》第31条竞合。对民用爆炸物品丢失、被盗、被抢不报的,违法行为名称表述为"危险物质(民用爆炸物品)被盗、被抢、丢失不报"。对单位处罚的法律依据适用《民用爆炸物品安全管理条例》第50条第2项,对其直接负责的主管人员和其他直接责任人员处罚的法律依据适用《中华人民共和国治安管理处罚法》第18条和第31条。

《烟花爆竹安全管理条例》第39条与《中华人民共和国治安管理处罚法》第31条竞合。对生产、经营、使用黑火药、烟火药、引火线的企业,丢失黑火药、烟火药、引火线未及时向当地安全生产监督管理部门和公安部门报告的,违法行为名称表述为"危险物质(烟花爆竹)丢失不报"。对企业主要负责人处罚的法律依据适用《烟花爆竹安全管理条例》第39条,对其直接负责的主管人员和其他直接责任人员处罚的法律依据适用《中华人民共和国治安管理处罚法》第18条和第31条。

《危险化学品安全管理条例》第81条第1款第2项与《中华人民共和国治安管理处罚法》第31条竞合。生产、储存、使用剧毒化学品、易制爆危险化学品的单位发现剧毒化学品、易制爆危险化学品丢失或者被盗,不立即向公安机关报告的,违法行为名称表述为"危险物质被盗、丢失不报"。对单位处罚的法律依据适用《危险化学品安全管理条例》第81条第1款第2项,对其直接负责的主管人员和其他直接责任人员处罚的法律依据适用《中华人民共和国治安管理处罚法》第18条和第31条。

55. 非法携带枪支、弹药、管制器具(第32条)

《中华人民共和国枪支管理法》第44条第1款第2项与《中华人民共和国治

安管理处罚法》第32条竞合。对《中华人民共和国枪支管理法》第44条第1款第2项规定的在禁止携带枪支的区域、场所携带枪支的,违法行为名称表述为"非法携带枪支",法律依据适用《中华人民共和国治安管理处罚法》第32条。

56. 盗窃、损毁公共设施(第33条第1项)

《中华人民共和国军事设施保护法》第45条规定援引《中华人民共和国治安管理处罚法》第33条处罚。对《中华人民共和国军事设施保护法》第45条规定的毁坏边防、海防管控设施以及军事禁区、军事管理区的围墙、铁丝网、界线标志或者其他军事设施的,违法行为名称表述为"损毁公共设施",法律依据适用《中华人民共和国治安管理处罚法》第33条第1项。

57. 移动、损毁边境、领土、领海标志设施(第33条第2项)

58. 非法进行影响国(边)界线走向的活动(第33条第3项)

59. 非法修建有碍国(边)境管理的设施(第33条第3项)

60. 盗窃、损坏、擅自移动航空设施(第34条第1款)

61. 强行进入航空器驾驶舱(第34条第1款)

62. 在航空器上使用禁用物品(第34条第2款)

63. 盗窃、损毁、擅自移动铁路设施、设备、机车车辆配件、安全标志(第35条第1项)

64. 在铁路线路上放置障碍物(第35条第2项)

65. 故意向列车投掷物品(第35条第2项)

66. 在铁路沿线非法挖掘坑穴、采石取沙(第35条第3项)

67. 在铁路线路上私设道口、平交过道(《中华人民共和国治安管理处罚法》第35条第4项和《中华人民共和国铁路法》第68条)

68. 擅自进入铁路防护网(第36条)

69. 违法在铁路线路上行走坐卧、抢越铁路(第36条)

70. 擅自安装、使用电网(第37条第1项)

71. 安装、使用电网不符合安全规定(第37条第1项)

72. 道路施工不设置安全防护设施(第37条第2项)

73. 故意损毁、移动道路施工安全防护设施(第37条第2项)

74. 盗窃、损毁路面公共设施(第37条第3项)

75. 违规举办大型活动(第38条)

76.公共场所经营管理人员违反安全规定(第39条)

77.组织、胁迫、诱骗进行恐怖、残忍表演(第40条第1项)

78.强迫劳动(第40条第2项)

《中华人民共和国劳动法》第96条第1项与《中华人民共和国治安管理处罚法》第40条第2项竞合。对用人单位以暴力、威胁或者非法限制人身自由的手段强迫劳动的,违法行为名称表述为"强迫劳动",法律依据适用《中华人民共和国治安管理处罚法》第40条第2项。

79.非法限制人身自由(第40条第3项)

《保安服务管理条例》第45条第1款第1项与《中华人民共和国治安管理处罚法》第40条第3项竞合。对保安员限制他人人身自由的,违法行为名称表述为"非法限制人身自由"。如果其行为依法应当予以治安管理处罚的,法律依据适用《中华人民共和国治安管理处罚法》第40条第3项。如果其行为情节严重,依法应当吊销保安员证,并应当依法予以治安管理处罚的,法律依据适用《中华人民共和国治安管理处罚法》第40条第3项和《保安服务管理条例》第45条第1款第1项。如果其行为情节轻微,不构成违反治安管理行为,仅应当予以训诫的,法律依据适用《保安服务管理条例》第45条第1款第1项。

《中华人民共和国劳动法》第96条第2项与《中华人民共和国治安管理处罚法》第40条第3项竞合。对用人单位拘禁劳动者的,违法行为名称表述为"非法限制人身自由",法律依据适用《中华人民共和国治安管理处罚法》第40条第3项。

80.非法侵入住宅(第40条第3项)

81.非法搜查身体(第40条第3项)

《保安服务管理条例》第45条第1款第1项与《中华人民共和国治安管理处罚法》第40条第3项竞合。对保安员搜查他人身体的,违法行为名称表述为"非法搜查身体"。如果其行为依法应当予以治安管理处罚的,法律依据适用《中华人民共和国治安管理处罚法》第40条第3项。如果其行为情节严重,依法应当吊销保安员证,并应当依法予以治安管理处罚的,法律依据适用《中华人民共和国治安管理处罚法》第40条第3项和《保安服务管理条例》第45条第1款第1项。如果其行为情节轻微,不构成违反治安管理行为,仅应当予以训诫的,法律依据适用《保安服务管理条例》第45条第1款第1项。

《中华人民共和国劳动法》第96条第2项与《中华人民共和国治安管理处罚法》第40条第3项竞合。对用人单位非法搜查劳动者的,违法行为名称表述为"非法搜查身体",法律依据适用《中华人民共和国治安管理处罚法》第40条第3项。

82. 胁迫、诱骗、利用他人乞讨(第41条第1款)

83. 以滋扰他人的方式乞讨(第41条第2款)

84. 威胁人身安全(第42条第1项)

85. 侮辱(第42条第2项)

《保安服务管理条例》第45条第1款第1项与《中华人民共和国治安管理处罚法》第42条第2项竞合。对保安员侮辱他人的,违法行为名称表述为"侮辱"。如果其行为依法应当予以治安管理处罚的,法律依据适用《中华人民共和国治安管理处罚法》第42条第2项。如果其行为情节严重,依法应当吊销保安员证,并应当依法予以治安管理处罚的,法律依据适用《中华人民共和国治安管理处罚法》第42条第2项和《保安服务管理条例》第45条第1款第1项。如果其行为情节轻微,不构成违反治安管理行为,仅应当予以训诫的,法律依据适用《保安服务管理条例》第45条第1款第1项。

《中华人民共和国劳动法》第96条第2项与《中华人民共和国治安管理处罚法》第42条第2项竞合。对用人单位侮辱劳动者的,违法行为名称表述为"侮辱",法律依据适用《中华人民共和国治安管理处罚法》第42条第2项。

86. 诽谤(第42条第2项)

87. 诬告陷害(第42条第3项)

88. 威胁、侮辱、殴打、打击报复证人及其近亲属(第42条第4项)

89. 发送信息干扰正常生活(第42条第5项)

90. 侵犯隐私(第42条第6项)

《保安服务管理条例》第45条第1款第6项与《中华人民共和国治安管理处罚法》第42条第6项竞合。对保安员侵犯个人隐私的,违法行为名称表述为"侵犯隐私"。如果其行为依法应当予以治安管理处罚的,法律依据适用《中华人民共和国治安管理处罚法》第42条第6项。如果其行为情节严重,依法应当吊销保安员证,并应当依法予以治安管理处罚的,法律依据适用《中华人民共和国治安管理处罚法》第42条第6项和《保安服务管理条例》第45条第1款第6项。如果其行为情节轻微,不构成违反治安管理行为,仅应当予以训诫的,法律依据适用《保安服务管理条例》第45条第1款第6项。

91.殴打他人(第43条第1款)

《保安服务管理条例》第45条第1款第1项与《中华人民共和国治安管理处罚法》第43条第1款竞合。对保安员殴打他人的,违法行为名称表述为"殴打他人"。如果其行为依法应当予以治安管理处罚,法律依据适用《中华人民共和国治安管理处罚法》第43条第1款。如果其行为情节严重,依法应当吊销保安员证,并应当依法予以治安管理处罚的,法律依据适用《中华人民共和国治安管理处罚法》第43条第1款和《保安服务管理条例》第45条第1款第1项;有法定加重情节的,法律依据适用《中华人民共和国治安管理处罚法》第43条第2款和《保安服务管理条例》第45条第1款第1项。如果其行为情节轻微,不构成违反治安管理行为,仅应当予以训诫的,法律依据适用《保安服务管理条例》第45条第1款第1项。

《中华人民共和国劳动法》第96条第2项与《中华人民共和国治安管理处罚法》第43条第1款竞合。对用人单位体罚、殴打劳动者的,违法行为名称表述为"殴打他人",法律依据适用《中华人民共和国治安管理处罚法》第43条第1款。

92.故意伤害(第43条第1款)

93.猥亵(第44条)

94.在公共场所故意裸露身体(第44条)

95.虐待(第45条第1项)

96.遗弃(第45条第2项)

97.强迫交易(第46条)

98.煽动民族仇恨、民族歧视(第47条)

99.刊载民族歧视、侮辱内容(第47条)

100.冒领、隐匿、毁弃、私自开拆、非法检查他人邮件(第48条)

对冒领、隐匿、毁弃、私自开拆、非法检查他人快件,尚不构成犯罪的,违法行为名称表述为"冒领、隐匿、毁弃、私自开拆、非法检查他人邮件",法律依据适用《快递暂行条例》第42条第1款和《中华人民共和国治安管理处罚法》第48条。

101.盗窃(第49条)

102.诈骗(第49条)

103. 哄抢(第 49 条)

104. 抢夺(第 49 条)

105. 敲诈勒索(第 49 条)

106. 故意损毁财物(第 49 条)

107. 拒不执行紧急状态下的决定、命令(第 50 条第 1 款第 1 项)

108. 阻碍执行职务(第 50 条第 1 款第 2 项)

《保安服务管理条例》第 45 条第 1 款第 3 项与《中华人民共和国治安管理处罚法》第 50 条第 1 款第 2 项竞合。对保安员阻碍依法执行公务,违法行为名称表述为"阻碍执行职务"。如果其行为依法应当予以治安管理处罚的,法律依据适用《中华人民共和国治安管理处罚法》第 50 条第 1 款第 2 项。如果其行为情节严重,依法应当吊销保安员证,并应当予以治安管理处罚的,法律依据适用《中华人民共和国治安管理处罚法》第 50 条第 1 款第 2 项和《保安服务管理条例》第 45 条第 1 款第 3 项。如果其行为情节轻微,不构成违反治安管理行为,仅应当予以训诫的,法律依据适用《保安服务管理条例》第 45 条第 1 款第 3 项。

对阻碍消防救援机构的工作人员依法执行职务,尚不够刑事处罚的,违法行为名称表述为"阻碍执行职务",法律依据适用《中华人民共和国消防法》第 62 条第 5 项和《中华人民共和国治安管理处罚法》第 50 条第 1 款第 2 项。

对阻碍国家情报工作机构及其工作人员依法开展情报工作,尚不够刑事处罚的,违法行为名称及法律适用规范按照本意见第 777 条的规定执行。

109. 阻碍特种车辆通行(第 50 条第 1 款第 3 项)

对阻碍消防车、消防艇执行任务的,违法行为名称表述为"阻碍特种车辆通行(消防车、消防艇)",法律依据适用《中华人民共和国消防法》第 62 条第 4 项和《中华人民共和国治安管理处罚法》第 50 条第 1 款第 3 项。

110. 冲闯警戒带、警戒区(第 50 条第 1 款第 4 项)

111. 招摇撞骗(第 51 条第 1 款)

112. 伪造、变造、买卖公文、证件、证明文件、印章(第 52 条第 1 项)

《报废机动车回收管理办法》第 20 条第 1 款第 1 项与《中华人民共和国治安管理处罚法》第 52 条第 1 项竞合。对买卖、伪造、变造报废机动车回收证明的,违法行为名称表述为"伪造、变造、买卖证明文件(报废机动车回收证明)",处罚的法律依据适用《中华人民共和国治安管理处罚法》第 52 条第 1 项和《报废机动车回收管理办法》第 20 条第 1 款第 1 项。

113. 买卖、使用伪造、变造的公文、证件、证明文件（第 52 条第 2 项）

114. 伪造、变造、倒卖有价票证、凭证（第 52 条第 3 项）

115. 伪造、变造船舶户牌（第 52 条第 4 项）

116. 买卖、使用伪造、变造的船舶户牌（第 52 条第 4 项）

117. 涂改船舶发动机号码（第 52 条第 4 项）

118. 驾船擅自进入、停靠国家管制的水域、岛屿（第 53 条）

《沿海船舶边防治安管理规定》第 28 条第 1 项与《中华人民共和国治安管理处罚法》第 53 条竞合。对沿海船舶非法进入国家禁止或者限制进入的海域或者岛屿的，违法行为名称表述为"驾船擅自进入国家管制的水域、岛屿"，法律依据适用《中华人民共和国治安管理处罚法》第 53 条。

119. 非法以社团名义活动（第 54 条第 1 款第 1 项）

120. 以被撤销登记的社团名义活动（第 54 条第 1 款第 2 项）

121. 未获公安许可擅自经营（第 54 条第 1 款第 3 项）

《旅馆业治安管理办法》第 15 条与《中华人民共和国治安管理处罚法》第 54 条第 1 款第 3 项、第 2 款竞合。对未经公安机关许可开办旅馆的，违法行为名称表述为"未获公安许可擅自经营（旅馆）"，法律依据适用《中华人民共和国治安管理处罚法》第 54 条第 1 款第 3 项、第 2 款和《旅馆业治安管理办法》第 4 条。

《保安服务管理条例》第 41 条与《中华人民共和国治安管理处罚法》第 54 条第 1 款第 3 项、第 2 款竞合。对未经许可从事保安服务的，违法行为名称表述为"未获公安许可擅自经营（保安服务）"，法律依据适用《中华人民共和国治安管理处罚法》第 54 条第 1 款第 3 项、第 2 款以及《保安服务管理条例》第 9 条和第 41 条。对未经许可从事保安培训的，违法行为名称表述为"未获公安许可擅自经营（保安培训）"，法律依据适用《中华人民共和国治安管理处罚法》第 54 条第 1 款第 3 项、第 2 款以及《保安服务管理条例》第 33 条和第 41 条。

122. 煽动、策划非法集会、游行、示威（第 55 条）

123. 不按规定登记住宿旅客信息（第 56 条第 1 款）

124. 不制止住宿旅客带入危险物质（第 56 条第 1 款）

125. 明知住宿旅客是犯罪嫌疑人不报（第 56 条第 2 款）

126. 将房屋出租给无身份证件人居住（第 57 条第 1 款）

127. 不按规定登记承租人信息(第57条第1款)

128. 明知承租人利用出租屋犯罪不报(第57条第2款)

129. 制造噪声干扰正常生活(第58条)

130. 违法承接典当物品(第59条第1项)

131. 典当发现违法犯罪嫌疑人、赃物不报(第59条第1项)

《典当管理办法》第66条第1款与《中华人民共和国治安管理处罚法》第59条第1项竞合。对典当行发现公安机关通报协查的人员或者赃物不向公安机关报告的,违法行为名称表述为"典当发现违法犯罪嫌疑人、赃物不报"。对典当行处罚的法律依据适用《典当管理办法》第27条和第52条及第66条第1款,对其直接负责的主管人员和其他直接责任人员处罚的法律依据适用《中华人民共和国治安管理处罚法》第18条和第59条第1项。对典当行工作人员发现违法犯罪嫌疑人、赃物不向公安机关报告的,法律依据适用《中华人民共和国治安管理处罚法》第59条第1项。

132. 违法收购废旧专用器材(第59条第2项)

133. 收购赃物、有赃物嫌疑的物品(第59条第3项)

134. 收购国家禁止收购的其他物品(第59条第4项)

135. 隐藏、转移、变卖、损毁依法扣押、查封、冻结的财物(第60条第1项)

136. 伪造、隐匿、毁灭证据(第60条第2项)

137. 提供虚假证言(第60条第2项)

138. 谎报案情(第60条第2项)

139. 窝藏、转移、代销赃物(第60条第3项)

对机动车修理企业和个体工商户明知是盗窃、抢劫所得机动车而予以拆解、改装、拼装、倒卖的,对其直接负责的主管人员和其他直接责任人员处罚的法律依据适用《中华人民共和国治安管理处罚法》第18条和第60条第3项以及《机动车修理业、报废机动车回收业治安管理办法》第15条。

对报废机动车回收企业明知或者应当知道回收的机动车为赃物或者用于盗窃、抢劫等犯罪活动的犯罪工具,未向公安机关报告,擅自拆解、改装、拼装、倒卖该机动车的,对其直接负责的主管人员和其他直接责任人员处罚的法律依据适用《中华人民共和国治安管理处罚法》第18条和第60条第3项以及《报废机动车回收管理办法》第20条第1款第2项。

140. 违反监督管理规定(第 60 条第 4 项)

141. 协助组织、运送他人偷越国(边)境(第 61 条)

142. 为偷越国(边)境人员提供条件(第 62 条第 1 款)

143. 偷越国(边)境(第 62 条第 2 款)

144. 故意损坏文物、名胜古迹(第 63 条第 1 项)

145. 违法实施危及文物安全的活动(第 63 条第 2 项)

146. 偷开机动车(第 64 条第 1 项)

147. 无证驾驶、偷开航空器、机动船舶(第 64 条第 2 项)

《沿海船舶边防治安管理规定》第 29 条第 2 项规定的"偷开他人船舶",与《中华人民共和国治安管理处罚法》第 64 条第 2 项规定的"偷开机动船舶"竞合。对偷开他人船舶的,法律依据适用《中华人民共和国治安管理处罚法》第 64 条第 2 项。

148. 破坏、污损坟墓(第 65 条第 1 项)

149. 毁坏、丢弃尸骨、骨灰(第 65 条第 1 项)

150. 违法停放尸体(第 65 条第 2 项)

151. 卖淫(第 66 条第 1 款)

152. 嫖娼(第 66 条第 1 款)

153. 拉客招嫖(第 66 条第 2 款)

154. 引诱、容留、介绍卖淫(第 67 条)

155. 制作、运输、复制、出售、出租淫秽物品(第 68 条)

156. 传播淫秽信息(第 68 条)

157. 组织播放淫秽音像(第 69 条第 1 款第 1 项)

158. 组织淫秽表演(第 69 条第 1 款第 2 项)

159. 进行淫秽表演(第 69 条第 1 款第 2 项)

160. 参与聚众淫乱(第 69 条第 1 款第 3 项)

161. 为淫秽活动提供条件(第 69 条第 2 款)

162. 为赌博提供条件(第 70 条)

163. 赌博(第 70 条)

164. 非法种植毒品原植物(第 71 条第 1 款第 1 项)

165. 非法买卖、运输、携带、持有毒品原植物种苗(第 71 条第 1 款第 2 项)

166. 非法运输、买卖、储存、使用罂粟壳(第71条第1款第3项)

167. 非法持有毒品(第72条第1项)

168. 提供毒品(第72条第2项)

169. 吸毒(第72条第3项)

170. 胁迫、欺骗开具麻醉药品、精神药品(第72条第4项)

171. 教唆、引诱、欺骗吸毒(第73条)

172. 为吸毒、赌博、卖淫、嫖娼人员通风报信(第74条)

173. 饲养动物干扰正常生活(第75条第1款)

174. 放任动物恐吓他人(第75条第1款)

175. 担保人不履行担保义务(第109条第2款)

(五)《中华人民共和国国旗法》(法律)

176. 侮辱国旗(第19条)

(六)《中华人民共和国国徽法》(法律)

177. 侮辱国徽(第13条)

(七)《中华人民共和国国歌法》(法律)

178. 侮辱国歌(第15条)

(八)《全国人民代表大会常务委员会关于惩治破坏金融秩序犯罪的决定》(法律)

179. 出售、购买、运输假币(第2条第1款和第21条)

对"出售、运输伪造、变造的人民币"的,法律依据适用《中华人民共和国中国人民银行法》第42条。

180. 金融工作人员购买假币、以假币换取货币(第2条第2款和第21条)

181. 持有、使用假币(第4条和第21条)

对"购买、持有、使用伪造、变造的人民币"的,法律依据适用《中华人民共和国中国人民银行法》第43条。

182. 变造货币(第5条和第21条)

对"变造人民币"的,法律依据适用《中华人民共和国中国人民银行法》第42条。

183. 伪造、变造金融票证(第11条和第21条)

184. 金融票据诈骗(第12条和第21条)

185. 信用卡诈骗(第14条和第21条)

186. 保险诈骗(第16条和第21条)

(九)《中华人民共和国中国人民银行法》(法律)

187. 伪造人民币(第42条)

188. 变造人民币(第42条)

189. 出售、运输伪造、变造的人民币(第42条)

190. 购买、持有、使用伪造、变造的人民币(第43条)

(十)《中华人民共和国人民币管理条例》(行政法规)

191. 故意毁损人民币(第42条)

(十一)《全国人民代表大会常务委员会关于惩治虚开、伪造和非法出售增值税专用发票犯罪的决定》(法律)

192. 伪造、出售伪造的增值税专用发票(第2条第1款和第11条)

193. 非法出售增值税专用发票(第3条和第11条)

194. 非法购买增值税专用发票(第4条第1款和第11条)

195. 购买伪造的增值税专用发票(第4条第1款和第11条)

196. 非法制造、出售非法制造的可以用于骗取出口退税、抵扣税款的其他发票(第6条第1款和第11条)

197. 非法制造、出售非法制造的发票(第6条第2款和第11条)

198. 非法出售可以用于骗取出口退税、抵扣税款的其他发票(第6条第3款和第11条)

199. 非法出售发票(第6条第4款和第11条)

"非法制造、出售非法制造的发票""非法出售发票"中的"发票",是指用于骗取出口退税、抵扣税款的发票以外的发票。

(十二)《全国人民代表大会常务委员会关于严禁卖淫嫖娼的决定》(法律)

200. 放任卖淫、嫖娼活动(第7条)

(十三)《中华人民共和国集会游行示威法》(法律)

201. 非法集会、游行、示威(第28条第2款第1项、第2项)

202. 破坏集会、游行、示威(第30条)

(十四)《中华人民共和国居民身份证法》(法律)

203. 骗领居民身份证(第16条第1项)

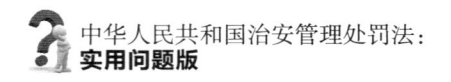

204. 出租、出借、转让居民身份证(第16条第2项)

205. 非法扣押居民身份证(第16条第3项)

对保安员扣押他人居民身份证的,违法行为名称表述为"非法扣押居民身份证",法律依据适用《保安服务管理条例》第45条第1款第2项。

206. 冒用居民身份证(第17条第1款第1项)

207. 使用骗领的居民身份证(第17条第1款第1项)

208. 购买、出售、使用伪造、变造的居民身份证(第17条第1款第2项)

209. 泄露公民个人信息(第19条第1、2款)

对国家机关或者金融、电信、交通、教育、医疗等单位的工作人员泄露公民个人信息的,法律依据适用《中华人民共和国居民身份证法》第19条第1款;对单位泄露公民个人信息的,对其直接负责的主管人员和其他直接责任人员的处罚,法律依据适用《中华人民共和国居民身份证法》第19条第2款。

(十五)《居住证暂行条例》(行政法规)

210. 使用虚假证明材料骗领居住证(第18条第1项)

211. 出租、出借、转让居住证(第18条第2项)

212. 非法扣押他人居住证(第18条第3项)

213. 冒用他人居住证(第19条第1款第1项)

214. 使用骗领的居住证(第19条第1款第1项)

215. 购买、出售、使用伪造、变造的居住证(第19条第1款第2项)

(十六)《中华人民共和国枪支管理法》(法律)

216. 违规制造、销(配)售枪支(第40条)

对"超过限额或者不按照规定的品种制造枪支"的,违法行为名称表述为"违规制造枪支",法律依据适用《中华人民共和国枪支管理法》第40条第1项;对"制造无号、重号、假号的枪支"的,违法行为名称表述为"违规制造枪支",法律依据适用《中华人民共和国枪支管理法》第40条第2项。

对"超过限额或者不按照规定的品种配售枪支"的,违法行为名称表述为"违规配售枪支",法律依据适用《中华人民共和国枪支管理法》第40条第1项;对"私自销售枪支""在境内销售为出口制造的枪支"的,违法行为名称表述为"违规销售枪支",法律依据适用《中华人民共和国枪支管理法》第40条第3项。

217. 违规运输枪支(第42条)

218. 非法出租、出借枪支(第43条第5款)

219. 未按规定标准制造民用枪支(第44条第1款第1项和第2款)

《中华人民共和国枪支管理法》第44条第1款第2项规定的在禁止携带枪支的区域、场所携带枪支的,违法行为名称及法律适用规范按照本意见第55条的规定执行。

220. 不上缴报废枪支(第44条第1款第3项和第2款)

221. 丢失枪支不报(第44条第1款第4项)

222. 制造、销售仿真枪(第44条第1款第5项和第2款)

(十七)《中华人民共和国教育法》(法律)

223. 组织作弊(第80条第1项)

224. 为作弊提供帮助、便利(第80条第2项)

225. 代替他人参加考试(第80条第3项)

226. 泄露、传播考试试题、答案(第80条第4项)

227. 其他扰乱考试秩序的行为(第80条第5项)

(十八)《民用爆炸物品安全管理条例》(行政法规)

228. 未经许可从事爆破作业(第44条第4款)

对《民用爆炸物品安全管理条例》第44条第4款规定的未经许可购买、运输民用爆炸物品的,违法行为名称及法律适用规范按照本意见第53条的规定执行。

229. 未按规定对民用爆炸物品做出警示、登记标识(第46条第1项)

230. 未按规定对雷管编码打号(第46条第1项)

231. 超出许可购买民用爆炸物品(第46条第2项)

232. 使用现金、实物交易民用爆炸物品(第46条第3项)

233. 销售民用爆炸物品未按规定保存交易证明材料(第46条第4项)

234. 销售、购买、进出口民用爆炸物品未按规定备案(第46条第5项)

235. 未按规定建立民用爆炸物品登记制度(第46条第6项、第48条第1款第3项、第49条第2项)

对未如实将本单位生产、销售、购买、运输、储存、使用民用爆炸物品的品种、数量和流向信息输入计算机系统的,违法行为名称表述为"未按规定建立民用爆炸物品登记制度",法律依据适用《民用爆炸物品安全管理条例》第46条第6项;对爆破作业单位未按规定建立民用爆炸物品领取登记制度、保存领取登记记录的,违法行为名称表述为"未按规定建立民用爆炸物品登记制度",法律依据适用《民用爆炸物品安全管理条例》第48条第1款第3项;对未按规定建立出入库检查、登记制度或者收存和发放民用爆炸物品,致使账物不符的,违法行为名称表述为"未按规定建立民用爆炸物品登记制度",法律依据适用《民用爆炸物品安全管理条例》第49条第2项。

236. 未按规定核销民用爆炸物品运输许可证(第46条第7项)

237. 违反许可事项运输民用爆炸物品(第47条第1项)

238. 未携带许可证运输民用爆炸物品(第47条第2项)

239. 违规混装民用爆炸物品(第47条第3项)

240. 民用爆炸物品运输车辆未按规定悬挂、安装警示标志(第47条第4项)

241. 违反行驶、停靠规定运输民用爆炸物品(第47条第5项)

242. 装载民用爆炸物品的车厢载人(第47条第6项)

243. 运输民用爆炸物品发生危险未处置、不报告(第47条第7项)

244. 未按资质等级从事爆破作业(第48条第1款第1项)

245. 营业性爆破作业单位跨区域作业未报告(第48条第1款第2项)

246. 违反标准实施爆破作业(第48条第1款第4项)

对爆破作业人员违反国家有关标准和规范的规定实施爆破作业,情节严重,依法应当吊销爆破作业人员许可证的,违法行为名称表述为"违反标准实施爆破作业",法律依据适用《民用爆炸物品安全管理条例》第48条第1款第4项和第2款。

247. 未按规定设置民用爆炸物品专用仓库技术防范设施(第49条第1项)

对《民用爆炸物品安全管理条例》第49条第3项、第4项规定的超量储存、在非专用仓库储存或者违反储存标准和规范储存民用爆炸物品以及其他违反规定储存民用爆炸物品的,违法行为名称及法律适用规范按照本意见第53条的规定执行。

248. 违反制度致使民用爆炸物品丢失、被盗、被抢(第50条第1项)

对《民用爆炸物品安全管理条例》第50条第2项规定的民用爆炸物品丢失、被盗、被抢不报的,违法行为名称及法律适用规范按照本意见第54条的规定执行。

249. 非法转让、出借、转借、抵押、赠送民用爆炸物品(第50条第3项)

对《民用爆炸物品安全管理条例》第51条规定的携带民用爆炸物品搭乘公共

交通工具或者进入公共场所,邮寄或者在托运的货物、行李、包裹、邮件中夹带民用爆炸物品,尚不构成犯罪的,违法行为名称及法律适用规范按照本意见第 53 条的规定执行。

250. 未履行民用爆炸物品安全管理责任(第 52 条)

(十九)《烟花爆竹安全管理条例》(行政法规)

对《烟花爆竹安全管理条例》第 36 条第 2 款规定的未经许可经由道路运输烟花爆竹的,违法行为名称及法律适用规范按照本意见第 53 条的规定执行。

对《烟花爆竹安全管理条例》第 39 条规定的生产、经营、使用黑火药、烟火药、引火线的企业,丢失黑火药、烟火药、引火线未及时报告的,违法行为名称及法律适用规范按照本意见第 54 条的规定执行。

251. 违反许可事项经道路运输烟花爆竹(第 40 条第 1 项)

252. 未携带许可证经道路运输烟花爆竹(第 40 条第 2 项)

253. 烟花爆竹道路运输车辆未按规定悬挂、安装警示标志(第 40 条第 3 项)

254. 未按规定装载烟花爆竹(第 40 条第 4 项)

255. 装载烟花爆竹的车厢载人(第 40 条第 5 项)

256. 烟花爆竹运输车辆超速行驶(第 40 条第 6 项)

257. 烟花爆竹运输车辆经停无人看守(第 40 条第 7 项)

258. 未按规定核销烟花爆竹道路运输许可证(第 40 条第 8 项)

对《烟花爆竹安全管理条例》第 41 条规定的携带烟花爆竹搭乘公共交通工具,或者邮寄烟花爆竹以及在托运的行李、包裹、邮件中夹带烟花爆竹的,违法行为名称及法律适用规范按照本意见第 53 条的规定执行。

259. 非法举办大型焰火燃放活动(第 42 条第 1 款)

260. 违规从事燃放作业(第 42 条第 1 款)

261. 违规燃放烟花爆竹(第 42 条第 2 款)

(二十)《危险化学品安全管理条例》(行政法规)

262. 剧毒化学品、易制爆危险化学品专用仓库未按规定设置技术防范设施(第 78 条第 2 款)

263. 未如实记录剧毒化学品、易制爆危险化学品数量、流向(第 81 条第 1 款第 1 项)

对《危险化学品安全管理条例》第 81 条第 1 款第 2 项规定的发现剧毒化

品、易制爆危险化学品丢失或者被盗,不立即向公安机关报告的,违法行为名称及法律适用规范按照本意见第 54 条的规定执行。

264. 储存剧毒化学品未备案(第 81 条第 1 款第 3 项)
265. 未如实记录剧毒化学品、易制爆危险化学品购买信息(《危险化学品安全管理条例》第 81 条第 1 款第 4 项和《剧毒化学品购买和公路运输许可证件管理办法》第 23 条第 2 款)
266. 未按规定期限保存剧毒化学品、易制爆危险化学品销售记录、材料(第 81 条第 1 款第 4 项)
267. 未按规定期限备案剧毒化学品、易制爆危险化学品销售、购买信息(第 81 条第 1 款第 5 项)
268. 转让剧毒化学品、易制爆危险化学品不报(第 81 条第 1 款第 6 项)
269. 转产、停产、停业、解散未备案处置方案(第 82 条第 2 款)
270. 单位未经许可购买剧毒化学品、易制爆危险化学品(第 84 条第 2 款)
271. 个人非法购买剧毒化学品、易制爆危险化学品(第 84 条第 2 款)
272. 单位非法出借、转让剧毒化学品、易制爆危险化学品(第 84 条第 3 款)
273. 违反核定载质量运输危险化学品(第 88 条第 1 项)
274. 使用不符合安全标准车辆运输危险化学品(第 88 条第 2 项)
275. 道路运输危险化学品擅自进入限制通行区域(第 88 条第 3 项)

《危险化学品安全管理条例》第 88 条第 4 项规定的非法运输剧毒化学品的违法行为名称及法律适用规范按照本意见第 53 条的规定执行。

276. 未按规定悬挂、喷涂危险化学品警示标志(第 89 条第 1 项)
277. 不配备危险化学品押运人员(第 89 条第 2 项)
278. 道路运输剧毒化学品、易制爆危险化学品长时间停车不报(第 89 条第 3 项)
279. 剧毒化学品、易制爆危险化学品运输途中丢失、被盗、被抢、流散、泄露未采取有效警示和安全措施(第 89 条第 4 项)
280. 剧毒化学品、易制爆危险化学品运输途中流散、泄露不报(第 89 条第 4 项)
281. 伪造、变造、出租、出借、转让剧毒化学品许可证件(第 93 条第 2 款)
282. 使用伪造、变造的剧毒化学品许可证件(第 93 条第 2 款)

《危险化学品安全管理条例》第 93 条第 2 款与《中华人民共和国治安管理处罚法》第 52 条第 1 项、第 2 项竞合。对单位伪造、变造剧毒化学品许可证件或者使用伪造、变造的剧毒化学品许可证件的,法律依据适用《危险化学品安全管理条例》第 93 条第 2 款,对其直接负责的主管人员和其他直接责任人员处罚的,法律依据适用《中华人民共和国治安管理处罚法》第 18 条和第 52 条第 1 项、第 2 项。对个人伪造、变造剧毒化学品许可证件或者使用伪造、变造的剧毒化学品许可证件的,法律依据适用《中华人民共和国治安管理处罚法》第 52 条第 1 项、第 2 项。

(二十一)《剧毒化学品购买和公路运输许可证件管理办法》(部门规章)

《剧毒化学品购买和公路运输许可证件管理办法》第 20 条规定的未经许可购买、通过公路运输剧毒化学品的,违法行为名称及法律适用规范按照本意见第 53 条的规定执行。

283. 非法获取剧毒化学品购买、公路运输许可证件(第 21 条第 1 款)

284. 未按规定更正剧毒化学品购买许可证件回执填写错误(第 23 条第 1 款)

285. 未携带许可证经公路运输剧毒化学品(第 24 条第 1 款)

286. 违反许可事项经公路运输剧毒化学品(第 24 条第 2 款)

对违反许可事项通过公路运输剧毒化学品,尚未造成严重后果的,对单位处罚的法律依据适用《剧毒化学品购买和公路运输许可证件管理办法》第 24 条第 2 款,对其直接负责的主管人员和其他直接责任人员处罚的法律依据适用《中华人民共和国治安管理处罚法》第 18 条和第 30 条。

287. 未按规定缴交剧毒化学品购买证件回执(第 25 条第 1 项)

288. 未按规定缴交剧毒化学品公路运输通行证件(第 25 条第 2 项)

289. 未按规定缴交剧毒化学品购买凭证、凭证存根(第 25 条第 3 项)

290. 未按规定作废、缴交填写错误的剧毒化学品购买凭证(第 25 条第 4 项)

(二十二)《易制爆危险化学品治安管理办法》(部门规章)

291. 未按规定建立易制爆危险化学品信息系统(第 6 条第 1 款和第 36 条)

292. 违规在互联网发布易制爆危险化学品信息(第 23 条、第 24 条和第 42 条)

(二十三)《危险货物道路运输安全管理办法》(部门规章)

293. 未携带许可证明经道路运输放射性物品(第 71 条第 4 项)

(二十四)《放射性物品运输安全管理条例》(行政法规)

《放射性物品运输安全管理条例》第62条第1项规定的未经许可通过道路运输放射性物品的违法行为名称及法律适用规范按照本意见第53条的规定执行。

294. 放射性物品运输车辆违反行驶规定(第62条第2项)

295. 放射性物品运输车辆未悬挂警示标志(第62条第2项)

296. 道路运输放射性物品未配备押运人员(第62条第3项)

297. 道路运输放射性物品脱离押运人员监管(第62条第3项)

(二十五)《中华人民共和国民用航空安全保卫条例》(行政法规)

298. 装载未采取安全措施的物品(第24条第4项和第35条第1项)

299. 违法交运、捎带他人货物(第24条第3项和第35条第2项)

300. 托运人伪报品名托运(第30条第2款和第35条第3项)

301. 托运人在托运货物中夹带危险物品(第30条第2款和第35条第3项)

302. 携带、交运禁运物品(第32条和第35条第3项)

303. 违反警卫制度致使航空器失控(第15条和第36条第1项)

304. 违规出售客票(第17条和第36条第2项)

305. 承运时未核对乘机人和行李(第18条和第36条第3项)

306. 承运人未核对登机旅客人数(第19条第1款和第36条第4项)

307. 将未登机人员的行李装入、滞留航空器内(第19条第2款、第3款和第36条第4项)

308. 承运人未全程监管承运物品(第20条和第36条第5项)

309. 配制、装载单位未对供应品采取安全措施(第21条和第36条第5项)

310. 未对承运货物采取安全措施(第30条第1款和第36条第5项)

311. 未对航空邮件安检(第31条和第36条第5项)

(二十六)《铁路安全管理条例》(行政法规)

312. 毁坏铁路设施设备、防护设施(第51条和第95条)

313. 危及铁路通信、信号设施安全(第52条和第95条)

314. 危害电气化铁路设施(第53条和第95条)

法律适用规范同本意见第315条。

315. 危害铁路安全(第77条和第95条)

对具有《铁路安全管理条例》第77条规定的危害铁路安全行为之一,但未构成违反治安管理行为的,违法行为名称表述为"危害铁路安全",法律依据适用《铁路安全管理条例》第 77 条和第 95 条。如果行为人实施了《铁路安全管理条例》第 77 条规定的危害铁路安全行为之一,该行为同时又构成违反治安管理行为的,违法行为名称表述为《中华人民共和国治安管理处罚法》中的相应违法行为名称,对单位处罚的法律依据适用《铁路安全管理条例》第 77 条和第 95 条,对其直接负责的主管人员和其他直接责任人员处罚的法律依据适用《中华人民共和国治安管理处罚法》的相关规定;违法行为人为自然人的,法律依据适用《中华人民共和国治安管理处罚法》的相关规定。

316. 运输危险货物不按规定配备押运人员(第 98 条)

317. 发生危险货物泄漏不报(第 98 条)

《铁路安全管理条例》第 98 条与《中华人民共和国治安管理处罚法》第 31 条竞合。铁路运输托运人运输危险货物发生危险货物被盗、丢失不按照规定及时报告的,违法行为名称表述为"危险物质被盗、丢失不报",对单位处罚的法律依据适用《铁路安全管理条例》第 98 条,对其直接负责的主管人员和其他直接责任人员处罚的法律依据适用《中华人民共和国治安管理处罚法》第 18 条和第 31 条。

(二十七)《娱乐场所管理条例》(行政法规)

318. 娱乐场所从事毒品违法犯罪活动(第 14 条和第 43 条)

对娱乐场所从业人员实施《娱乐场所管理条例》第 14 条规定的禁止行为的,按照相关法律、法规确定违法行为名称,并适用相关法律、法规。

319. 娱乐场所为毒品违法犯罪活动提供条件(第 14 条和第 43 条)

320. 娱乐场所组织、强迫、引诱、容留、介绍他人卖淫、嫖娼(第 14 条和第 43 条)

《娱乐场所管理条例》第 43 条与《中华人民共和国治安管理处罚法》第 67 条竞合。对娱乐场所引诱、容留、介绍他人卖淫的,法律依据适用《娱乐场所管理条例》第 43 条。

321. 娱乐场所为组织、强迫、引诱、容留、介绍他人卖淫、嫖娼提供条件(第 14 条和第 43 条)

322. 娱乐场所制作、贩卖、传播淫秽物品(第 14 条和第 43 条)

《娱乐场所管理条例》第 43 条与《中华人民共和国治安管理处罚法》第 68 条竞合。对娱乐场所制作、贩卖、传播淫秽物品的,法律依据适用《娱乐场所管理条例》第43条。

323. 娱乐场所为制作、贩卖、传播淫秽物品提供条件(第14条和第43条)

324. 娱乐场所提供营利性陪侍(第14条和第43条)

325. 娱乐场所从业人员从事营利性陪侍(第14条和第43条)

326. 娱乐场所为提供、从事营利性陪侍提供条件(第14条和第43条)

327. 娱乐场所赌博(第14条和第43条)

《娱乐场所管理条例》第43条与《中华人民共和国治安管理处罚法》第70条竞合。对娱乐场所赌博的,法律依据适用《娱乐场所管理条例》第43条。

328. 娱乐场所为赌博提供条件(第14条和第43条)

《娱乐场所管理条例》第43条与《中华人民共和国治安管理处罚法》第70条竞合。对娱乐场所为赌博提供条件的,法律依据适用《娱乐场所管理条例》第43条。

329. 娱乐场所从事邪教、迷信活动(第14条和第43条)

330. 娱乐场所为从事邪教、迷信活动提供条件(第14条和第43条)

331. 娱乐场所设施不符合规定(第44条第1项)

332. 未按规定安装、使用娱乐场所闭路电视监控设备(第44条第2项)

333. 删改、未按规定留存娱乐场所监控录像资料(第44条第3项)

《娱乐场所管理条例》第44条第3项"删改娱乐场所监控录像资料"的规定和《中华人民共和国治安管理处罚法》第29条第3项"非法改变计算机信息系统数据"的规定竞合。对删改娱乐场所监控录像资料的,违法行为名称表述为"删改娱乐场所监控录像资料",对娱乐场所处罚的法律依据适用《娱乐场所管理条例》第44条第3项的规定,对其直接负责的主管人员和其他直接责任人员处罚的法律依据适用《中华人民共和国治安管理处罚法》第18条和第29条第3项。

334. 未按规定配备娱乐场所安全检查设备(第44条第4项)

335. 未对进入娱乐场所人员进行安全检查(第44条第4项)

对因未配备娱乐场所安全检查设备而未对进入营业场所人员进行安全检查的,违法行为名称表述为"未按规定配备娱乐场所安全检查设备"。

336. 未按规定配备娱乐场所保安人员(第44条第5项)

337. 设置具有赌博功能的游戏设施设备(第45条第1项)

338. 以现金、有价证券作为娱乐奖品(第45条第2项)

339. 非法回购娱乐奖品(第45条第2项)

对以现金、有价证券作为娱乐奖品,并回购娱乐奖品的,违法行为名称表述为"非法回购娱乐奖品"。

340. 指使、纵容娱乐场所从业人员侵害消费者人身权利(第46条)

341. 未按规定备案娱乐场所营业执照(第47条)

342. 未按规定建立娱乐场所从业人员名簿、营业日志(第50条)

343. 娱乐场所内发现违法犯罪行为不报(第50条)

344. 未按规定悬挂娱乐场所警示标志(第51条)

(二十八)《娱乐场所治安管理办法》(部门规章)

345. 拒不补齐娱乐场所备案项目(第41条第1款)

346. 未按规定进行娱乐场所备案变更(第7条和第41条第2款)

347. 要求娱乐场所保安人员从事非职务活动(第29条和第43条第1款)

348. 未按规定通报娱乐场所保安人员工作情况(第29条和第43条第1款)

349. 未按规定建立、使用娱乐场所治安管理信息系统(第26条和第44条)

(二十九)《营业性演出管理条例》(行政法规)

350. 未制止有非法内容的营业性演出(第25条和第46条第2款)

351. 发现有非法内容的营业性演出不报(第26条和第46条第2款)

352. 超过核准数量印制、出售营业性演出门票(第51条第2款)

353. 印制、出售观众区域以外的营业性演出门票(第51条第2款)

(三十)《印刷业管理条例》(行政法规)

354. 印刷非法印刷品(第3条和第38条)

355. 印刷经营中发现违法犯罪行为未报告(第39条第1款第2项)

(三十一)《旅馆业治安管理办法》(行政法规)

356. 旅馆变更登记未备案(第4条第2款和第15条)

《旅馆业治安管理办法》第15条规定的未经许可开办旅馆的违法行为名称及法律适用规范按照本意见第121条的规定执行。

(三十二)《租赁房屋治安管理规定》(部门规章)

357. 不履行出租房屋治安责任(第9条第3项)

对房屋出租人明知承租人利用出租房屋进行犯罪活动,不向公安机关报告的,违法行为名称表述为"明知承租人利用出租屋犯罪不报",法律依据适用《中华

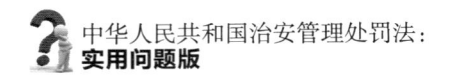

人民共和国治安管理处罚法》第57条第2款。对房屋出租人不履行治安责任,出租房屋发生案件、治安灾害事故的,违法行为名称表述为"不履行出租房屋治安责任",法律依据适用《租赁房屋治安管理规定》第9条第3项。但是,如果并处罚款的,其罚款数额不得超过《国务院关于贯彻实施〈中华人民共和国行政处罚法〉的通知》(国发〔1996〕13号)第2条中"国务院各部门制定的规章对非经营活动中的违法行为设定罚款不得超过1000元;对经营活动中的违法行为,有违法所得的,设定罚款不得超过违法所得的3倍,但是最高不得超过30000元,没有违法所得的,设定罚款不得超过10000元;超过上述限额的,应当报国务院批准"的规定。

358. 转租、转借承租房屋未按规定报告(第9条第4项)

359. 利用出租房屋非法生产、储存、经营危险物品(第9条第5项)

依照《租赁房屋治安管理规定》第9条第5项的规定"处月租金十倍以下罚款"的,其罚款数额不得超过《国务院关于贯彻实施〈中华人民共和国行政处罚法〉的通知》(国发〔1996〕13号)第2条中"国务院各部门制定的规章对非经营活动中的违法行为设定罚款不得超过1000元;对经营活动中的违法行为,有违法所得的,设定罚款不得超过违法所得的3倍,但是最高不得超过30000元,没有违法所得的,设定罚款不得超过10000元;超过上述限额的,应当报国务院批准"的规定。

(三十三)《废旧金属收购业治安管理办法》(行政法规)

360. 非法设点收购废旧金属(第7条和第13条第1款第4项)

361. 收购生产性废旧金属未如实登记(第8条和第13条第1款第5项)

对再生资源回收企业收购生产性废旧金属未如实登记的,违法行为名称表述为"收购生产性废旧金属未如实登记",法律依据适用《再生资源回收管理办法》第23条和《废旧金属收购业治安管理办法》第13条第1款第5项。

362. 收购国家禁止收购的金属物品(第9条和第13条第1款第6项)

对单位违反《废旧金属收购业治安管理办法》第9条的规定,收购国家禁止收购的金属物品的,法律依据适用《废旧金属收购业治安管理办法》第9条和第13条第1款第6项,对其直接负责的主管人员和其他直接责任人员处罚的法律依据适用《中华人民共和国治安管理处罚法》第18条和第59条第2项、第3项或者第4项。对个人收购国家禁止收购的金属物品的,法律依据适用《中华人民共和国治安管理处罚法》第59条第2项、第3项或者第4项。

(三十四)《机动车修理业、报废机动车回收业治安管理办法》(部门规章)

363.承修机动车不如实登记(第14条)

364.回收报废机动车不如实登记(《机动车修理业、报废机动车回收业治安管理办法》第14条和《废旧金属收购业治安管理办法》第13条第1款第5项)

365.承修非法改装机动车(第16条)

366.承修交通肇事逃逸车辆不报(第16条)

367.回收无报废证明的机动车(第16条)

368.更改机动车发动机号码、车架号码(第17条)

369.非法拼(组)装汽车、摩托车(《机动车修理业、报废机动车回收业治安管理办法》第19条和《关于禁止非法拼(组)装汽车、摩托车的通告》(行政法规1996年8月21日起施行)(第5条)

对机动车修理企业和个体工商户、报废机动车回收企业实施本意见第363条至第369条规定的违法行为,情节严重或者屡次不改,依法应当吊销有关证照的,法律依据除适用上述各条的法律依据外,还应当适用《机动车修理业、报废机动车回收业治安管理办法》第20条。

(三十五)《沿海船舶边防治安管理规定》(部门规章)

370.擅自容留非出海人员作业、住宿(第26条第4项)

371.拒不编刷船名、船号(第27条第3项)

372.擅自拆换、遮盖、涂改船名、船号(第27条第3项)

373.悬挂活动船牌号(第27条第3项)

374.私自载运非出海人员出海(第27条第4项)

375.擅自引航境外船舶进入未开放港口、锚地(第28条第2项)

《沿海船舶边防治安管理规定》第28条第1项规定的非法进入国家禁止或者限制进入的海域、岛屿的违法行为名称及法律适用规范按照本意见第118条的规定执行。

376.擅自搭靠境外船舶(第28条第3项)

377.被迫搭靠境外船舶不及时报告(第28条第3项)

378.擅自在非指定港口停泊、上下人员、装卸货物(第28条第4项)

379.携带、隐匿、留用、擅自处理违禁物品(第29条第1项)

380.非法拦截、强行靠登、冲撞他人船舶(第29条第2项)

《沿海船舶边防治安管理规定》第29条第2项规定的偷开他人船舶的违法行为名称及法律适用规范按照本意见第147条的规定执行。

381. 非法扣押他人船舶、船上物品(第29条第3项)

382. "三无"船舶擅自出海作业(第30条)

(三十六)《典当管理办法》(部门规章)

383. 收当禁当财物(第27条和第63条)

384. 未按规定查验证明文件(第35条第3款和第65条)

对典当业工作人员承接典当物品,不查验有关证明、不履行登记手续的,违法行为名称表述为"违法承接典当物品",法律依据适用《中华人民共和国治安管理处罚法》第59条第1项。

385. 未按规定记录、统计、报送典当信息(第51条和第65条)

386. 发现禁当财物不报(第27条和第52条及第66条第1款)

《典当管理办法》第52条和第66条第1款规定的典当行发现公安机关通报协查的人员或者赃物不向公安机关报告的违法行为名称及法律适用规范按照本意见第131条的规定执行。

(三十七)《再生资源回收管理办法》(部门规章)

387. 未按规定进行再生资源回收从业备案(第8条和第22条)

388. 未按规定保存回收生产性废旧金属登记资料(第10条第3款和第24条)

389. 再生资源回收经营中发现赃物、有赃物嫌疑物品不报(第11条和第25条)

(三十八)《大型群众性活动安全管理条例》(行政法规)

390. 擅自变更大型活动时间、地点、内容、举办规模(第20条第1款)

对承办者擅自变更大型群众性活动的时间、地点、内容或者擅自扩大大型群众性活动的举办规模,对大型群众性活动承办单位的处罚,法律依据适用《大型群众性活动安全管理条例》第20条第1款,对有发生安全事故危险的,对其直接负责的主管人员和其他直接责任人员的处罚,法律依据适用《中华人民共和国治安管理处罚法》第18条和第38条。

391. 未经许可举办大型活动(第20条第2款)

392. 举办大型活动发生安全事故(第21条)

对举办大型群众性活动发生安全事故的,对大型群众性活动承办单位或者大型群众性活动场所管理单位的处罚,法律依据适用《大型群众性活动安全管理条例》第21条,对安全责任人和其他直接责任人员的处罚,法律依据适用《中华人民共和国治安管理处罚法》第18条和第38条以及《大型群众性活动安全管理条例》第21条。

393.大型活动发生安全事故不处置(第22条)

394.大型活动发生安全事故不报(第22条)

(三十九)《长江三峡水利枢纽安全保卫条例》(行政法规)

395.非法运输危险物品进入陆域安全保卫区(第13条和第35条第1项)

396.扰乱陆域安全保卫区管理秩序(第14条第1至4项和第35条第2项)

397.危害陆域安全保卫区设施安全(第14条第3、4项和第35条第2项)

398.非法进入陆域安全保卫区(第15条和第35条第3项)

399.人员非法进入禁航区(第19条和第35条第4项)

400.非法进行升放活动(第23条和第35条第5项)

(四十)《企业事业单位内部治安保卫条例》(行政法规)

401.不落实单位内部治安保卫措施(《企业事业单位内部治安保卫条例》第19条,《公安机关监督检查企业事业单位内部治安保卫工作规定》第8条、第11条或者第12条,《金融机构营业场所和金库安全防范设施建设许可实施办法》第15条,《易制爆危险化学品治安管理办法》第25条、第27条、第43条)

对金融机构安全防范设施建设、使用存在治安隐患的,违法行为名称表述为"不落实单位内部治安保卫措施",法律依据适用《企业事业单位内部治安保卫条例》第19条和《金融机构营业场所和金库安全防范设施建设许可实施办法》第15条。

对企业事业单位具有《公安机关监督检查企业事业单位内部治安保卫工作规定》第11条或者第12条规定情形的,违法行为名称表述为"不落实单位内部治安保卫措施",法律依据适用《企业事业单位内部治安保卫条例》第19条和《公安机关监督检查企业事业单位内部治安保卫工作规定》第8条、第11条或者第12条。

(四十一)《保安服务管理条例》(行政法规)

《保安服务管理条例》第41条规定的未经许可从事保安服务、保安培训的违法行为名称及法律适用规范按照本意见第121条的规定执行。

402. 未经审核变更保安服务公司法定代表人(第42条第1款第1项)

403. 未按规定进行自招保安员备案(第42条第1款第2项)

404. 未按规定撤销自招保安员备案(第42条第1款第2项)

405. 超范围开展保安服务(第42条第1款第3项)

406. 违反规定条件招用保安员(第42条第1款第4项)

407. 未按规定核查保安服务合法性(第42条第1款第5项)

408. 未报告违法保安服务要求(第42条第1款第5项)

409. 未按规定签订、留存保安服务合同(第42条第1款第6项)

410. 未按规定留存保安服务监控影像资料、报警记录(第42条第1款第7项及第2款)

411. 泄露保密信息(第43条第1款第1项)

412. 使用监控设备侵犯他人合法权益、个人隐私(第43条第1款第2项)

413. 删改、扩散保安服务监控影像资料、报警记录(第43条第1款第3项及第2款)

414. 指使、纵容保安员实施违法犯罪行为(第43条第1款第4项)

415. 疏于管理导致发生保安员违法犯罪案件(第43条第1款第5项)

416. 保安员扣押、没收他人证件、财物(第45条第1款第2项)

417. 保安员参与追索债务(第45条第1款第4项)

418. 保安员采用暴力、以暴力相威胁处置纠纷(第45条第1款第4项)

419. 保安员删改、扩散保安服务监控影像资料、报警记录(第45条第1款第5项)

420. 保安员侵犯个人隐私、泄露保密信息(第45条第1款第6项)

421. 未按规定进行保安员培训(第47条)

(四十二)《保安培训机构管理办法》(部门规章)

422. 非法获取保安培训许可证(第32条第2款)

423. 未按规定办理保安培训机构变更手续(第9条和第33条第1款)

424. 未按规定时间安排保安学员实习(第14条第1款和第33条第1款)

425. 非法提供保安服务(第14条第2款和第33条第1款)

426. 未按规定签订保安培训合同(第19条和第33条第1款)

427. 未按规定备案保安培训合同式样(第19条和第33条第1款)

428. 发布虚假招生广告(第21条和第33条第2款)
429. 非法传授侦察技术手段(第15条第2款和第34条第2款)
430. 未按规定内容、计划进行保安培训(第13条和第35条)
431. 未按规定颁发保安培训结业证书(第16条和第35条)
432. 未按规定建立保安学员档案管理制度(第17条第1款和第35条)
433. 未按规定保存保安学员文书档案(第17条第1款和第35条)

对保安培训机构因未按规定建立保安学员档案管理制度而未按规定保存保安学员文书档案的,违法行为名称表述为"未按规定建立保安学员档案管理制度"。

434. 未按规定备案保安学员、师资人员档案(第17条第2款和第35条)
435. 违规收取保安培训费用(第18条和第35条)
436. 转包、违规委托保安培训业务(第20条和第35条)

(四十三)《金融机构营业场所和金库安全防范设施建设许可实施办法》(部门规章)

437. 安全防范设施建设方案未经许可施工(第16条)
438. 安全防范设施建设工程未经验收投入使用(第17条)

(四十四)《中华人民共和国安全生产法》(法律)

439. 发生生产安全事故逃匿(第106条第1款)

(四十五)《中华人民共和国收养法》(法律)

440. 出卖亲生子女(第31条第3款)

(四十六)《拘留所条例实施办法》(部门规章)

441. 担保人不履行担保义务(第57条第3款)

五、计算机和网络安全

(五十五)《中华人民共和国网络安全法》(法律)

510. 网络运营者不履行网络安全保护义务(第21条、第25条和第59条第1款)
511. 关键信息基础设施运营者不履行网络安全保护义务(第33条、第34条、第36条、第38条和第59条第2款)
512. 设置恶意程序(第22条第1款、第48条第1款和第60条第1项)
513. 未按规定告知、报告安全风险(第22条第1款和第60条第2项)

514. 网络运营者不履行身份信息核验义务(第24条第1款和第61条)

515. 未按规定开展网络安全检测、风险评估等活动(第26条和第62条)

516. 违法发布网络安全信息(第26条和第62条)

517. 从事危害网络安全活动(第27条和第63条)

518. 提供危害网络安全活动专门程序、工具(第27条和第63条)

519. 为危害网络安全活动提供帮助(第27条和第63条)

520. 网络运营者、网络产品或者服务提供者不履行个人信息保护义务(第22条第3款、第41条至第43条和第64条第1款)

521. 非法获取、出售、向他人提供个人信息(第44条和第64条第2款)

522. 非法利用信息网络(第46条和第67条)

523. 网络运营者不履行网络信息安全管理义务(第47条和第68条第1款)

524. 电子信息发送、应用软件下载服务提供者不履行网络信息安全管理义务(第48条第2款和第68条第2款)

525. 网络运营者不按公安机关要求处置违法信息(第69条第1项)

526. 网络运营者拒绝、阻碍公安机关监督检查(第69条第2项)

527. 网络运营者拒不向公安机关提供技术支持和协助(第69条第3项)

528. 发布、传输违法信息(第12条第2款和第70条)

对上述违法行为,除《中华人民共和国网络安全法》明确规定由公安机关实施行政处罚的之外,公安机关实施行政处罚限于公安机关监管范围。

(五十六)《中华人民共和国计算机信息系统安全保护条例》(行政法规)

529. 违反计算机信息系统安全等级保护制度(第20条第1项)

530. 违反计算机信息系统国际联网备案制度(第20条第2项)

531. 计算机信息系统发生案件不报(第20条第3项)

532. 拒不改进计算机信息系统安全状况(第20条第4项)

533. 故意输入计算机病毒、有害数据(《中华人民共和国计算机信息系统安全保护条例》第23条,《计算机病毒防治管理办法》第6条第1项和第16条第3款,《计算机信息系统安全专用产品检测和销售许可证管理办法》第22条)

534. 未经许可出售计算机信息系统安全专用产品(《中华人民共和国计算机信息系统安全保护条例》第23条和《计算机信息系统安全专用产品检测和销售许可证管理办法》第20条)

(五十七)《中华人民共和国计算机信息网络国际联网管理暂行规定》(行政法规)、《中华人民共和国计算机信息网络国际联网管理暂行规定实施办法》(行政法规)

535. 擅自建立、使用非法定信道进行国际联网(《中华人民共和国计算机信息网络国际联网管理暂行规定》第6条和第14条,《中华人民共和国计算机信息网络国际联网管理暂行规定实施办法》第7条和第22条第1款)

536. 接入网络未通过互联网络接入国际联网(《中华人民共和国计算机信息网络国际联网管理暂行规定》第8条第1款和第14条)

537. 未经许可从事国际联网经营业务(《中华人民共和国计算机信息网络国际联网管理暂行规定》第8条第2款和第14条以及《中华人民共和国计算机信息网络国际联网管理暂行规定实施办法》第11条和第22条第2款)

538. 未经批准擅自进行国际联网(《中华人民共和国计算机信息网络国际联网管理暂行规定》第8条第3款和第14条)

539. 未通过接入网络进行国际联网(《中华人民共和国计算机信息网络国际联网管理暂行规定》第10条和第14条,《中华人民共和国计算机信息网络国际联网管理暂行规定实施办法》第12条和第22条第3款)

540. 未经接入单位同意接入接入网络(《中华人民共和国计算机信息网络国际联网管理暂行规定》第10条和第14条)

541. 未办理登记手续接入接入网络(《中华人民共和国计算机信息网络国际联网管理暂行规定》第10条和第14条)

542. 违规经营国际互联网络业务(《中华人民共和国计算机信息网络国际联网管理暂行规定实施办法》第21条第1款和第22条第5款)

(五十八)《互联网上网服务营业场所管理条例》(行政法规)

543. 利用上网服务营业场所制作、下载、复制、查阅、发布、传播、使用违法信息(第30条)

《互联网上网服务营业场所管理条例》第30条第2款规定,上网消费者有第30条第1款行为,尚不够刑事处罚的,由公安机关依照《中华人民共和国治安管理处罚法》的规定给予处罚。对上网消费者利用上网服务营业场所制作、下载、复制、查阅、发布、传播、使用违法信息,尚不够刑事处罚的,依照《中华人民共和国治安管理处罚法》中界定的相关违法行为名称表述,法律依据适用《中华人民共和国治安管理处罚法》的相关条款。

544. 向上网消费者提供直接接入互联网的计算机(第32条第1项)

545. 未建立上网服务营业场所巡查制度(第32条第2项)

546. 不制止、不举报上网消费者违法行为(第32条第2项)

547. 未按规定核对、登记上网消费者有效身份证件(第32条第3项)

548. 未按规定记录上网信息(第32条第3项)

549. 未按规定保存上网消费者登记内容、记录备份(第32条第4项)

550. 擅自修改、删除上网消费者登记内容、记录备份(第32条第4项)

551. 上网服务经营单位未依法办理变更登记注册事项、终止经营手续、备案(第32条第5项)

552. 上网服务营业场所内利用明火照明(第33条第1项)

553. 上网服务营业场所内不制止吸烟行为(第33条第1项)

554. 上网服务营业场所未悬挂禁烟标志(第33条第1项)

555. 上网服务营业场所允许带入、存放易燃易爆物品(第33条第2项)

556. 上网服务营业场所安装固定封闭门窗栅栏(第33条第3项)

557. 上网服务营业场所营业期间封堵、锁闭门窗、安全疏散通道、安全出口(第33条第4项)

558. 上网服务营业场所擅自停止实施安全技术措施(第33条第5项)

(五十九)《计算机信息网络国际联网安全保护管理办法》(行政法规)

559. 利用国际联网制作、复制、查阅、传播违法信息(第5条和第20条)

560. 擅自进入计算机信息网络(第6条第1项和第20条)

561. 擅自使用计算机信息网络资源(第6条第1项和第20条)

562. 擅自改变计算机信息网络功能(第6条第2项和第20条)

563. 擅自改变计算机信息网络数据、应用程序(第6条第3项和第20条)

564. 故意制作、传播计算机破坏性程序(第6条第4项和第20条)

根据《计算机信息网络国际联网安全保护管理办法》第20条的规定,对实施本意见第560条至第564条的行为,构成违反治安管理行为的,违法行为名称及法律适用规范按照本意见第49条至第52条的规定执行。

565. 未建立国际联网安全保护管理制度(第21条第1项)

566. 未采取国际联网安全技术保护措施(《计算机信息网络国际联网安全保

护管理办法》第21条第2项和《互联网安全保护技术措施规定》第15条)

567. 未对网络用户进行安全教育、培训(第21条第3项)

568. 未按规定提供安全保护管理相关信息、资料、数据文件(第21条第4项)

569. 未依法审核网络发布信息内容(第21条第5项)

570. 未依法登记网络信息委托发布单位和个人信息(第21条第5项)

571. 未建立电子公告系统的用户登记、信息管理制度(第21条第6项)

572. 未按规定删除网络地址、目录(第21条第7项)

573. 未按规定关闭网络服务器(第21条第7项)

574. 未建立公用账号使用登记制度(第21条第8项)

575. 违法转借、转让用户账号(第21条第9项)

576. 不履行国际联网备案职责(第11条、第12条和第23条)

(六十)《计算机病毒防治管理办法》(部门规章)

577. 制作、传播计算机病毒(第5条、第6条第2、3、4项和第16条第1、2款)

制作、传播计算机病毒,尚未影响计算机信息系统正常运行,即尚未构成违反治安管理行为的,违法行为名称表述为"制作、传播计算机病毒",法律依据适用《计算机病毒防治管理办法》第5条、第6条第2、3、4项和第16条第1、2款。制作、传播计算机病毒,构成违反治安管理行为的,违法行为名称表述为"故意制作、传播计算机破坏性程序影响运行",法律依据适用《中华人民共和国治安管理处罚法》第29条第4项。单位"故意制作、传播计算机破坏性程序影响运行",对单位处罚的法律依据适用《计算机病毒防治管理办法》第5条、第6条第2、3、4项和第16条第2款,对其直接负责的主管人员和其他直接责任人员处罚的法律依据适用《中华人民共和国治安管理处罚法》第18条和第29条第4项。

578. 发布虚假计算机病毒疫情(第7条和第17条)

579. 未按规定提交计算机病毒样本(第8条和第17条)

580. 未按规定上报计算机病毒分析结果(第9条和第18条)

581. 未建立计算机病毒防治管理制度(第19条第1项)

582. 未采取计算机病毒安全技术防治措施(第19条第2项)

583. 未进行计算机病毒防治教育、培训(第19条第3项)

584. 未及时检测、清除计算机病毒(第19条第4项)

585. 未按规定使用具有销售许可证的计算机病毒防治产品(第19条第5项)

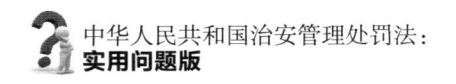

586. 未按规定检测、清除计算机病毒（第 14 条和第 20 条）

七、禁毒

（六十六）《中华人民共和国禁毒法》（法律）

662. 容留吸毒（第 61 条）

663. 介绍买卖毒品（第 61 条）

（六十七）《易制毒化学品管理条例》（行政法规）

664. 未经许可、备案购买、运输易制毒化学品（《易制毒化学品管理条例》第 38 条第 1 款，《易制毒化学品购销和运输管理办法》第 30 条第 1 项、第 32 条第 1 项、第 34 条第 2 款）

《易制毒化学品管理条例》第 38 条第 1 款和《易制毒化学品购销和运输管理办法》第 30 条第 1 项、第 32 条第 1 项，对"未经许可、备案购买易制毒化学品""未经许可、备案运输易制毒化学品"的法律责任作了相同规定，法律依据适用《易制毒化学品管理条例》第 38 条第 1 款。

对使用以伪造的申请材料骗取的易制毒化学品购买、运输许可证、备案证明购买、运输的违法行为，违法行为名称表述为"未经许可、备案购买、运输易制毒化学品"，法律依据适用《易制毒化学品管理条例》第 38 条第 1 款，《易制毒化学品购销和运输管理办法》第 30 条第 1 项、第 32 条第 1 项和第 34 条第 2 款。

665. 骗取易制毒化学品购买、运输许可证、备案证明（《易制毒化学品管理条例》第 38 条第 1 款和《易制毒化学品购销和运输管理办法》第 34 条第 1 款）

对伪造申请材料骗取易制毒化学品购买、运输许可证或者备案证明的，法律依据适用《易制毒化学品管理条例》第 38 条第 1 款和《易制毒化学品购销和运输管理办法》第 34 条第 1 款，并按照《易制毒化学品购销和运输管理办法》第 34 条第 1 款予以处理。

666. 使用他人的许可证、备案证明购买、运输易制毒化学品（第 38 条第 1 款）

667. 使用伪造、变造、失效的许可证、备案证明购买、运输易制毒化学品（第 38 条第 1 款）

668. 易制毒化学品购买、运输单位未按规定建立安全管理制度（第 40 条第 1 款第 1 项）

669. 转借易制毒化学品购买、运输许可证、备案证明（《易制毒化学品管理条例》第 40 条第 1 款第 2 项，《易制毒化学品购销和运输管理办法》第 36 条第 1 项）

《易制毒化学品管理条例》第40条第1款第2项和《易制毒化学品购销和运输管理办法》第36条第1项对"转借易制毒化学品购买、运输许可证、备案证明"的法律责任作了相同规定,《易制毒化学品购销和运输管理办法》第36条第1项对违法行为的界定更为明确,法律依据可以适用《易制毒化学品管理条例》第40条第1款第2项,也可以适用《易制毒化学品购销和运输管理办法》第36条第1项。

670. 超出购买许可、备案范围购买易制毒化学品(《易制毒化学品管理条例》第40条第1款第3项,《易制毒化学品购销和运输管理办法》第36条第2项)

法律依据适用原则同本意见第669条。

671. 未按规定记录、保存、备案易制毒化学品交易情况(《易制毒化学品管理条例》第40条第1款第4项,《易制毒化学品购销和运输管理办法》第36条第3项)

法律依据适用原则同本意见第669条。

672. 易制毒化学品丢失、被盗、被抢不报(《易制毒化学品管理条例》第40条第1款第5项,《易制毒化学品购销和运输管理办法》第36条第4项)

法律依据适用原则同本意见第669条。

673. 使用现金、实物交易易制毒化学品(《易制毒化学品管理条例》第40条第1款第6项,《易制毒化学品购销和运输管理办法》第36条第5项)

法律依据适用原则同本意见第669条。

674. 未按规定报告易制毒化学品年度经销、库存情况(《易制毒化学品管理条例》第40条第1款第8项,《易制毒化学品购销和运输管理办法》第36条第6项)

法律依据适用原则同本意见第669条。

675. 运输易制毒化学品货证不符(第41条第1款)

676. 运输易制毒化学品未携带许可证、备案证明(第41条第1款)

677. 违规携带易制毒化学品(第41条第2款)

678. 拒不接受易制毒化学品监督检查(《易制毒化学品管理条例》第42条,《易制毒化学品购销和运输管理办法》第37条)

《易制毒化学品管理条例》第42条和《易制毒化学品购销和运输管理办法》第37条对"拒不接受易制毒化学品监督检查"的法律责任作了相同规定,《易制毒化学品购销和运输管理办法》第37条对违法行为的界定更为明确,法律依据可以适用《易制毒化学品管理条例》第42条,也可以适用《易制毒化学品购销和运输管理办法》第37条。

(六十八)《易制毒化学品购销和运输管理办法》(部门规章)

679. 向无购买许可证、备案证明的单位、个人销售易制毒化学品(第31条第1项)

680. 超出购买许可、备案范围销售易制毒化学品(第31条第2项)

(六十九)《麻醉药品和精神药品管理条例》(行政法规)

681. 麻醉药品、精神药品流入非法渠道(第82条第1款)

九、其他

(七十九)《中华人民共和国消防法》(法律)

《中华人民共和国消防法》第62条第1项规定的违反有关消防技术标准和管理规定生产、储存、运输、销售、使用、销毁易燃易爆危险品,以及第62条第2项规定的非法携带易燃易爆危险品进入公共场所或者乘坐公共交通工具的违法行为名称及法律适用规范按照本意见第53条的规定执行。

《中华人民共和国消防法》第62条第3项规定的谎报火警的违法行为名称及法律适用规范按照本意见第40条的规定执行。

《中华人民共和国消防法》第62条第4项规定的阻碍消防车、消防艇执行任务的违法行为名称及法律适用规范按照本意见第109条的规定执行。

《中华人民共和国消防法》第62条第5项规定的阻碍消防救援机构的工作人员依法执行职务的违法行为名称及法律适用规范按照本意见第108条的规定执行。

本意见第766条至第776条的规定仅限于公安机关根据《中华人民共和国消防法》第63条、第64条、第68条规定对相关违法人员作出行政拘留处罚的情形。

766. 违规进入生产、储存易燃易爆危险品场所(第63条第1项)

767. 违规使用明火作业(第63条第2项)

768. 在具有火灾、爆炸危险的场所吸烟、使用明火(第63条第2项)

769. 指使、强令他人冒险作业(第64条第1项)

770. 过失引起火灾(第64条第2项)

771. 阻拦、不及时报告火警(第64条第3项)

772. 扰乱火灾现场秩序(第64条第4项)

773. 拒不执行火灾现场指挥员指挥(第64条第4项)

774. 故意破坏、伪造火灾现场(第64条第5项)

775. 擅自拆封、使用被查封场所、部位(第64条第6项)

776. 不履行组织、引导在场人员疏散义务(第68条)

(八十)《中华人民共和国国家情报法》(法律)

777. 阻碍情报工作(第28条)

778. 泄露与国家情报工作有关的国家秘密(第29条)

《中华人民共和国国家情报法》第30条规定的冒充国家情报工作机构工作人员或者其他相关人员实施招摇撞骗、诈骗、敲诈勒索的违法行为名称及法律适用规范分别按照本意见第111条、第102条、第105条的规定执行。

(八十一)《中华人民共和国森林法》(法律)

公安机关按照国家有关规定,可以依法行使《中华人民共和国森林法》第74条第1款、第76条、第77条、第78条规定的行政处罚权。

779. 毁坏林木、林地(第74条第1款)

780. 盗伐林木(第76条第1款)

781. 滥伐林木(第76条第2款)

782. 伪造、变造、买卖、租借采伐许可证(第77条)

783. 收购、加工、运输明知是非法来源的林木(第78条)

十、其他适用规范

(一)本意见违法行为名称中列举多个行为的,可以根据违法行为人具体实施的行为,选择一种或者一种以上行为进行表述。例如,本意见第4条中的"违反涉境外非政府组织规定取得使用资金""违反涉境外非政府组织规定开立使用银行账户",第5条中的"代表机构未按规定报送公开年度报告",第17条中的"境外非政府组织、代表机构造谣诽谤""境外非政府组织、代表机构发表传播有害信息",第18条中的"境外非政府组织、代表机构从事资助政治活动""境外非政府组织、代表机构非法从事资助宗教活动"等违法行为名称中列举的多个行为属于选择性行为,可以根据违法行为人具体实施的行为,选择一种或者一种以上行为进行表述。行为人仅实施了违反涉境外非政府组织规定取得资金行为的,违法行为名称可表述为"违反涉境外非政府组织规定取得资金";行为人既实施了违反涉境外非政府组织规定开立银行账户行为,又实施了违反涉境外非政府组织规定使用银行

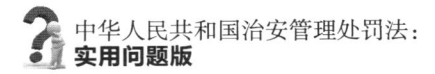

账户行为的,则违法行为名称可表述为"违反涉境外非政府组织规定开立使用银行账户"。境外非政府组织仅实施了非法从事宗教活动行为的,违法行为名称可表述为"境外非政府组织非法从事宗教活动";境外非政府组织既实施了非法从事宗教活动行为,又实施了非法资助宗教活动行为的,则违法行为名称可表述为"境外非政府组织非法从事资助宗教活动"。

(二)本意见违法行为名称中列举多个行为对象的,在具体表述时可以根据违法行为的具体对象,选择一种或者一种以上对象进行表述。例如,行为人实施了买卖公文行为的,违法行为名称可表述为"买卖公文";行为人既实施了买卖公文行为,又实施了买卖证件行为的,则违法行为名称可表述为"买卖公文、证件"。

(三)本意见违法行为名称后括号中列举的为该行为的适用法律依据,其中适用"和"和"及"的,是指在制作相关法律文书时应当同时援引相关法律依据。例如,本意见第 179 条规定"出售、购买、运输假币(第 2 条第 1 款和第 21 条)",对出售、购买、运输假币的,法律依据应当同时援引《全国人民代表大会常务委员会关于惩治破坏金融秩序犯罪的决定》第 2 条第 1 款和第 21 条。

(四)公安法律文书引用法律依据时,应当准确完整写明规范性法律文件的名称、条款序号,需要引用具体条文的,应当整条引用。需要并列引用多个规范性法律文件的,引用顺序如下:法律和法律解释、行政法规、地方性法规、自治条例或者单行条例、司法解释。同时引用两部以上法律的,应当先引用基本法律,后引用其他法律。引用包括实体法和程序法的,先引用实体法,后引用程序法。

(五)对同一违法行为,上位法和下位法均有规定,且下位法与上位法的行为表述和处罚都一致的,引用法律依据时,应当引用上位法。如果下位法行为表述或者处罚幅度是对上位法进一步细化的,引用法律依据时,应当同时引用上位法和下位法。

(六)对同一条文既规定了个人违法行为,又设专款规定单位违法情形的,引用法律依据时,对个人处罚时引用规定个人违法行为的条款,对单位处罚时应当同时引用两个条款。例如,《中华人民共和国出境入境管理法》第 73 条第 1 款规定了弄虚作假骗取签证、停留居留证件等出境入境证件的处罚;第 2 款规定了单位有第 1 款行为的处罚。对个人弄虚作假骗取签证、停留居留证件等出境入境证件的,处罚时引用第 73 条第 1 款;对单位弄虚作假骗取签证、停留居留证件等出境入境证件的,处罚时应当引用第 73 条第 1 款和第 2 款。

（七）法律责任部分对违法行为的行为规范未作表述，仅表明违反本法（条例、办法等）规定的，对这一违法行为作出处罚决定时，法律依据应当同时援引设定行为规范的条款和设定法律责任的条款。

（八）公安部以前制定的规定，凡与本意见不一致的，以本意见为准。公安部2015年印发的《违反公安行政管理行为的名称及其适用意见》废止。

7. 公安机关对部分违反治安管理行为实施处罚的裁量指导意见

（公通字〔2018〕17号）

为规范公安机关治安管理处罚裁量权，确保执法公平公正，根据《中华人民共和国治安管理处罚法》《中华人民共和国行政处罚法》，结合执法实践，制定本指导意见。

第一部分 一般适用规则

一、本指导意见适用于治安管理处罚法规定的尚不够刑事处罚且依法应当予以治安管理处罚的违反治安管理行为。本指导意见中的违反治安管理行为名称，依据《公安部关于印发〈违反公安行政管理行为的名称及其适用意见〉的通知》（公通字〔2015〕35号）确定。

二、实施治安管理处罚应当以事实为根据，以法律为准绳，根据违反治安管理行为的事实、性质、情节和社会危害性，作出过罚相当的处罚决定。

三、实施治安管理处罚应当宽严相济，做到该宽则宽、当严则严，确保法律效果和社会效果的统一。

四、实施治安管理处罚应当全面、客观把握不同时期不同地区的经济社会发展和治安形势变化，以有效发挥治安管理处罚对维护社会治安秩序的作用。但是,对同一地区同一时期案情相似的案件,所作出的治安管理处罚应当基本均衡。

五、实施治安管理处罚时,应当根据违反治安管理行为的基本事实和本指导意见规定的"情节较轻""情节较重""情节严重"的具体适用情形,先确定依法适用的处罚幅度,再综合考虑违反治安管理行为的对象、后果、数额、次数、行为人主观恶意程度,以及从重、从轻、减轻等法定裁量情节,作出具体的处罚决定。

六、违反治安管理具有下列情形之一的,属于"情节较重""情节严重":

(一)一年内因同种违法行为被治安管理处罚后又实施的;

(二)刑罚执行完毕六个月内,或者在缓刑、假释期间,实施违反治安管理行为的;

(三)组织、领导实施违反治安管理行为的,或者在共同违反治安管理行为中起主要作用的;

(四)被侵害人为精神病人、残疾人、老年人、未成年人、孕妇的;

(五)在突发事件和重大活动期间、突发事件和重大活动发生地、举行地实施违反治安管理行为的;

(六)达到刑事追诉标准,但因犯罪情节轻微,人民检察院作出不起诉决定或者人民法院判决免除刑事处罚的。

七、违反治安管理具有下列情形之一的,属于"情节较轻":

(一)实施违反治安管理行为危害较小,且积极配合公安机关查处的;

(二)在共同违反治安管理行为中起次要或者辅助作用的。

八、违反治安管理行为,既具有"情节较重"或者"情节严重"情节,又具有治安管理处罚法规定的"减轻处罚或者不予处罚"情节的,一般决定适用"减轻处罚"。

九、违反治安管理行为,具有两个以上"情节较重"或者"情节严重"情节,且无从轻、减轻或者不予处罚等法定裁量情节,治安管理处罚法规定"可以并处"罚款的,一般决定适用并处罚款。

十、对治安管理处罚法规定"处警告或者二百元以下罚款"的违反治安管理行为,具有从轻处罚情节,且无其他法定裁量情节的,依法决定适用警告;具有减轻处罚情节,且无其他法定裁量情节的,依法决定适用警告或者不予处罚。

十一、对治安管理处罚法规定"处五日以下拘留或者五百元以下罚款"的违反治安管理行为,行为人系初次违反治安管理且社会危害性不大,同时又无其他法定裁量情节的,一般决定适用五百元以下罚款;对治安管理处罚法规定"情节较轻的,处五日以下拘留或者五百元以下罚款"的违反治安管理行为,同时具有从轻处罚情节或者同时系初次违反治安管理,未造成危害后果和社会影响且无其他法定裁量情节的,一般决定适用五百元以下罚款。

十二、本指导意见没有规定的,依照《公安部关于实施公安行政处罚裁量基准制度的指导意见》(公通字〔2016〕17号)的有关规定处理。

第二部分　具体行为的裁量标准

一、扰乱单位秩序
扰乱公共场所秩序
【法律依据】

(《中华人民共和国治安管理处罚法》第23条第1款第1项、第2项)有下列行为之一的,处警告或者二百元以下罚款;情节较重的,处五日以上十日以下拘留,可以并处五百元以下罚款:

(一)扰乱机关、团体、企业、事业单位的秩序,致使工作、生产、营业、医疗、教学、科研不能正常进行,尚未造成严重损失的;

(二)扰乱车站、港口、码头、机场、商场、公园、展览馆或者其他公共场所秩序的;

【理解与适用】

有下列情形之一的,属于"情节较重":

(一)以暴力、威胁等方法扰乱单位、公共场所秩序的;

(二)扰乱单位、公共场所秩序,经执法人员劝阻拒不离开的;

(三)造成交通拥堵、人员受伤、财物损失等危害后果或者较大社会影响的;

(四)积极参与聚众扰乱单位、公共场所秩序的;

(五)持械扰乱单位、公共场所秩序的;

(六)其他情节较重的情形。

二、扰乱公共交通工具上的秩序
妨碍交通工具正常行驶
【法律依据】

(《中华人民共和国治安管理处罚法》第23条第1款第3项、第4项)有下列行为之一的,处警告或者二百元以下罚款;情节较重的,处五日以上十日以下拘

留,可以并处五百元以下罚款:

(三)扰乱公共汽车、电车、火车、船舶、航空器或者其他公共交通工具上的秩序的;

(四)非法拦截或者强登、扒乘机动车、船舶、航空器以及其他交通工具,影响交通工具正常行驶的;

【理解与适用】

有下列情形之一的,属于"情节较重":

(一)在公共交通工具上无理取闹,严重影响公共交通工具运行秩序的;

(二)在非停靠站点强行下车,或者拉扯驾驶员、乘务员,致使公共交通工具减速或者停行的;

(三)造成交通拥堵、人员受伤、财物损失等危害后果或者较大社会影响的;

(四)积极参与聚众扰乱公共交通工具上的秩序的;

(五)积极参与聚众实施妨碍交通工具正常行驶行为的;

(六)其他情节较重的情形。

三、破坏选举秩序

【法律依据】

(《中华人民共和国治安管理处罚法》第23条第1款第5项)有下列行为之一的,处警告或者二百元以下罚款;情节较重的,处五日以上十日以下拘留,可以并处五百元以下罚款:

(五)破坏依法进行的选举秩序的。

【理解与适用】

有下列情形之一的,属于"情节较重":

(一)使用暴力、威胁等方法干扰他人选举的;

(二)采取撕毁他人选票、毁坏票箱或者破坏其他选举设备等行为干扰选举秩序的;

(三)伪造选举文件的;

(四)积极参与聚众破坏选举秩序的;

(五)其他情节较重的情形。

四、强行进入大型活动场内

【法律依据】

(《中华人民共和国治安管理处罚法》第 24 条第 1 款第 1 项)有下列行为之一,扰乱文化、体育等大型群众性活动秩序的,处警告或者二百元以下罚款;情节严重的,处五日以上十日以下拘留,可以并处五百元以下罚款:

(一)强行进入场内的;

【理解与适用】

有下列情形之一的,属于"情节严重":

(一)采取暴力、威胁等方法强行进入活动场内的;

(二)造成人员受伤、财物损失、秩序混乱等危害后果或者较大社会影响的;

(三)其他情节严重的情形。

五、违规在大型活动场内燃放物品

【法律依据】

(《中华人民共和国治安管理处罚法》第 24 条第 1 款第 2 项)有下列行为之一,扰乱文化、体育等大型群众性活动秩序的,处警告或者二百元以下罚款;情节严重的,处五日以上十日以下拘留,可以并处五百元以下罚款:

(二)违反规定,在场内燃放烟花爆竹或者其他物品的;

【理解与适用】

有下列情形之一的,属于"情节严重":

(一)不听现场安保人员或者工作人员制止的;

(二)造成人员受伤、财物损失、秩序混乱等危害后果或者较大社会影响的;

(三)严重影响活动正常进行的;

(四)其他情节严重的情形。

六、在大型活动场内展示侮辱性物品

【法律依据】

(《中华人民共和国治安管理处罚法》第 24 条第 1 款第 3 项)有下列行为之一,扰乱文化、体育等大型群众性活动秩序的,处警告或者二百元以下罚款;情节严重的,处五日以上十日以下拘留,可以并处五百元以下罚款:

(三)展示侮辱性标语、条幅等物品的;

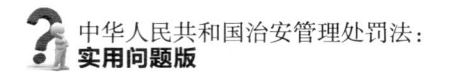

【理解与适用】

有下列情形之一的,属于"情节严重":

(一)不听现场安保人员或者工作人员制止的;

(二)在大型文化、体育等活动中展示侮辱国家、民族尊严的标语、条幅、画像、服装等物品的;

(三)造成人员受伤、财物损失、秩序混乱等危害后果或者较大社会影响的;

(四)引发运动员、观众及场内其他人员冲突的;

(五)严重影响活动正常进行的;

(六)其他情节严重的情形。

七、围攻大型活动工作人员

【法律依据】

(《中华人民共和国治安管理处罚法》第24条第1款第4项)有下列行为之一,扰乱文化、体育等大型群众性活动秩序的,处警告或者二百元以下罚款;情节严重的,处五日以上十日以下拘留,可以并处五百元以下罚款:

(四)围攻裁判员、运动员或者其他工作人员的;

【理解与适用】

有下列情形之一的,属于"情节严重":

(一)不听现场安保人员或者工作人员制止的;

(二)造成人员受伤、财物损失、秩序混乱等危害后果或者较大社会影响的;

(三)引发运动员、观众及场内其他人员冲突的;

(四)严重影响活动正常进行的;

(五)其他情节严重的情形。

八、向大型活动场内投掷杂物

【法律依据】

(《中华人民共和国治安管理处罚法》第24条第1款第5项)有下列行为之一,扰乱文化、体育等大型群众性活动秩序的,处警告或者二百元以下罚款;情节严重的,处五日以上十日以下拘留,可以并处五百元以下罚款:

(五)向场内投掷杂物,不听制止的;

【理解与适用】

有下列情形之一的,属于"情节严重":

（一）造成人员受伤、财物损失、秩序混乱等危害后果或者较大社会影响的；

（二）引发运动员、观众及场内其他人员冲突的；

（三）严重影响活动正常进行的；

（四）其他情节严重的情形。

九、其他扰乱大型活动秩序的行为

【法律依据】

(《中华人民共和国治安管理处罚法》第24条第1款第6项)有下列行为之一，扰乱文化、体育等大型群众性活动秩序的，处警告或者二百元以下罚款；情节严重的，处五日以上十日以下拘留，可以并处五百元以下罚款：

（六）扰乱大型群众性活动秩序的其他行为。

【理解与适用】

有下列情形之一的，属于"情节严重"：

（一）不听现场安保人员或者工作人员制止的；

（二）造成人员受伤、财物损失、秩序混乱等危害后果或者较大社会影响的；

（三）引发运动员、观众及场内其他人员之间冲突的；

（四）严重影响活动正常进行的。

十、虚构事实扰乱公共秩序

投放虚假危险物质

扬言实施放火、爆炸、投放危险物质

【法律依据】

(《中华人民共和国治安管理处罚法》第25条)有下列行为之一的，处五日以上十日以下拘留，可以并处五百元以下罚款；情节较轻的，处五日以下拘留或者五百元以下罚款：

（一）散布谣言，谎报险情、疫情、警情或者以其他方法故意扰乱公共秩序的；

（二）投放虚假的爆炸性、毒害性、放射性、腐蚀性物质或者传染病病原体等危险物质扰乱公共秩序的；

（三）扬言实施放火、爆炸、投放危险物质扰乱公共秩序的。

【理解与适用】

有下列情形之一的，属于"情节较轻"：

（一）影响范围较小，未造成危害后果的；

(二)虽然造成轻微危害后果,但能及时采取措施,消除不良影响的;

(三)其他情节较轻的情形。

十一、寻衅滋事

【法律依据】

(《中华人民共和国治安管理处罚法》第 26 条)有下列行为之一的,处五日以上十日以下拘留,可以并处五百元以下罚款;情节较重的,处十日以上十五日以下拘留,可以并处一千元以下罚款:

(一)结伙斗殴的;

(二)追逐、拦截他人的;

(三)强拿硬要或者任意损毁、占用公私财物的;

(四)其他寻衅滋事行为。

【理解与适用】

有下列情形之一的,属于"情节较重":

(一)纠集多人或者多次参加寻衅滋事的;

(二)持械寻衅滋事的;

(三)造成人员受伤、公共场所秩序混乱,或者造成较大社会影响的;

(四)追逐、拦截他人并有侮辱性语言、挑逗性动作或者以暴力相威胁的;

(五)驾驶机动车、非机动车、其他交通工具,或者持械追逐、拦截他人的;

(六)强拿硬要或者任意损毁、占用公私财物价值达到有关司法解释认定构成刑法第二百九十三条第一款第三项规定的"情节严重"标准的百分之五十以上的;

(七)在公共场所、公共交通工具上实施寻衅滋事行为,造成较大社会影响的;

(八)利用信息网络教唆、煽动实施扰乱公共秩序违法活动的;

(九)编造虚假信息,或者明知是编造的虚假信息,在信息网络上散布,或者组织、指使人员在信息网络上散布,起哄闹事的;

(十)一次实施两种以上寻衅滋事行为的;

(十一)其他情节较重的情形。

十二、组织、教唆、胁迫、诱骗、煽动从事邪教、会道门活动

利用邪教、会道门、迷信活动危害社会

冒用宗教、气功名义危害社会

【法律依据】

(《中华人民共和国治安管理处罚法》第27条) 有下列行为之一的,处十日以上十五日以下拘留,可以并处一千元以下罚款;情节较轻的,处五日以上十日以下拘留,可以并处五百元以下罚款:

(一) 组织、教唆、胁迫、诱骗、煽动他人从事邪教、会道门活动或者利用邪教、会道门、迷信活动,扰乱社会秩序、损害他人身体健康的;

(二) 冒用宗教、气功名义进行扰乱社会秩序、损害他人身体健康活动的。

【理解与适用】

有下列情形之一的,属于"情节较轻":

(一) 危害后果较轻,并及时改正的;

(二) 违法活动涉及数量或者数额未达到有关司法解释认定构成刑法第三百条第一款规定的"情节较轻"标准百分之十的;

(三) 其他情节较轻的情形。

十三、故意干扰无线电业务正常进行

拒不消除对无线电台(站)的有害干扰

【法律依据】

(《中华人民共和国治安管理处罚法》第28条) 违反国家规定,故意干扰无线电业务正常进行的,或者对正常运行的无线电台(站)产生有害干扰,经有关主管部门指出后,拒不采取有效措施消除的,处五日以上十日以下拘留;情节严重的,处十日以上十五日以下拘留。

【理解与适用】

有下列情形之一的,属于"情节严重":

(一) 造成较重危害后果或者较大社会影响的;

(二) 对事关国家安全、公共安全、国计民生的无线电业务、无线电台(站)进行干扰的;

(三) 长时间故意干扰无线电业务正常进行,或者对正常运行的无线电台(站)产生有害干扰的;

(四)违法所得达到有关司法解释认定构成刑法第二百八十八条第一款规定的"情节严重"标准百分之五十以上的;

(五)其他情节严重的情形。

十四、非法侵入计算机信息系统

【法律依据】

(《中华人民共和国治安管理处罚法》第 29 条第 1 项)有下列行为之一的,处五日以下拘留;情节较重的,处五日以上十日以下拘留:

(一)违反国家规定,侵入计算机信息系统,造成危害的;

【理解与适用】

有下列情形之一的,属于"情节较重":

(一)造成被侵入系统单位的商业秘密、公民个人信息泄露、数据丢失等较大危害的;

(二)侵入国家机关、涉密单位、防范恐怖袭击重点目标单位或者治安保卫重点单位的计算机信息系统,造成危害的;

(三)其他情节较重的情形。

十五、非法改变计算机信息系统功能

【法律依据】

(《中华人民共和国治安管理处罚法》第 29 条第 2 项)有下列行为之一的,处五日以下拘留;情节较重的,处五日以上十日以下拘留:

(二)违反国家规定,对计算机信息系统功能进行删除、修改、增加、干扰,造成计算机信息系统不能正常运行的;

【理解与适用】

有下列情形之一的,属于"情节较重":

(一)违法所得或者造成经济损失达到有关司法解释认定构成刑法第二百八十六条第一款规定的"后果严重"标准的百分之五十以上的;

(二)破坏计算机信息系统功能,造成计算机信息系统主要软件或者硬件功能不能恢复的;

(三)虽未达到前两项规定之一的情形,但多次对计算机信息系统功能进行删除、修改、增加、干扰的;

(四)其他情节较重的情形。

十六、非法改变计算机信息系统数据和应用程序

【法律依据】

(《中华人民共和国治安管理处罚法》第29条第3项)有下列行为之一的,处五日以下拘留;情节较重的,处五日以上十日以下拘留:

(三)违反国家规定,对计算机信息系统中存储、处理、传输的数据和应用程序进行删除、修改、增加的;

【理解与适用】

有下列情形之一的,属于"情节较重":

(一)对五台以上计算机信息系统中存储、处理、传输的数据和应用程序进行删除、修改、增加的;

(二)违法所得或者造成经济损失达到有关司法解释认定构成刑法第二百八十六条第二款规定的"后果严重"标准的百分之五十以上的;

(三)虽未达到前两项规定之一的情形,但多次对数据和应用程序进行删除、修改、增加的;

(四)其他情节较重的情形。

十七、故意制作、传播计算机破坏性程序影响运行

【法律依据】

(《中华人民共和国治安管理处罚法》第29条第4项)有下列行为之一的,处五日以下拘留;情节较重的,处五日以上十日以下拘留:

(四)故意制作、传播计算机病毒等破坏性程序,影响计算机信息系统正常运行的。

【理解与适用】

有下列情形之一的,属于"情节较重":

(一)故意制作、传播计算机病毒等破坏性程序,造成五台以上计算机信息系统受感染的;

(二)违法所得或者造成经济损失达到有关司法解释认定构成刑法第二百八十六条第三款规定的"后果严重"标准的百分之五十以上的;

(三)虽未达到前两项规定之一的情形,但多次故意制作、传播计算机病毒的;

(四)其他情节较重的情形。

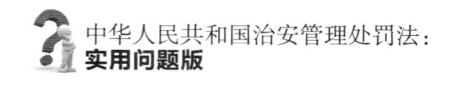

十八、非法制造、买卖、储存、运输、邮寄、携带、使用、提供、处置危险物质

【法律依据】

(《中华人民共和国治安管理处罚法》第30条)违反国家规定,制造、买卖、储存、运输、邮寄、携带、使用、提供、处置爆炸性、毒害性、放射性、腐蚀性物质或者传染病病原体等危险物质的,处十日以上十五日以下拘留;情节较轻的,处五日以上十日以下拘留。

【理解与适用】

有下列情形之一的,属于"情节较轻":

(一)违反国家规定,制造、买卖、储存、运输、携带危险物质数量较少或者未达到有关刑事立案追诉标准百分之十的;

(二)违反国家规定,制造、买卖、储存、运输危险物质造成直接经济损失未达到有关刑事立案追诉标准百分之十的;

(三)违反国家规定,处置危险物质数量未达到有关司法解释认定构成刑法第三百三十八条规定的"严重污染环境"标准百分之十的;

(四)违反国家规定,处置危险物质违法所得或者致使公私财产损失未达到有关司法解释认定构成刑法第三百三十八条规定的"严重污染环境"标准百分之十的;

(五)其他情节较轻的情形。

十九、非法携带枪支、弹药、管制器具

【法律依据】

(《中华人民共和国治安管理处罚法》第32条第1款)非法携带枪支、弹药或者弩、匕首等国家规定的管制器具的,处五日以下拘留,可以并处五百元以下罚款;情节较轻的,处警告或者二百元以下罚款。

【理解与适用】

有下列情形之一的,属于"情节较轻":

(一)非法携带弹药,经告知,主动交出的;

(二)以收藏、留念、赠送为目的,携带属于管制刀具的各类武术刀、工艺刀、礼品刀,未造成危害后果的;

(三)其他情节较轻的情形。

二十、盗窃、损毁、擅自移动铁路设施、设备、机车车辆配件、安全标志

【法律依据】

(《中华人民共和国治安管理处罚法》第35条第1项)有下列行为之一的,处五日以上十日以下拘留,可以并处五百元以下罚款;情节较轻的,处五日以下拘留或者五百元以下罚款:

(一)盗窃、损毁或者擅自移动铁路设施、设备、机车车辆配件或者安全标志的;

【理解与适用】

有下列情形之一的,属于"情节较轻":

(一)及时采取补救措施,尚未造成危害后果的;

(二)盗窃、损毁设施、设备的价值较小,且不足以造成危害后果的;

(三)其他情节较轻的情形。

二十一、在铁路线上放置障碍物

【法律依据】

(《中华人民共和国治安管理处罚法》第35条第2项)有下列行为之一的,处五日以上十日以下拘留,可以并处五百元以下罚款;情节较轻的,处五日以下拘留或者五百元以下罚款:

(二)在铁路线路上放置障碍物,或者故意向列车投掷物品的;

【理解与适用】

有下列情形之一的,属于"情节较轻":

(一)在火车到来前及时采取补救措施,危害后果没有发生的;

(二)不足以对行车安全和旅客人身安全造成影响的;

(三)其他情节较轻的情形。

二十二、故意向列车投掷物品

【法律依据】

(《中华人民共和国治安管理处罚法》第35条第2项)有下列行为之一的,处五日以上十日以下拘留,可以并处五百元以下罚款;情节较轻的,处五日以下拘留或者五百元以下罚款:

(二)在铁路线路上放置障碍物,或者故意向列车投掷物品的;

【理解与适用】

有下列情形之一的,属于"情节较轻":

(一)不足以对行车安全和旅客人身安全造成影响的;

(二)未造成机车车辆损坏、旅客人身伤害的;

(三)其他情节较轻的情形。

二十三、在铁路沿线非法挖掘坑穴、采石取沙

【法律依据】

(《中华人民共和国治安管理处罚法》第 35 条第 3 项)有下列行为之一的,处五日以上十日以下拘留,可以并处五百元以下罚款;情节较轻的,处五日以下拘留或者五百元以下罚款:

(三)在铁路线路、桥梁、涵洞处挖掘坑穴、采石取沙的;

【理解与适用】

有下列情形之一的,属于"情节较轻":

(一)及时采取补救措施,尚未造成危害后果的;

(二)不足以影响铁路路基稳定或者危害铁路桥梁、涵洞安全的;

(三)其他情节较轻的情形。

二十四、在铁路线路上私设道口、平交过道

【法律依据】

(《中华人民共和国治安管理处罚法》第 35 条第 4 项)有下列行为之一的,处五日以上十日以下拘留,可以并处五百元以下罚款;情节较轻的,处五日以下拘留或者五百元以下罚款:

(四)在铁路线路上私设道口或者平交过道的。

【理解与适用】

有下列情形之一的,属于"情节较轻":

(一)及时采取补救措施,尚未造成危害后果的;

(二)不足以对行车安全造成影响的;

(三)其他情节较轻的情形。

二十五、擅自安装、使用电网

安装、使用电网不符合安全规定

【法律依据】

(《中华人民共和国治安管理处罚法》第 37 条第 1 项)有下列行为之一的,处五日以下拘留或者五百元以下罚款;情节严重的,处五日以上十日以下拘留,可以并处五百元以下罚款:

(一)未经批准,安装、使用电网的,或者安装、使用电网不符合安全规定的;

【理解与适用】

有下列情形之一的,属于"情节严重":

(一)在人畜活动较多的区域或者存储易燃易爆危险物品的场所附近安装、使用电网的;

(二)造成人员受伤或者财物损失等危害后果的;

(三)其他情节严重的情形。

二十六、道路施工不设置安全防护设施

【法律依据】

(《中华人民共和国治安管理处罚法》第 37 条第 2 项)有下列行为之一的,处五日以下拘留或者五百元以下罚款;情节严重的,处五日以上十日以下拘留,可以并处五百元以下罚款:

(二)在车辆、行人通行的地方施工,对沟井坎穴不设覆盖物、防围和警示标志的,或者故意损毁、移动覆盖物、防围和警示标志的;

【理解与适用】

有下列情形之一的,属于"情节严重":

(一)造成人员受伤或者财物损失等危害后果的;

(二)多次实施,或者对多个沟井坎穴不设覆盖物、防围和警示标志;

(三)其他情节严重的情形。

二十七、故意损毁、移动道路施工安全防护设施

【法律依据】

(《中华人民共和国治安管理处罚法》第 37 条第 2 项)有下列行为之一的,处五日以下拘留或者五百元以下罚款;情节严重的,处五日以上十日以下拘留,可以并处五百元以下罚款:

(二)在车辆、行人通行的地方施工,对沟井坎穴不设覆盖物、防围和警示标志的,或者故意损毁、移动覆盖物、防围和警示标志的;

【理解与适用】

有下列情形之一的,属于"情节严重":

(一)造成人员受伤或者财物损失等危害后果的;

(二)损毁、移动多个设施、标志的;

(三)其他情节严重的情形。

二十八、盗窃、损毁路面公共设施

【法律依据】

(《中华人民共和国治安管理处罚法》第37条第3项)有下列行为之一的,处五日以下拘留或者五百元以下罚款;情节严重的,处五日以上十日以下拘留,可以并处五百元以下罚款:

(三)盗窃、损毁路面井盖、照明等公共设施的。

【理解与适用】

有下列情形之一的,属于"情节严重":

(一)造成人员受伤或者财物损失等危害后果的;

(二)盗窃、损毁多个设施的;

(三)其他情节严重的情形。

二十九、违规举办大型活动

【法律依据】

(《中华人民共和国治安管理处罚法》第38条)举办文化、体育等大型群众性活动,违反有关规定,有发生安全事故危险的,责令停止活动,立即疏散;对组织者处五日以上十日以下拘留,并处二百元以上五百元以下罚款;情节较轻的,处五日以下拘留或者五百元以下罚款。

【理解与适用】

有下列情形之一的,属于"情节较轻":

(一)存在安全隐患,经公安机关指出及时采取措施消除的;

(二)发现安全隐患后,主动停止活动、积极组织疏散、未造成危害后果的;

(三)其他情节较轻的情形。

三十、组织、胁迫、诱骗进行恐怖、残忍表演

【法律依据】

(《中华人民共和国治安管理处罚法》第40条第1项)有下列行为之一的,处十日以上十五日以下拘留,并处五百元以上一千元以下罚款;情节较轻的,处五日以上十日以下拘留,并处二百元以上五百元以下罚款:

(一)组织、胁迫、诱骗不满十六周岁的人或者残疾人进行恐怖、残忍表演的;

【理解与适用】

有下列情形之一的,属于"情节较轻":

(一)未使用暴力方法,且对他人身心健康影响较小的,但将相关表演视频在信息网络上散布的除外;

(二)经被侵害人要求或者他人劝阻及时停止,且后果轻微的;

(三)其他情节较轻的情形。

三十一、强迫劳动

【法律依据】

(《中华人民共和国治安管理处罚法》第40条第2项)有下列行为之一的,处十日以上十五日以下拘留,并处五百元以上一千元以下罚款;情节较轻的,处五日以上十日以下拘留,并处二百元以上五百元以下罚款:

(二)以暴力、威胁或者其他手段强迫他人劳动的;

【理解与适用】

有下列情形之一的,属于"情节较轻":

(一)经被侵害人要求或者他人劝阻及时停止,且后果轻微的;

(二)强迫他人劳动系以劳务抵偿合法债务,且劳动强度较低的;

(三)其他情节较轻的情形。

三十二、非法限制人身自由

【法律依据】

(《中华人民共和国治安管理处罚法》第40条第3项)有下列行为之一的,处十日以上十五日以下拘留,并处五百元以上一千元以下罚款;情节较轻的,处五日以上十日以下拘留,并处二百元以上五百元以下罚款:

(三)非法限制他人人身自由、非法侵入他人住宅或者非法搜查他人身体的。

【理解与适用】

非法限制他人人身自由,未使用殴打、捆绑、侮辱等恶劣手段,且未造成人身伤害或者其他较重危害后果,取得被侵害人谅解的,属于"情节较轻"。

三十三、非法侵入住宅

【法律依据】

(《中华人民共和国治安管理处罚法》第 40 条第 3 项)有下列行为之一的,处十日以上十五日以下拘留,并处五百元以上一千元以下罚款;情节较轻的,处五日以上十日以下拘留,并处二百元以上五百元以下罚款:

(三)非法限制他人人身自由、非法侵入他人住宅或者非法搜查他人身体的。

【理解与适用】

有下列情形之一的,属于"情节较轻":

(一)因债务纠纷、邻里纠纷侵入他人住宅,经劝阻及时退出,且未造成危害后果的;

(二)非法侵入他人住宅,自行退出,且未造成危害后果的;

(三)其他情节较轻的情形。

三十四、非法搜查身体

【法律依据】

(《中华人民共和国治安管理处罚法》第 40 条第 3 项)有下列行为之一的,处十日以上十五日以下拘留,并处五百元以上一千元以下罚款;情节较轻的,处五日以上十日以下拘留,并处二百元以上五百元以下罚款:

(三)非法限制他人人身自由、非法侵入他人住宅或者非法搜查他人身体的。

【理解与适用】

有下列情形之一的,属于"情节较轻":

(一)经被侵害人要求或者他人劝阻及时停止,且未造成人身伤害或者其他危害后果的;

(二)未使用暴力或者未以暴力相威胁的;

(三)其他情节较轻的情形。

三十五、威胁人身安全

【法律依据】

(《中华人民共和国治安管理处罚法》第 42 条第 1 项)有下列行为之一的,处

五日以下拘留或者五百元以下罚款;情节较重的,处五日以上十日以下拘留,可以并处五百元以下罚款:

(一)写恐吓信或者以其他方法威胁他人人身安全的;

【理解与适用】

有下列情形之一的,属于"情节较重":

(一)给他人正常工作、生活、身心健康造成较大影响的;

(二)经劝阻仍不停止的;

(三)针对多人实施的;

(四)采取多种方式和手段威胁他人人身安全的;

(五)其他情节较重的情形。

三十六、侮辱

诽谤

诬告陷害

【法律依据】

(《中华人民共和国治安管理处罚法》第42条第2项、第3项)有下列行为之一的,处五日以下拘留或者五百元以下罚款;情节较重的,处五日以上十日以下拘留,可以并处五百元以下罚款:

(二)公然侮辱他人或者捏造事实诽谤他人的;

(三)捏造事实诬告陷害他人,企图使他人受到刑事追究或者受到治安管理处罚的;

【理解与适用】

有下列情形之一的,属于"情节较重":

(一)使用恶劣手段、方式的;

(二)给他人正常工作、生活、身心健康、名誉造成较大影响的;

(三)经劝阻仍不停止的;

(四)利用信息网络公然侮辱、诽谤、诬告陷害他人的;

(五)针对多人实施的;

(六)其他情节较重的情形。

三十七、威胁、侮辱、殴打、打击报复证人及其近亲属

【法律依据】

(《中华人民共和国治安管理处罚法》第42条第4项)有下列行为之一的,处五日以下拘留或者五百元以下罚款;情节较重的,处五日以上十日以下拘留,可以并处五百元以下罚款:

(四)对证人及其近亲属进行威胁、侮辱、殴打或者打击报复的;

【理解与适用】

有下列情形之一的,属于"情节较重":

(一)使用恶劣手段、方式的;

(二)给他人正常工作、生活、身心健康、名誉造成较大影响的;

(三)造成人身伤害的;

(四)针对多人实施的;

(五)其他情节较重的情形。

三十八、发送信息干扰正常生活

【法律依据】

(《中华人民共和国治安管理处罚法》第42条第5项)有下列行为之一的,处五日以下拘留或者五百元以下罚款;情节较重的,处五日以上十日以下拘留,可以并处五百元以下罚款:

(五)多次发送淫秽、侮辱、恐吓或者其他信息,干扰他人正常生活的;

【理解与适用】

有下列情形之一的,属于"情节较重":

(一)给他人正常工作、生活、身心健康、名誉造成较大影响的;

(二)向多人发送的;

(三)经被侵害人制止仍不停止的;

(四)其他情节较重的情形。

三十九、侵犯隐私

【法律依据】

(《中华人民共和国治安管理处罚法》第42条第6项)有下列行为之一的,处五日以下拘留或者五百元以下罚款;情节较重的,处五日以上十日以下拘留,可以并处五百元以下罚款:

(六)偷窥、偷拍、窃听、散布他人隐私的。

【理解与适用】

有下列情形之一的,属于"情节较重":

(一)给他人正常工作、生活、身心健康、名誉造成较大影响的;

(二)利用信息网络散布他人隐私的;

(三)多次侵犯他人隐私或者侵犯多人隐私的;

(四)其他情节较重的情形。

四十、殴打他人

故意伤害

【法律依据】

(《中华人民共和国治安管理处罚法》第43条第1款)殴打他人的,或者故意伤害他人身体的,处五日以上十日以下拘留,并处二百元以上五百元以下罚款;情节较轻的,处五日以下拘留或者五百元以下罚款。

【理解与适用】

有下列情形之一的,属于"情节较轻":

(一)被侵害方有过错,且伤害后果较轻的;

(二)亲友、邻里或者同事之间因琐事发生纠纷,双方均有过错,且伤害后果较轻的;

(三)已满十四周岁未成年在校学生初次殴打他人、故意伤害他人身体,悔过态度较好且伤害后果较轻的;

(四)因民间纠纷引发且行为人主动赔偿合理费用,伤害后果较轻的;

(五)其他情节较轻的情形。

四十一、猥亵

【法律依据】

(《中华人民共和国治安管理处罚法》第44条)猥亵他人的,或者在公共场所故意裸露身体,情节恶劣的,处五日以上十日以下拘留;猥亵智力残疾人、精神病人、不满十四周岁的人或者有其他严重情节的,处十日以上十五日以下拘留。

【理解与适用】

有下列情形之一的,属于"有其他严重情节":

(一)在公共场所猥亵他人的;

(二)猥亵多人的;

(三)其他情节严重的情形。

四十二、在公共场所故意裸露身体

【法律依据】

(《中华人民共和国治安管理处罚法》第44条)猥亵他人的,或者在公共场所故意裸露身体,情节恶劣的,处五日以上十日以下拘留;猥亵智力残疾人、精神病人、不满十四周岁的人或者有其他严重情节的,处十日以上十五日以下拘留。

【理解与适用】

有下列情形之一的,属于"情节恶劣":

(一)造成现场秩序混乱等危害后果或者较大社会影响的;

(二)在有多名异性或者未成年人的公共场所故意裸露身体的;

(三)经制止拒不改正的;

(四)伴随挑逗性语言或者动作的;

(五)其他情节恶劣的情形。

四十三、强迫交易

【法律依据】

(《中华人民共和国治安管理处罚法》第46条)强买强卖商品,强迫他人提供服务或者强迫他人接受服务的,处五日以上十日以下拘留,并处二百元以上五百元以下罚款;情节较轻的,处五日以下拘留或者五百元以下罚款。

【理解与适用】

有下列情形之一的,属于"情节较轻":

(一)强迫交易造成直接经济损失未达到有关刑事立案追诉标准百分之十的;

(二)强迫交易数额或者违法所得未达到有关刑事立案追诉标准百分之十的;

(三)强迫他人购买伪劣商品数额或者违法所得未达到有关刑事立案追诉标准百分之十的;

(四)事后主动返还财物或者支付有关费用,取得被侵害人谅解的;

(五)其他情节较轻的情形。

四十四、盗窃

【法律依据】

(《中华人民共和国治安管理处罚法》第49条)盗窃、诈骗、哄抢、抢夺、敲诈勒索或者故意损毁公私财物的,处五日以上十日以下拘留,可以并处五百元以下罚款;情节较重的,处十日以上十五日以下拘留,可以并处一千元以下罚款。

【理解与适用】

有下列情形之一的,属于"情节较重":

(一)盗窃财物价值达到有关司法解释认定构成刑法第二百六十四条规定的"数额较大"标准的百分之五十以上的;

(二)盗窃防灾、救灾、救济等特定财物的;

(三)在医院盗窃病人或者其亲友财物的;

(四)采用破坏性手段盗窃的;

(五)组织、控制未成年人、残疾人、孕妇或者哺乳期妇女盗窃的;

(六)其他情节较重的情形。

四十五、诈骗

【法律依据】

(《中华人民共和国治安管理处罚法》第49条)盗窃、诈骗、哄抢、抢夺、敲诈勒索或者故意损毁公私财物的,处五日以上十日以下拘留,可以并处五百元以下罚款;情节较重的,处十日以上十五日以下拘留,可以并处一千元以下罚款。

【理解与适用】

有下列情形之一的,属于"情节较重":

(一)诈骗财物价值达到有关司法解释认定构成刑法第二百六十六条规定的"数额较大"标准的百分之五十以上的;

(二)诈骗防灾、救灾、救济等特定财物的;

(三)在公共场所或者公共交通工具上设局行骗的;

(四)以开展慈善活动名义实施诈骗的;

(五)其他情节较重的情形。

四十六、哄抢

【法律依据】

(《中华人民共和国治安管理处罚法》第49条)盗窃、诈骗、哄抢、抢夺、敲诈勒索或者故意损毁公私财物的,处五日以上十日以下拘留,可以并处五百元以下罚款;情节较重的,处十日以上十五日以下拘留,可以并处一千元以下罚款。

【理解与适用】

有下列情形之一的,属于"情节较重":

(一)哄抢防灾、救灾、救济、军用等特定财物的;

(二)在自然灾害、交通事故等现场趁机哄抢,不听劝阻的;

(三)造成人员受伤或者财物损失较大的;

(四)其他情节较重的情形。

四十七、抢夺

【法律依据】

(《中华人民共和国治安管理处罚法》第 49 条)盗窃、诈骗、哄抢、抢夺、敲诈勒索或者故意损毁公私财物的,处五日以上十日以下拘留,可以并处五百元以下罚款;情节较重的,处十日以上十五日以下拘留,可以并处一千元以下罚款。

【理解与适用】

有下列情形之一的,属于"情节较重":

(一)抢夺财物价值达到有关司法解释认定构成刑法第二百六十七条规定的"数额较大"标准的百分之五十以上的;

(二)抢夺防灾、救灾、救济等特定财物的;

(三)造成人员受伤或者财物损坏的;

(四)抢夺多人财物的;

(五)驾驶机动车、非机动车或者其他交通工具实施抢夺的;

(六)其他情节较重的情形。

四十八、敲诈勒索

【法律依据】

(《中华人民共和国治安管理处罚法》第 49 条)盗窃、诈骗、哄抢、抢夺、敲诈勒索或者故意损毁公私财物的,处五日以上十日以下拘留,可以并处五百元以下罚款;情节较重的,处十日以上十五日以下拘留,可以并处一千元以下罚款。

【理解与适用】

有下列情形之一的,属于"情节较重":

(一)敲诈勒索数额达到有关司法解释认定构成刑法第二百七十四条规定的"数额较大"标准的百分之五十以上的;

(二)利用或者冒充国家机关工作人员、军人、新闻工作者等特殊身份敲诈勒

索的;

(三)敲诈勒索多人的;

(四)其他情节较重的情形。

四十九、故意损毁财物

【法律依据】

(《中华人民共和国治安管理处罚法》第49条)盗窃、诈骗、哄抢、抢夺、敲诈勒索或故意损毁公私财物的,处五日以上十日以下拘留,可以并处五百元以下罚款;情节较重的,处十日以上十五日以下拘留,可以并处一千元以下罚款。

【理解与适用】

有下列情形之一的,属于"情节较重":

(一)故意损毁财物价值达到有关刑事立案追诉标准百分之五十以上的;

(二)故意损毁防灾、救灾、救济等特定财物的;

(三)故意损毁财物,对被侵害人生产、生活影响较大的;

(四)损毁多人财物的;

(五)其他情节较重的情形。

五十、拒不执行紧急状态下的决定、命令

【法律依据】

(《中华人民共和国治安管理处罚法》第50条第1款第1项)有下列行为之一的,处警告或者二百元以下罚款;情节严重的,处五日以上十日以下拘留,可以并处五百元以下罚款:

(一)拒不执行人民政府在紧急状态情况下依法发布的决定、命令的;

【理解与适用】

有下列情形之一的,属于"情节严重":

(一)不听执法人员劝阻的;

(二)造成人员受伤、财产损失等危害后果的;

(三)其他情节严重的情形。

五十一、阻碍执行职务

【法律依据】

(《中华人民共和国治安管理处罚法》第50条第1款第2项)有下列行为之一的,处警告或者二百元以下罚款;情节严重的,处五日以上十日以下拘留,可以并处五百元以下罚款：

(二)阻碍国家机关工作人员依法执行职务的；

【理解与适用】

有下列情形之一的，属于"情节严重"：

(一)不听执法人员制止的；

(二)造成人员受伤、财物损失等危害后果的；

(三)在公共场所或者公共交通工具上阻碍执行职务的；

(四)以驾驶机动车冲闯检查卡点等危险方法阻碍执行任务的；

(五)其他情节严重的情形。

五十二、阻碍特种车辆通行 冲闯警戒带、警戒区

【法律依据】

(《中华人民共和国治安管理处罚法》第50条第1款第3项、第4项)有下列行为之一的，处警告或者二百元以下罚款；情节严重的，处五日以上十日以下拘留，可以并处五百元以下罚款：

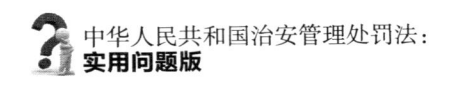

(三)阻碍执行紧急任务的消防车、救护车、工程抢险车、警车等车辆通行的；

(四)强行冲闯公安机关设置的警戒带、警戒区的。

【理解与适用】

有下列情形之一的，属于"情节严重"：

(一)不听执法人员制止的；

(二)造成人员受伤、财物损失等危害后果的；

(三)其他情节严重的情形。

五十三、招摇撞骗

【法律依据】

(《中华人民共和国治安管理处罚法》第51条第1款)冒充国家机关工作人员或者以其他虚假身份招摇撞骗的，处五日以上十日以下拘留，可以并处五百元以下罚款；情节较轻的，处五日以下拘留或者五百元以下罚款。

【理解与适用】

有下列情形之一的，属于"情节较轻"：

(一)社会影响较小，未取得实际利益的；

(二)未造成当事人财物损失或者其他危害后果的;

(三)其他情节较轻的情形。

五十四、伪造、变造、买卖公文、证件、证明文件、印章

买卖、使用伪造、变造的公文、证件、证明文件

【法律依据】

(《中华人民共和国治安管理处罚法》第52条第1项、第2项)有下列行为之一的,处十日以上十五日以下拘留,可以并处一千元以下罚款;情节较轻的,处五日以上十日以下拘留,可以并处五百元以下罚款:

(一)伪造、变造或者买卖国家机关、人民团体、企业、事业单位或者其他组织的公文、证件、证明文件、印章的;

(二)买卖或者使用伪造、变造的国家机关、人民团体、企业、事业单位或其他组织的公文、证件、证明文件的;

【理解与适用】

有下列情形之一的,属于"情节较轻":

(一)尚未造成危害后果,且获利较少的;

(二)尚未造成危害后果,且能够及时纠正或者弥补的;

(三)其他情节较轻的情形。

五十五、伪造、变造、倒卖有价票证、凭证

【法律依据】

(《中华人民共和国治安管理处罚法》第52条第3项)有下列行为之一的,处十日以上十五日以下拘留,可以并处一千元以下罚款;情节较轻的,处五日以上十日以下拘留,可以并处五百元以下罚款:

(三)伪造、变造、倒卖车票、船票、航空客票、文艺演出票、体育比赛入场券或者其他有价票证、凭证的;

【理解与适用】

有下列情形之一的,属于"情节较轻":

(一)伪造有价票证、凭证的票面数额、数量或者非法获利未达到有关刑事立案追诉标准百分之十的;

(二)倒卖车票、船票票面数额或者非法获利未达到有关刑事立案追诉标准百分之十的;

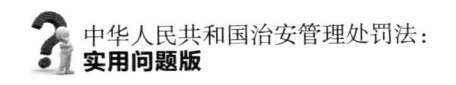

(三)其他情节较轻的情形。

五十六、伪造、变造船舶户牌

买卖、使用伪造、变造的船舶户牌

涂改船舶发动机号码

【法律依据】

(《中华人民共和国治安管理处罚法》第 52 条第 4 项)有下列行为之一的,处十日以上十五日以下拘留,可以并处一千元以下罚款;情节较轻的,处五日以上十日以下拘留,可以并处五百元以下罚款:

(四)伪造、变造船舶户牌,买卖或者使用伪造、变造的船舶户牌,或者涂改船舶发动机号码的。

【理解与适用】

有下列情形之一的,属于"情节较轻":

(一)伪造、变造船舶户牌数量较少,或者以营利为目的买卖伪造、变造的船舶户牌、涂改船舶发动机号码,获利较少的;

(二)伪造、变造船舶户牌,或者涂改船舶发动机号码的船舶,尚未出售或者未投入使用的;

(三)因船舶户牌丢失,伪造、变造或者购买、使用伪造、变造的船舶户牌的;

(四)其他情节较轻的情形。

五十七、驾船擅自进入、停靠国家管制的水域、岛屿

【法律依据】

(《中华人民共和国治安管理处罚法》第 53 条)船舶擅自进入、停靠国家禁止、限制进入的水域或者岛屿的,对船舶负责人及有关责任人员处五百元以上一千元以下罚款;情节严重的,处五日以下拘留,并处五百元以上一千元以下罚款。

【理解与适用】

有下列情形之一的,属于"情节严重":

(一)不听制止,强行进入、停靠的;

(二)经责令离开而拒不驶离的;

(三)其他情节严重的情形。

五十八、非法以社团名义活动

以被撤销登记的社团名义活动

【法律依据】

(《中华人民共和国治安管理处罚法》第54条第1款第1项、第2项)有下列行为之一的,处十日以上十五日以下拘留,并处五百元以上一千元以下罚款;情节较轻的,处五日以下拘留或者五百元以下罚款:

(一)违反国家规定,未经注册登记,以社会团体名义进行活动,被取缔后,仍进行活动的;

(二)被依法撤销登记的社会团体,仍以社会团体名义进行活动的;

【理解与适用】

有下列情形之一的,属于"情节较轻":

(一)尚未造成危害后果或者较大社会影响的;

(二)以营利为目的,但获利较少的;

(三)其他情节较轻的情形。

五十九、未获公安许可擅自经营

【法律依据】

(《中华人民共和国治安管理处罚法》第54条第1款第3项、第3款)有下列行为之一的,处十日以上十五日以下拘留,并处五百元以上一千元以下罚款;情节较轻的,处五日以下拘留或者五百元以下罚款:

(三)未经许可,擅自经营按照国家规定需要由公安机关许可的行业的。

取得公安机关许可的经营者,违反国家有关管理规定,情节严重的,公安机关可以吊销许可证。

【理解与适用】

有下列情形之一的,属于"情节较轻":

(一)经营时间较短且规模较小的;

(二)主动停止经营且获利较少的;

(三)其他情节较轻的情形。

有下列情形之一的,属于"情节严重":

(一)造成较重危害后果或者较大社会影响的;

(二)多次违反国家有关管理规定的;

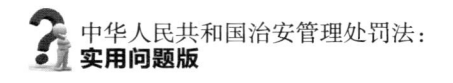

（三）其他情节严重的情形。

六十、明知住宿旅客是犯罪嫌疑人不报

【法律依据】

（《中华人民共和国治安管理处罚法》第56条第2款）旅馆业的工作人员明知住宿的旅客是犯罪嫌疑人员或者被公安机关通缉的人员，不向公安机关报告的，处二百元以上五百元以下罚款；情节严重的，处五日以下拘留，可以并处五百元以下罚款。

【理解与适用】

有下列情形之一的，属于"情节严重"：

（一）发现多名犯罪嫌疑人、被通缉人不报告的；

（二）明知住宿旅客是严重暴力犯罪嫌疑人不报告的；

（三）阻挠他人报告或者在公安机关调查时故意隐瞒的；

（四）其他情节严重的情形。

六十一、明知承租人利用出租屋犯罪不报

【法律依据】

（《中华人民共和国治安管理处罚法》第57条第2款）房屋出租人明知承租人利用出租房屋进行犯罪活动，不向公安机关报告的，处二百元以上五百元以下罚款；情节严重的，处五日以下拘留，可以并处五百元以下罚款。

【理解与适用】

有下列情形之一的，属于"情节严重"：

（一）房屋承租人利用出租房屋进行犯罪活动，造成较严重后果的；

（二）阻挠他人报告或者在公安机关调查时故意隐瞒的；

（三）其他情节严重的情形。

六十二、违法承接典当物品

【法律依据】

（《中华人民共和国治安管理处罚法》第59条第1项）有下列行为之一的，处五百元以上一千元以下罚款；情节严重的，处五日以上十日以下拘留，并处五百元以上一千元以下罚款：

（一）典当业工作人员承接典当的物品，不查验有关证明、不履行登记手续，或者明知是违法犯罪嫌疑人、赃物，不向公安机关报告的；

【理解与适用】

有下列情形之一的,属于"情节严重":

(一)违法承接典当物品较多的;

(二)违法承接典当物品价值较大的;

(三)其他情节严重的情形。

六十三、典当发现违法犯罪嫌疑人、赃物不报

【法律依据】

(《中华人民共和国治安管理处罚法》第59条第1项)有下列行为之一的,处五百元以上一千元以下罚款;情节严重的,处五日以上十日以下拘留,并处五百元以上一千元以下罚款:

(一)典当业工作人员承接典当的物品,不查验有关证明、不履行登记手续,或者明知是违法犯罪嫌疑人、赃物,不向公安机关报告的;

【理解与适用】

有下列情形之一的,属于"情节严重":

(一)涉及赃物数量较多或者价值较大,不报告的;

(二)发现严重暴力犯罪嫌疑人不报告的;

(三)阻挠他人报告或者在公安机关调查时故意隐瞒的;

(四)其他情节严重的情形。

六十四、违法收购废旧专用器材

【法律依据】

(《中华人民共和国治安管理处罚法》第59条第2项)有下列行为之一的,处五百元以上一千元以下罚款;情节严重的,处五日以上十日以下拘留,并处五百元以上一千元以下罚款:

(二)违反国家规定,收购铁路、油田、供电、电信、矿山、水利、测量和城市公用设施等废旧专用器材的;

【理解与适用】

有下列情形之一的,属于"情节严重":

(一)违法收购数量较大或者价值较高的;

(二)造成较重危害后果的;

(三)其他情节严重的情形。

六十五、收购赃物、有赃物嫌疑的物品

【法律依据】

(《中华人民共和国治安管理处罚法》第 59 条第 3 项)有下列行为之一的,处五百元以上一千元以下罚款;情节严重的,处五日以上十日以下拘留,并处五百元以上一千元以下罚款:

(三)收购公安机关通报寻查的赃物或者有赃物嫌疑的物品的;

【理解与适用】

有下列情形之一的,属于"情节严重":

(一)收购赃物、有赃物嫌疑的物品价值达到有关司法解释认定构成刑法第三百一十二条第一款规定的掩饰、隐瞒犯罪所得罪定罪数额的百分之五十以上的;

(二)影响公安机关办案或者造成其他较重危害后果的;

(三)造成收购的赃物或者有赃物嫌疑的物品损毁、无法追回的;

(四)物品属于公共设施或者救灾、抢险、防汛等物资的;

(五)其他情节严重的情形。

六十六、收购国家禁止收购的其他物品

【法律依据】

(《中华人民共和国治安管理处罚法》第 59 条第 4 项)有下列行为之一的,处五百元以上一千元以下罚款;情节严重的,处五日以上十日以下拘留,并处五百元以上一千元以下罚款:

(四)收购国家禁止收购的其他物品。

【理解与适用】

有下列情形之一的,属于"情节严重":

(一)违法收购数量较大或者价值较高的;

(二)造成较重危害后果的;

(三)其他情节严重的情形。

六十七、故意损坏文物、名胜古迹

【法律依据】

(《中华人民共和国治安管理处罚法》第 63 条第 1 项)有下列行为之一的,处警告或者二百元以下罚款;情节较重的,处五日以上十日以下拘留,并处二百元以上五百元以下罚款:

(一)刻划、涂污或者以其他方式故意损坏国家保护的文物、名胜古迹的;

【理解与适用】

有下列情形之一的,属于"情节较重":

(一)拒不听从管理人员或者执法人员制止的;

(二)造成文物、名胜古迹较重损害后果的;

(三)两次以上损坏或者损坏两处以上文物、名胜古迹的;

(四)其他情节较重的情形。

六十八、违法实施危及文物安全的活动

【法律依据】

(《中华人民共和国治安管理处罚法》第63条第2项)有下列行为之一的,处警告或者二百元以下罚款;情节较重的,处五日以上十日以下拘留,并处二百元以上五百元以下罚款:

(二)违反国家规定,在文物保护单位附近进行爆破、挖掘等活动,危及文物安全的。

【理解与适用】

有下列情形之一的,属于"情节较重":

(一)不听管理人员或者执法人员制止的;

(二)造成文物、名胜古迹较重损害后果的;

(三)其他情节较重的情形。

六十九、偷开机动车

【法律依据】

(《中华人民共和国治安管理处罚法》第64条第1项)有下列行为之一的,处五百元以上一千元以下罚款;情节严重的,处十日以上十五日以下拘留,并处五百元以上一千元以下罚款:

(一)偷开他人机动车的;

【理解与适用】

有下列情形之一的,属于"情节严重":

(一)偷开特种车辆、军车的;

(二)偷开机动车从事违法活动的;

(三)发生安全事故或者造成机动车损坏、人员受伤的;

(四)对他人的工作生活造成较大影响的;

(五)其他情节严重的情形。

七十、无证驾驶、偷开航空器、机动船舶

【法律依据】

(《中华人民共和国治安管理处罚法》第64条第2项)有下列行为之一的,处五百元以上一千元以下罚款;情节严重的,处十日以上十五日以下拘留,并处五百元以上一千元以下罚款:

(二)未取得驾驶证驾驶或者偷开他人航空器、机动船舶的。

【理解与适用】

有下列情形之一的,属于"情节严重":

(一)偷开警用、军用航空器、机动船舶的;

(二)无证驾驶载有乘客、危险品的机动船舶或者驾驶机动船舶总吨位在五百吨位以上的;

(三)酒后无证驾驶或者偷开他人航空器、机动船舶的;

(四)发生安全事故或者造成航空器、机动船舶损坏、人员受伤的;

(五)对他人的工作生活造成较大影响的;

(六)其他情节严重的情形。

七十一、破坏、污损坟墓

【法律依据】

(《中华人民共和国治安管理处罚法》第65条第1项)有下列行为之一的,处五日以上十日以下拘留;情节严重的,处十日以上十五日以下拘留,可以并处一千元以下罚款:

(一)故意破坏、污损他人坟墓或者毁坏、丢弃他人尸骨、骨灰的;

【理解与适用】

有下列情形之一的,属于"情节严重":

(一)破坏、污损程度较严重的;

(二)破坏、污损英雄烈士坟墓或者具有公共教育、纪念意义的坟墓的;

(三)引发民族矛盾、宗教矛盾或者群体性事件的;

(四)其他情节严重的情形。

七十二、毁坏、丢弃尸骨、骨灰

【法律依据】

(《中华人民共和国治安管理处罚法》第65条第1项)有下列行为之一的,处五日以上十日以下拘留;情节严重的,处十日以上十五日以下拘留,可以并处一千元以下罚款:

(一)故意破坏、污损他人坟墓或者毁坏、丢弃他人尸骨、骨灰的;

【理解与适用】

有下列情形之一的,属于"情节严重":

(一)毁坏程度较重的;

(二)引发民族矛盾、宗教矛盾或者群体性事件的;

(三)其他情节严重的情形。

七十三、违法停放尸体

【法律依据】

(《中华人民共和国治安管理处罚法》第65条第2项)有下列行为之一的,处五日以上十日以下拘留;情节严重的,处十日以上十五日以下拘留,可以并处一千元以下罚款:

(二)在公共场所停放尸体或者因停放尸体影响他人正常生活、工作秩序,不听劝阻的。

【理解与适用】

有下列情形之一的,属于"情节严重":

(一)造成交通拥堵、秩序混乱等危害后果的;

(二)影响他人正常工作、生活持续时间较长的;

(三)造成较大社会影响的;

(四)其他情节严重的情形。

七十四、卖淫

嫖娼

【法律依据】

(《中华人民共和国治安管理处罚法》第66条第1款)卖淫、嫖娼的,处十日以上十五日以下拘留,可以并处五千元以下罚款;情节较轻的,处五日以下拘留或者五百元以下罚款。

【理解与适用】

有下列情形之一的,属于"情节较轻":

(一)已经谈妥价格或者给付金钱等财物,尚未实施性行为的;

(二)以手淫等方式卖淫、嫖娼的;

(三)其他情节较轻的情形。

七十五、引诱、容留、介绍卖淫

【法律依据】

(《中华人民共和国治安管理处罚法》第67条)引诱、容留、介绍他人卖淫的,处十日以上十五日以下拘留,可以并处五千元以下罚款;情节较轻的,处五日以下拘留或者五百元以下罚款。

【理解与适用】

有下列情形之一的,属于"情节较轻":

(一)容留、介绍一人次卖淫,且尚未发生性行为的;

(二)容留、介绍一人次以手淫等方式卖淫的;

(三)其他情节较轻的情形。

七十六、制作、运输、复制、出售、出租淫秽物品 传播淫秽信息

【法律依据】

(《中华人民共和国治安管理处罚法》第68条)制作、运输、复制、出售、出租淫秽的书刊、图片、影片、音像制品等淫秽物品或者利用计算机信息网络、电话以及其他通讯工具传播淫秽信息的,处十日以上十五日以下拘留,可以并处三千元以下罚款;情节较轻的,处五日以下拘留或者五百元以下罚款。

【理解与适用】

有下列情形之一的,属于"情节较轻":

(一)制作、复制、出售淫秽书刊、图片、影片、音像制品,传播淫秽信息数量、获利未达到有关刑事立案追诉标准百分之十的;运输、出租淫秽物品的"情节较轻"数量基准参照上述规定执行;

(二)传播范围较小,且影响较小的;

(三)其他情节较轻的情形。

七十七、为赌博提供条件

【法律依据】

(《中华人民共和国治安管理处罚法》第 70 条)以营利为目的,为赌博提供条件的,或者参与赌博赌资较大的,处五日以下拘留或者五百元以下罚款;情节严重的,处十日以上十五日以下拘留,并处五百元以上三千元以下罚款。

【理解与适用】

有下列情形之一的,属于"情节严重":

(一)设置赌博机的数量或者为他人提供场所放置的赌博机数量达到有关规范性文件认定构成开设赌场罪标准的百分之五十以上的;

(二)在公共场所或者公共交通工具上为赌博提供条件的;

(三)通过计算机信息网络平台为赌博提供条件的;

(四)为未成年人赌博提供条件的;

(五)国家工作人员为赌博提供条件的;

(六)明知他人从事赌博活动而向其销售赌博机的;

(七)发行、销售"六合彩"等其他私彩的;

(八)组织、协助他人出境赌博的;

(九)为赌场接送参赌人员、望风看场、发牌做庄、兑换筹码的;

(十)其他情节严重的情形。

七十八、赌博

【法律依据】

(《中华人民共和国治安管理处罚法》第 70 条)以营利为目的,为赌博提供条件的,或者参与赌博赌资较大的,处五日以下拘留或五百元以下罚款;情节严重的,处十日以上十五日以下拘留,并处五百元以上三千元以下罚款。

【理解与适用】

有下列情形之一的,属于"情节严重":

(一)在公共场所或者公共交通工具上赌博的;

(二)利用互联网、移动终端设备等投注赌博的;

(三)国家工作人员参与赌博的;

(四)其他情节严重的情形。

七十九、非法种植毒品原植物

【法律依据】

(《中华人民共和国治安管理处罚法》第71条第1款第1项)有下列行为之一的,处十日以上十五日以下拘留,可以并处三千元以下罚款;情节较轻的,处五日以下拘留或者五百元以下罚款:

(一)非法种植罂粟不满五百株或者其他少量毒品原植物的;

【理解与适用】

有下列情形之一的,属于"情节较轻":

(一)非法种植罂粟不满五十株、大麻不满五百株的;

(二)非法种植罂粟不满二十平方米、大麻不满二百平方米,尚未出苗的;

(三)其他情节较轻的情形。

八十、非法买卖、运输、携带、持有毒品原植物种苗

【法律依据】

(《中华人民共和国治安管理处罚法》第71条第1款第2项)有下列行为之一的,处十日以上十五日以下拘留,可以并处三千元以下罚款;情节较轻的,处五日以下拘留或者五百元以下罚款:

(二)非法买卖、运输、携带、持有少量未经灭活的罂粟等毒品原植物种子或者幼苗的;

【理解与适用】

有下列情形之一的,属于"情节较轻":

(一)非法买卖、运输、携带、持有未经灭活的罂粟种子不满五克、罂粟幼苗不满五百株的;

(二)非法买卖、运输、携带、持有未经灭活的大麻幼苗不满五千株、大麻种子不满五千克的;

(三)其他情节较轻的情形。

八十一、非法运输、买卖、储存、使用罂粟壳

【法律依据】

(《中华人民共和国治安管理处罚法》第71条第1款第3项)有下列行为之一的,处十日以上十五日以下拘留,可以并处三千元以下罚款;情节较轻的,处五日以下拘留或者五百元以下罚款:

(三)非法运输、买卖、储存、使用少量罂粟壳的。

【理解与适用】

非法运输、买卖、储存、使用罂粟壳不满五千克的,或者其他社会危害性不大的,属于"情节较轻"。

八十二、非法持有毒品

【法律依据】

(《中华人民共和国治安管理处罚法》第 72 条第 1 项)有下列行为之一的,处十日以上十五日以下拘留,可以并处二千元以下罚款;情节较轻的,处五日以下拘留或者五百元以下罚款:

(一)非法持有鸦片不满二百克、海洛因或者甲基苯丙胺不满十克或者其他少量毒品的;

【理解与适用】

有下列情形之一的,属于"情节较轻":

(一)非法持有鸦片不满二十克的;

(二)非法持有海洛因、甲基苯丙胺不满一克或者其他毒品数量未达到有关刑事立案追诉标准百分之十的;

(三)其他情节较轻的情形。

八十三、提供毒品

吸毒

胁迫、欺骗开具麻醉药品、精神药品

【法律依据】

(《中华人民共和国治安管理处罚法》第 72 条第 2 项、第 3 项、第 4 项)有下列行为之一的,处十日以上十五日以下拘留,可以并处二千元以下罚款;情节较轻的,处五日以下拘留或者五百元以下罚款:

(二)向他人提供毒品的;

(三)吸食、注射毒品的;

(四)胁迫、欺骗医务人员开具麻醉药品、精神药品的。

【理解与适用】

向他人提供毒品后及时收回且未造成危害后果的,未成年人、在校学生吸食毒品且无戒毒史或者无戒断症状的,欺骗医务人员开具少量麻醉药品、精神药品尚未吸食、注射的,或者其他社会危害性不大的,属于"情节较轻"。

第三部分 相 关 规 定

一、本指导意见下列用语的含义:

(一)违反国家规定,是指违反全国人民代表大会及其常务委员会制定的法律和决定,国务院制定的行政法规、规定的行政措施、发布的决定、命令,国务院部门制定的规章和为执行法律、行政法规而制定的对外公布的规范性文件。

(二)结伙,是指二人以上;多次(人、名),是指三次(人、名)以上。

(三)公共交通工具,是指从事旅客运输的各种公共汽车,大、中型出租车,火车,轨道交通,轮船,飞机等,不含小型出租车。对虽不具有营业执照,但实际从事旅客运输的大、中型交通工具,以及单位班车、校车等交通工具,可以认定为公共交通工具。

(四)依法进行的选举,是指依照《全国人民代表大会组织法》《全国人民代表大会和地方各级人民代表大会选举法》《地方各级人民代表大会和地方各级人民政府组织法》《中华人民共和国村民委员会组织法》《中华人民共和国城市居民委员会组织法》等法律、法规进行的选举活动。

(五)大型群众性活动,是指法人或者其他组织面向社会公众举办的每场次预计参加人数达到1000人以上的体育比赛、演唱会、音乐会、展览、展销、游园、灯会、庙会、花会、焰火晚会、人才招聘会、彩票开奖等活动,不包含影剧院、音乐厅、公园、娱乐场所等在其日常业务范围内举办的活动。

(六)管制器具,是指弩、管制刀具、电击器以及使用火药为动力的射钉器、射网器等国家规定对社会治安秩序和公共安全构成危害,对公民合法权益和人身安全构成威胁,需要实施特别管理的物品。

(七)近亲属,包括配偶、父母、子女、兄弟姐妹、祖父母、外祖父母、孙子女、外孙子女和其他具有扶养、赡养关系的亲属。

(八)赌博机,是指具有退币、退分、退钢珠等赌博功能的电子游戏设施、设备。

二、本指导意见所称以上,包括本数。

三、各地公安机关可以根据本地实际制定实施细则。

四、本指导意见自印发之日起施行。

实用工具

1. 行政处罚告知笔录

（此处印制公安机关名称）
行政处罚告知笔录

执行告知单位＿＿＿＿＿＿＿＿告知人＿＿＿＿＿＿＿＿＿＿＿

被告知人＿＿＿＿＿＿＿＿＿＿单位法定代表人＿＿＿＿＿＿＿＿

告知内容：

□处罚前告知

根据《中华人民共和国行政处罚法》第三十一条之规定，现将拟作出行政处罚决定的事实、理由、依据告知如下：＿＿＿＿＿＿＿＿＿＿＿＿

＿＿＿＿＿＿＿＿＿＿＿＿＿＿＿＿＿＿＿＿＿＿＿＿＿＿＿＿＿＿＿＿

＿＿＿＿＿＿＿＿＿＿＿＿＿＿＿＿＿＿＿＿＿＿＿＿＿＿＿＿＿＿＿＿

问：对上述告知事项，你（单位）是否提出陈述和申辩？（对被告知人的陈述和申辩可附页记录；被告知人提供书面陈述、申辩材料的，应当附上，并在本告知笔录中注明）

答：＿＿＿＿＿＿＿＿＿＿＿＿＿＿＿＿＿＿＿＿＿＿＿＿＿＿＿＿

＿＿＿＿＿＿＿＿＿＿＿＿＿＿＿＿＿＿＿＿＿＿＿＿＿＿＿＿＿＿＿＿

＿＿＿＿＿＿＿＿＿＿＿＿＿＿＿＿＿＿＿＿＿＿＿＿＿＿＿＿＿＿＿＿

＿＿＿＿＿＿＿＿＿＿＿＿＿＿＿＿＿＿＿＿＿＿＿＿＿＿＿＿＿＿＿＿

＿＿＿＿＿＿＿＿＿＿＿＿＿＿＿＿＿＿＿＿＿＿＿＿＿＿＿＿＿＿＿＿

对你提出的陈述和申辩,公安机关将进行复核。

被告知人

年　　　月　　　日　　　时　　　分

□ 听证告知

公安机关拟对你(单位)作出_____

_____的行政处罚,

根据《中华人民共和国行政处罚法》第四十二条之规定,你(单位)有权要求听证。如果要求听证,你(单位)应在被告知后三日内向_____

_____提出,逾期视为放弃听证。

问:对上述告知事项,你是否要求听证?

答:_____

_____

对要求听证的,公安机关将在二日内决定是否受理。符合听证条件的,公安机关将在十日内举行听证。对放弃听证的,公安机关将依法作出处理决定。

被告知人

年　　　月　　　日　　　时　　　分

2. 治安调解协议书

(此处印制公安机关名称)
治安调解协议书

×公（ ）调解字〔　　〕　号

主持人姓名_____工作单位_____
调解地点_____
当事人基本情况（包括姓名、性别、年龄、出生日期、身份证件种类及号码、工作单位、现住址）_____
_____
_____

其他在场人员基本情况（姓名、性别、年龄、出生日期、身份证件种类及号码、工作单位、现住址）_____
_____

主要事实（包括案发时间、地点、人员、起因、经过、情节、结果等）：_____
_____
_____
_____

经调解，双方自愿达成如下协议（包括协议内容、履行期限和方式等）：_____

_____

_____

_____

_____

_____

_____

_____

本协议自双方签字之时起生效。对已履行协议的，公安机关对违反治安管理行为人不再处罚。不履行协议的，公安机关依法对违反治安管理行为人予以处罚；当事人可以就民事争议依法向人民法院提起民事诉讼。

本协议书一式三份，双方当事人各执一份，调解机关留存一份。

主持人　　　　　　　　　　　　年　　月　　日
见证人　　　　　　　　　　　　年　　月　　日
当事人　　　　　　　　　　　　年　　月　　日

　　　　　　　　　　　　　　调解机关（印）
　　　　　　　　　　　　　　　年　　月　　日

3. 当场处罚决定书

(此处印制公安机关名称)
当场处罚决定书

编号：

违法行为人姓名或者单位名称＿＿＿＿＿＿＿＿＿＿＿＿＿＿＿＿
性别＿＿＿＿年龄＿＿＿＿出生日期＿＿＿＿＿＿身份证件种类及号码＿＿＿＿＿＿＿
法定代表人＿＿＿＿＿＿＿＿＿＿＿＿＿＿＿＿＿＿＿＿＿＿＿＿
现住址或者单位地址＿＿＿＿＿＿＿＿＿＿＿＿＿＿＿＿＿＿＿
现查明＿＿＿＿＿＿＿＿＿＿＿＿＿＿＿＿＿＿＿＿＿＿＿＿＿＿
＿＿＿＿＿＿＿＿＿＿＿＿＿＿＿＿＿＿＿＿＿＿＿，以上事实有
＿＿＿＿＿＿＿＿＿＿＿＿＿＿＿＿＿＿＿＿＿＿＿＿＿＿＿＿＿
＿＿＿＿＿＿＿＿＿＿＿＿＿＿＿＿＿＿＿＿＿＿等证据证实。
根据《＿＿＿＿＿＿＿＿》第＿＿条第＿＿款第＿＿项之规定，决定给予
＿＿＿＿＿＿＿＿＿＿＿＿＿＿＿＿＿＿＿＿＿＿＿＿＿的处罚。
执行方式：□当场训诫 □当场收缴罚款 □被处罚人持本决定书在十五日内到＿＿＿＿＿＿＿银行缴纳罚款。逾期不缴纳的，每日按罚款数额的百分之三加处罚款，加处罚款的数额不超过罚款本数。

续表

如不服本决定,可以在收到本决定书之日起六十日内向_____
_____申请行政复议或者在三个月内依法向
_____人民法院提起行政诉讼。
处罚地点_____
办案人民警察_____
□附:收缴物品清单

公安机关(印)
　年　　月　　日

处罚前已口头告知违法行为人拟作出处罚的事实、理由和依据,并告知违法行为人依法享有陈述权和申辩权。

被处罚人
　年　　月　　日

一式两份,一份交被处罚人,一份交所属公安机关备案。治安案件有被侵害人的,复印送达被侵害人。

4. 不予行政处罚决定书

(此处印制公安机关名称)
不予行政处罚决定书

×公(　　)不罚决字〔　　〕　　号

违法行为人(姓名、性别、年龄、出生日期、身份证件种类及号码、户籍所在地、现住址、工作单位以及违法单位的名称、地址和法定代表人)_____
_____
_____

现查明_____
_____，

以上事实有_____
_____等证据证实。

根据_____
之规定,现决定不予行政处罚,并对_____
_____予以收缴,对_____予以追缴。

如不服本决定,可以在收到本决定书之日起六十日内向_____
_____申请行政复议或者
在三个月内依法向_____人民
法院提起行政诉讼。

续表

□附:收缴/追缴物品清单

　　　　　　　　　　　　　　　　公安机关(印)
　　　　　　　　　　　　　　　　　年　　月　　日

不予行政处罚决定书已向我宣告并送达。

　　　　　　　　　　　　　　　　违法行为人
　　　　　　　　　　　　　　　　　年　　月　　日

　　一式两份,一份交违法行为人,一份附卷。治安案件有被侵害人的,复印送达被侵害人。

5. 行政处罚决定书

(此处印制公安机关名称)
行政处罚决定书

×公（　　）行罚决字〔　　〕　　号

违法行为人（姓名、性别、年龄、出生日期、身份证件种类及号码、户籍所在地、现住址、工作单位、违法经历以及被处罚单位的名称、地址和法定代表人）_____
_____

现查明_____
_____
_____，

以上事实有_____
_____等证据证实。

根据_____之规定，现决定_____。

执行方式和期限_____。

逾期不缴纳罚款的，每日按罚款数额的百分之三加处罚款，加处罚款的数额不超过罚款本数。

续表

> 如不服本决定,可以在收到本决定书之日起六十日内向_____
> _____申请行政复议或者在三个月内依法向_____人民法院提起行政诉讼。
> 　　附:_____清单共____份
>
> 　　　　　　　　　　　　　　　　　　公安机关(印)
> 　　　　　　　　　　　　　　　　　　年　　月　　日
>
> 行政处罚决定书已向我宣告并送达。
>
> 　　　　　　　　　　　　　　　　　　被处罚人
> 　　　　　　　　　　　　　　　　　　年　　月　　日

一式三份,被处罚人和执行单位各一份,一份附卷。治安案件有被侵害人的,复印送达被侵害人。